Annedore Prengel
Pädagogische Beziehungen
zwischen Anerkennung,
Verletzung und Ambivalenz

Annedore Prengel

# Pädagogische Beziehungen zwischen Anerkennung, Verletzung und Ambivalenz

2., überarbeitete und erweiterte Auflage

Verlag Barbara Budrich
Opladen • Berlin • Toronto 2019

Bibliografische Information der Deutschen Nationalbibliothek
Die Deutsche Nationalbibliothek verzeichnet diese Publikation in der Deutschen Nationalbibliografie; detaillierte bibliografische Daten sind im Internet über http://dnb.d-nb.de abrufbar.

Gedruckt auf säurefreiem und alterungsbeständigem Papier.


www.budrich-verlag.de

ISBN 978-3-8474-2286-0 (Paperback)
eISBN 978-3-8474-1339-4 (eBook)



Umschlaggestaltung: Bettina Lehfeldt, Kleinmachnow – www.lehfeldtgraphic.de
Titelbildnachweis: Unterweisung Mariens, um 1430, Baumberger Sandstein, Erzbischöfliches Diözesanmuseum Paderborn, Foto: Ansgar Hoffmann
Foto der Autorin: Karla Fritze, Potsdam
Satz: Anja Borkam, Jena
Druck: paper & tinta, Warschau
Printed in Europe

Für Helga Deppe-Wolfinger und Helmut Reiser

# Inhaltsverzeichnis

# Vorwort zur zweiten Auflage

Im Laufe der Arbeit an der zweiten Auflage der vorliegenden Studie zeichnete sich eine Erkenntnis zunehmend deutlicher ab: Kinder und Jugendliche erfahren überwiegend Anerkennung durch die in pädagogischen Berufen tätigen Menschen. Zugleich bilden seelische Verletzungen in pädagogischen Arbeitsfeldern die häufigste und am meisten ignorierte Form der Gewalt, die Kinder und Jugendliche durch einzelne Lehrpersonen und pädagogische Fachkräfte erleiden. Während Körperstrafen und sexualisierte Gewalt inzwischen öffentlich eindeutig geächtet und juristisch verfolgt werden, wird das Vorkommen verbaler Verletzungen kaum beachtet. Um dieses Problem einer genügend gut möglichen und zugleich mangelnden Verwirklichung von kinderrechtlich ausgerichteten pädagogischen Beziehungen in Schulen und pädagogischen Einrichtungen geht es in diesem Buch.

Diese zweite Auflage ist Teil einer langjährigen und vielseitigen Entwicklung der Arbeit an der Qualität pädagogischer Beziehungen, an der zahlreiche Personen und Institutionen beteiligt waren und sind (siehe die Fußnoten 1 und 88). Schon vor 20 Jahren wurde ich immer wieder darauf aufmerksam, dass pädagogische Beziehungen meist genügend gut gelingen, während gleichzeitig unzulässige pädagogische Handlungsweisen vorkommen. Daraus entstand das *Projektnetz INTAKT (Soziale Interaktionen in pädagogischen Arbeitsfeldern)*, aus dem unter Beteiligung zahlreicher Kolleginnen und Kollegen wiederum eine große und bis heute weiter wachsende Datensammlung mit empirischen Beobachtungen zu Ereignissen der Anerkennung und der Verletzung in pädagogischen Beziehungen hervorging. Zugleich wurde bewusst, dass es an wissenschaftlichen und praxisbezogenen Auseinandersetzungen mit pädagogischem Fehlverhalten mangelt. Arbeiten zur Pädagogikethik und zur Entwicklung einer pädagogisch-professionellen Kunstfehlerlehre sind kaum zu finden.

Um diesem Mangel abzuhelfen, kam es zu einer Reihe von Aktivitäten, in deren Kontext auch die vorliegende Studie entstand. Im November 2005 fand zunächst ein Symposium mit dem Thema „*Menschenrechtsbildung für Kinder und Jugendliche*“ an der Universität Potsdam in Kooperation mit dem Deutschen Institut für Menschenrechte Berlin und dem Einstein-Forum Potsdam statt. Fragen der Anerkennung spielten darin eine entscheidende Rolle. Im Jahr 2011 gründete sich an bildungsgeschichtlich bedeutsamem Ort, in der Rochow-Akademie Reckahn, der *Arbeitskreis Menschenrechtsbildung*, der seither wachsende Aktivitäten initiiert hat. Wiederum in Kooperation mit dem Deutschen Institut für Menschenrechte sowie mit dem Deutschen Jugendinstitut fand im Jahr 2013 die große internationale Konferenz *„Kinderrechte und die Qualität pädagogischer Beziehungen"* unter Schirmherrschaft von Frau Dr. Christine Bergmann, Bundesministerin a.D., an der Universität Potsdam statt. Als Unterstützer konnten die Hamburger Stiftung, die Robert Bosch Stiftung, die Gewerkschaft Erziehung und Wissenschaft sowie das Deutsche Institut für Erwachsenenbildung gewonnen werden. Nach der Konferenz wurden zwei Sammelbände (zu wissenschaftlichen und praxisbezogenen Zugängen) zum Thema *„Kinderrechte in pädagogischen Beziehungen"* (2014) publiziert. Renommierte Fachleute aus dem In- und Ausland trugen dazu bei.

Seither intensivierte sich die Arbeit an dem Thema, um das es hier geht. Es wurde möglich im Projektnetz INTAKT vertiefende empirische und theoretische Einsichten zu gewinnen und Forschungen in weiteren Kontexten anzuregen. Und es wurde möglich, konkrete Schritte hin zur Verbesserung pädagogischer Beziehungen zu erreichen. Der Arbeitskreis Menschenrechtsbildung erarbeitete in jährlichen Expertenkonferenzen in der Rochow-Akademie Reckahn das Manifest *„Reckahner Reflexionen zur Ethik pädagogischer Beziehungen"*. Darin werden 10 Leitlinien zu ethisch begründetem und ethisch unzulässigem pädagogischen Handeln vorgestellt und erläutert. Diese ethischen Leitlinien der Reckahner Reflexionen werden seither – unterstützt von der Robert Bosch Stiftung – in allen Bundesländern und international verbreitet. Sie werden auf vielfältigen Handlungsebenen von der alltäglichen Praxis, über Aus- und Fortbildung bis hin zu Bildungsforschung und -politik rezipiert und machen auf die Bedeutung der Beziehungsebene für Entwicklung, Lernen und demokratische Sozialisation aufmerksam. Darüber hinaus wird an der Rochow-Akademie mit der vertiefenden Arbeit an drei in den Leitlinien angesprochenen Themenbereichen begonnen: Entwickelt werden Konzeptionen für Schul- und Einrichtungsordnungen, in denen es um eine *Erziehung der Kinder und Jugendlichen zu Selbstachtung und Anerkennung der Anderen* geht. Erfolgreiche Strategien einer *anerkennenden Pädagogik bei Verhaltensproblemen* werden in Fortbildungen vermittelt. Praxistaugliche *Planungsmodelle für inklusiven Unterricht*, die auf einer anerkennenden didaktischen Diagnostik beruhen, werden erarbeitet und zur Verfügung gestellt.

Die erste Auflage der hier in zweiter Auflage vorgelegten Monografie war kurz vor der erwähnten Tagung im Jahr 2013 unter dem Lektorat von Miriam von Maydell im Verlag Barbara Budrich veröffentlicht worden. Angesichts neuer Forschungsergebnisse und Initiativen zur Analyse und Stärkung anerkennender pädagogischer Beziehungen wurde das Buch für diese zweite Auflage überarbeitet und erweitert.

*Annedore Prengel, Potsdam, im September 2018*

# 1. Einleitung

## 1.1 Zum Thema[1]

Zwischen Erwachsenen auf der einen und Kindern und Jugendlichen auf der anderen Seite entstehen in pädagogischen Institutionen persönliche Beziehungen. Sie werden von Pädagoginnen und Pädagogen gestaltet, während sie ihre beruflichen Aufgaben wie Erziehen, Betreuen, Unterrichten, Beraten, Diagnostizieren, Fördern und andere erfüllen. Im Medium professioneller Beziehungen ereignen sich Prozesse der Entwicklung, Sozialisation und Bildung. Erziehung geschieht immer in Beziehung. Professionelle Relationen bilden darum eine persönlich und gesellschaftlich folgenreiche Grundlage von Bildung. Sie bestimmen die Erfahrungen in einzelnen Bildungssituationen während des Aufwachsens ebenso mit wie ihre langfristigen Auswirkungen in späteren Lebensphasen.

1 Diese Arbeit am Thema *pädagogische Beziehungen* beruht auch auf autobiografischen Erfahrungen, die ich als Kind mit meinen Eltern, Großeltern, Geschwistern und vielen Gästen im Elternhaus, als Schülerin mit der Grundschullehrerin Erika Loderhose, geb. Sandrock, und dem Gymnasiallehrer Albert Ducheyne machen durfte. Lebenserfahrungen als Studentin mit den Hochschullehrenden Kurt Gerhard Fischer, Helge Pross und Ernst Begemann, als junge Wissenschaftlerin im Frankfurter Kreis um Helga Deppe und Helmut Reiser sowie mit Ulf Preuss Lausitz und Lore Perls und schließlich auch als Mutter eines Schülers und Studenten sind in diese Studie eingeflossen. Erfahrungen aus den Jahren als Professorin an den Universitäten Paderborn, Halle und Potsdam sowie als Seniorprofessorin an der Goethe Universität in Frankfurt/Main und in der Rochow-Akademie kommen hinzu. Wegweisend waren die Lehrbücher von Irvin D. Yalom. – Für Hinweise zum Thema danke ich Ute Wirbel, Friederike Heinzel, Ute Geiling, Rita Casale, Helga Schön, Barbara Friebertshäuser, Julianne Appel-Opper, Manfred Gerspach, Joachim Ludwig, Stephan Marks, Bernd Overwien, Claudia Lohrenscheit, Sandra Reitz, Ursula Winklhofer, Ulrike Becker, Isabell Diehm, Christiane Thompson, Dieter Katzenbach, Martina Hehn-Oldiges, Anne Piezunka, Britta Ostermann, Thomas Häcker, Constanze Berndt, Maik Walm und dem INTAKT-Team (siehe Einleitung Kap. 3). Mein Dank gilt den Lehrkräften, die Beobachtungen zuließen sowie den Studierenden und Doktorandinnen, die mit großem Aufwand beobachteten und auswerteten, ohne sie wäre diese Auseinandersetzung mit dem Thema nicht möglich gewesen. Meinem Mann Hanno Schmitt bin ich dankbar für seine Unterstützung bei der Arbeit an der ersten Fassung des Textes während des Frühjahrs und Sommers im Jahr 2013 und an der Überarbeitung im Sommer 2018. Jennifer Blanke, Katja Zschipke und Anne Plüschke danke ich für Recherche- und Korrekturarbeiten, Christin Tellisch für Unterstützung. Barbara Budrich und Miriam von Maydell sei für ihre verlegerische Betreuung gedankt.

Die Qualität dieser Arbeitsbeziehungen in Kitas und Schulen, Jugendzentren, Vereinen, Volkshochschulen und Heimen kann sehr unterschiedlich sein. „Persönliche Beziehungen können die verschiedensten Formen annehmen und sie können fördernde und einschränkende, schützende und schädigende, hilfreiche und belastende Wirkungen haben. Sie können uns zu größerer persönlicher Autonomie aus einer gesicherten Bindung heraus verhelfen, aber auch Entwicklungsspielräume eingrenzen und Entfaltungsmöglichkeiten verhindern. Oft genug umfassen sie in ihrer Komplexität verschiedene dieser möglichen Facetten" (Lenz/Nestmann 2009, S. 9). Zugespitzt gesagt: Pädagogische Fachkräfte geben ihre Erwartungen eher „stützend-fördernd" oder eher „kontrollierend-machtorientiert" vor und erzeugen so ein „sozio-emotional positives" oder ein „ärgergeladenes und aggressives" Klima (Fend 1991, S. 25; vgl. auch Thiel 2016).

Wie pädagogische Beziehungen gelingen, hat zuallererst eine *persönliche* Bedeutung für die Aufwachsenden. Pädagoginnen und Pädagogen werden „signifikante Andere" genannt, denn sie sind – nach und neben den Familienmitgliedern und den Gleichaltrigen – lebensgeschichtlich bedeutsam. Genügend gute pädagogische Beziehungen, die sich aus einer Folge responsiver einzelner Interaktionen formieren, können zum Wohlbefinden im Hier und Jetzt der Lebensphasen Kindheit und Jugend ebenso maßgeblich beitragen wie zum Lernerfolg und zum Gelingen langfristiger biografischer Entwicklungen. Verletzende Beziehungen, die sich aus einer Folge destruktiver einzelner Interaktionen formieren, können Kinder und Jugendliche unglücklich machen, Lernen und Leistung behindern und ihren Bildungswegen bis ins Erwachsenenalter hinein schaden (Fegert/Ziegenhain 2014; Diers 2014). Kinder in riskanten Lebenslagen sind ganz besonders von guten pädagogischen Beziehungen abhängig.

Beziehungserfahrungen sind auch auf *gesellschaftlicher* Ebene von Belang, denn durch sie werden Gewohnheiten, Einstellungen und Fähigkeiten vermittelt, die in größeren soziokulturellen Welten und politischen Kontexten zum Tragen kommen. Die Qualität des Gelingens und das Ausmaß des Misslingens von pädagogischen Beziehungen sind darum über die individuellen Lebenszusammenhänge hinaus, auch im Hinblick auf Bildungsreformen und gesellschaftliche Entwicklungen insgesamt, relevant. Die Demokratie ist auf eine ausreichend humane Sozialisation ihrer Bürgerinnen und Bürger angewiesen (Berndt 2015; Honneth 2013a; Krappmann/Petry 2016; Nussbaum 2002). Sie braucht zu Selbstachtung und Anerkennung der Anderen sowie zu Selbst- und Mitbestimmung fähige Mitglieder. Auch für die wirtschaftliche Prosperität sind kompetente und kooperationsfähige Berufstätige unentbehrlich, und kultureller Reichtum beruht auf eigenständig-kreativen Fähigkeiten der Produzenten und Rezipienten von Kultur. Um dazu befähigt zu werden, brauchen Heranwachsende die Erfahrung respektvoll anerkannt zu werden. Gewalttätigkeit und gefährliche undemokratische Haltungen der Menschenfeindlichkeit beruhen – wie in Kapitel 3. dieses Buches auf der Basis einschlägiger Studien dargelegt wird – mit auf schwerwiegenden Mängeln an Anerkennung, auch in Bildungsinstitutionen. Innovationen, wie zum Beispiel inklusive, ganztägige oder demokratische Bildung, können nur so gut gelingen, wie auch die pädagogischen Beziehungen gelingen.

Gelingen und Misslingen pädagogischer Beziehungen ereignen sich als intersubjektive Prozesse. Sie lassen sich – theoretisch und empirisch fundiert – interpretieren mithilfe der Kategorien der *Anerkennung* und der *Verletzung*, die geeignet sind, eine große Bandbreite unterschiedlicher Beziehungsqualitaten gebündelt zu bezeichnen. Zugleich reicht eine solche duale Einordnung nicht aus, um die intersubjektive Qualität pädagogischen Handelns zu verstehen, denn eine vereinfachend polarisierende Klassifizierung würde Unschärfen, Doppeldeutigkeiten und Widersprüche im Generationenverhältnis vernachlässigen (Gamm 1997; Luthe/Wiedemann 1997). Darum ist es angebracht, die Auseinandersetzung mit anerkennenden und verletzenden professionellen Handlungen in Bildungseinrichtungen mit der Aufmerksamkeit für *Ambivalenzen* in pädagogischen Beziehungen zu verknüpfen.

Um aber in einer für Ambivalenzen sensiblen Beziehungsforschung Vorbildlichkeit auf der einen und Kritikwürdigkeit auf der anderen Seite nicht auszublenden, ist das im 20. Jahrhundert, vor allem nach dem Zweiten Weltkrieg von dem englischen Psychoanalytiker Donald Winnicott (1896-1971) für die Charakterisierung genügend guter Beziehungen geprägte Prinzip des „good enough" hilfreich, in dem anerkannt wird, dass niemand es leisten könnte, Kinder vollkommen „richtig" anzuerkennen (Winnicott 1983). Darauf, dass sich pädagogische Beziehungen *zwischen* anerkennenden, verletzenden und ambivalenten Prozessen, und damit auch immer in Ungewissheit bewegen, verweist der Titel dieses Buches. Es geht darum, diese ungewissen intersubjektiven Prozesse zu untersuchen und zu reflektieren, ob und aus welchen Gründen die Qualität pädagogischer Interaktionen als genügend gut, als ungenügend oder auch als ambivalent gelten kann und wie Verbesserungen möglich sind.

## 1.2 Zum Titelbild

Auf wesentliche Gesichtspunkte des Themas, um das es in diesem Buch geht, weist das Titelbild hin. Eine Abbildung der im spätgotischen „weichen Stil" gestalteten Sandsteinskulptur „Unterweisung Mariens" wurde dafür ausgewählt.[2] Das Doppelstandbild stellt die lesen lernende Maria und die lesen leh-

2 Das Motiv „Mariens Unterweisung" mit den Protagonistinnen Anna als Lehrerin und Maria als Schülerin und einem ihnen zugeordneten Buch (oder einer Papierrolle) ist seit dem Spätmittelalter und bis ins 20. Jahrhundert hinein in der katholischen Sakral- und Volkskunst

rende Anna dar, während sie sich auf das Buch zwischen ihnen, das sie gemeinsam halten, konzentrieren. Die Skulptur kann im Paderborner Diözesanmuseum betrachtet werden – wenn sie nicht gerade wegen einer aktuellen, die Ausstellungssäle beanspruchenden Sonderausstellung im Depot verwahrt wird. „Die Figur ist 61 cm hoch. Nach dem Stilbefund der Gewandung dürfte sie um 1420/40 entstanden sein. Sie stammt aus der Gaukirche St. Ulrich zu Paderborn, an der sich bis zur Säkularisierung ein Zisterzienserinnenkloster befand, für das dieses Andachtsbild geschaffen wurde" (Stiegemann 2013, S. 43). Mit dem bedeutenden Kunstwerk standen den im Paderborner Kloster lebenden Frauen die beiden vorbildlichen Heiligen in Gestalt einer Lehrerin und in Gestalt einer Schülerin zur andächtigen Anschauung vor Augen. Es mag sein, dass es auch die schwesterliche Gemeinschaft seiner Betrachterinnen zum Lesen Lehren und Lesen Lernen aufforderte. Ein solches Werk ist selbstverständlich als Dokument seiner Zeit und Kultur quellenkritisch zu würdigen (Glaser 2010). Zugleich liegt es nahe zu fragen, ob und wie es als eine historisch frühe, vielleicht sogar „klassisch" zu nennende Imagination zur triangulierenden relationalen Struktur der Kommunikation im menschlichen Generationenverhältnis (Habermas 2009) gedeutet werden könnte. Im dritten Kapitel (Punkt 3.4.4) komme ich auf die Skulpturengruppe zurück, um auf die Balance im „didaktischen Dreieck" einzugehen, das, eingebettet in ein vielschichtiges Umfeld, aus den Beziehungen zwischen lernendem Kind, lehrender Erwach-

außerordentlich verbreitet. In der historischen Bildungsforschung finden sich keine Untersuchungen dieser populären Plastiken und Gemälde einer Bildungssituation. Seltene Ausnahmen bilden ein kurzer Abschnitt im „Handbuch lesen" (Assel/Jäger 2006) und eine Abbildung der Paderborner Skulptur im erziehungshistorischen Bildband „Tausend Jahre Schule. Eine Kulturgeschichte des Lernens in Bildern" (Schiffler/Winkeler 1994). Zur Annenforschung in der allerdings die Darstellung Annas als Lehrerin teilweise ausgeblendet wird, vgl. die kenntnisreiche Studie zur Kulturgeschichte der Figur der heiligen Anna von Angelika Dörfler-Dierken (1992) und das volkskundliche Buch von Herbert Fastner (1986); siehe auch Prengel 2013c; Stiegemann 2013; Westermann-Angerhausen 1977. Für Hinweise zum Forschungsstand danke ich Ursula Pütz, Edith Glaser, Rita Casale, Egle Becchi, Johannes Bilstein, Barbara von Lucadou und Wolfgang Roll.

Hanno Schmitt machte als Erster auf das Kunstwerk und seine bildungshistorische Bedeutung aufmerksam, als er sich (vergeblich) darum bemühte, es im Jahr 2000 auf der Weltausstellung in Hannover auszustellen. Bettina Blanck verhalf zu Abbildungen aus Paderborn. Frau Ursula Pütz vom Diözesanmuseum Paderborn danke ich für umfassende Informationen zur Entstehung und Geschichte der Skulptur. Christoph Stiegemann, Direktor des Diözesanmuseums Paderborn, gewährte großzügig Einblick in die im Depot befindlichen weiteren Bildwerke zum gleichen Motiv und ermöglichte die Ausleihe einer anderen Skulptur dieses Motivs für die Sonderausstellung des Rochow-Museums „Die Sehnsucht nach Anerkennung – Kinderrechte in Geschichte und Gegenwart" im Sommer 2013 (vgl. Stiegemann 2013). Schließlich hat der Paderborner Fotograf Ansgar Hoffmann Fotografien in verschiedenen Perspektiven angefertigt. Ansgar Hoffmann und dem Diözesanmuseum Paderborn bin ich für die Genehmigung zum Abdruck auf dem Buchumschlag dankbar. Das Motiv taucht verändert in historisch anderen Kontexten auf, z. B. in einem Stich von D. N. Chodowiecki (1726-1801) von 1777, der die Göttin der Vernunft mit lesendem Kind darstellt (Schmitt 2007, Cover).

sener und Lerngegenstand entsteht und veranschaulicht, dass die kognitive Beziehung zum zu vermittelnden Lerngegenstand mit der emotionalen Beziehung zur lehrenden Person verbunden ist (Geddes 2006, 2009; Reiser 2006).

## 1.3 Zur Normativität menschenrechtlicher Orientierung

Schon die ersten Erläuterungen zum Thema zeigen, dass es – wie grundsätzlich alle sozialwissenschaftlichen Vorhaben (Beer/Bittlingmeyer 2008) – normative Implikationen enthält, zugleich ist die Arbeit daran wissenschaftlicher Distanziertheit und Selbstkritik verpflichtet. Grundlegend sind die Einsichten in die persönlich und gesellschaftlich folgenreichen Auswirkungen der Qualität pädagogischer Beziehungen und in ihre Bedeutung für eine menschenrechtlich begründete Pädagogik. Pädagogische Beziehungen spielen für die Frage nach dem Aufwachsen in der Demokratie eine zentrale Rolle. Demokratie hat nicht nur rechtliche, materielle oder strukturelle, sondern auch persönliche Dimensionen, denn die Erfahrung von Anerkennung, Achtung und Wertschätzung ist die Voraussetzung von Selbstachtung und Freiheit. Dass auch in gesellschaftlichen Hierarchien angesiedelte Beziehungen Anerkennungsbeziehungen sein sollen, ist darum eine gesellschaftliche und persönliche Gestaltungsaufgabe.

Wenn pädagogische Interaktionen dem Interesse und Wohlbefinden von Kindern und Jugendlichen dienen, entsprechen sie einer kinderrechtlichen Orientierung. So fordert die Kinderrechtskonvention, dass kein Kind grausam oder erniedrigend behandelt wird, und dass Disziplin auf eine Weise gewahrt wird, die der Menschenwürde des Kindes entspricht (vgl. Vereinte Nationen 1989). Im vom deutschen Bundestag im Jahr 2000 verabschiedeten Gesetz zur gewaltfreien Erziehung heißt es: „Kinder haben ein Recht auf gewaltfreie Erziehung. Körperliche Bestrafungen, seelische Verletzungen und andere entwürdigende Maßnahmen sind unzulässig" (Bundesministerium der Justiz 2005, § 1631, Abs. 2 BGB; vgl. auch Prengel 2002b; Rudolf 2014).

Werden Kinder und Jugendliche in pädagogischen Interaktionen verletzt, ist zu fragen, ob menschenrechtliche Beeinträchtigungen vorliegen. Während über Verstöße gegen Kinderrechte auf der Ebene körperlicher und sexualisierter Gewalt und ihre Ächtung ein weitgehender gesellschaftlicher Konsens vorherrscht, fehlt auf der Ebene seelischer Verletzungen ein umfassender Diskurs. Die Analysen dieses Buches sollen dazu beitragen, zu klären, welche Bedeutung den Kinderrechten auf der psychosozialen Ebene zukommt, welche kinderrechtlich relevanten Potenziale pädagogischen Beziehungen innewohnen und welche kinderrechtlichen Beeinträchtigungen aufzudecken und abzubauen sind.

Dabei ist auch bewusst zu machen, dass gelingende Interaktionen auf der Beziehungsebene eine inklusive Dimension aufweisen, da sie Ausgrenzungen in alltäglichen Interaktionen entgegenwirken und leibliche, emotionale, soziale und kognitive Entwicklungen sowie Zugehörigkeit fördern. Im Sinne der Theorie der „immanenten Kritik" (Stahl 2013) wird zu zeigen sein, dass in pädagogischen Feldern soziale Interaktionen zu beobachten sind, die eine „bessere Zukunft bereits jetzt vorzeichnen" (ebd., S. 457). Die Impulse, die dieses Buch für die Verminderung von Verletzungen durch pädagogische Beziehungen geben will, sind empirisch begründet, sodass Empirie und Normativität mit guten Gründen nicht als gegensätzlich konzipiert werden.

Indem das Konstrukt der pädagogischen Beziehung explizit mit einer menschenrechtlich-inklusiven Perspektive auf den Prozess des Aufwachsens verbunden wird, wird die normative sozial- und bildungsphilosophische Begründung der Untersuchungen offengelegt. Sie stellen damit einen bedürfnistheoretisch, demokratiepädagogisch und demokratietheoretisch begründeten Versuch dar, personal-existenziell und allgemein-gesellschaftlich wichtige, intersubjektive Vorgänge in schulischen und außerschulischen Forschungsfeldern zu erhellen und zugleich empirisch und normativ begründete Verbesserungen anzuregen und aufzuzeigen.

Mit der menschenrechtlichen und damit zugleich demokratischen Ausrichtung dieser Studie geht eine Auseinandersetzung mit auch im Bildungswesen wirksamen hierarchischen gesellschaftlichen Verhältnissen einher. Die historisch schon langfristig in demokratischen Verfassungen und Menschenrechtserklärungen als gültig postulierten und in der politischen Philosophie umfassend begründeten Prinzipien der *Gleichheit*, *Freiheit* und *Solidarität*[3] bieten nicht nur für Herrschaftsformen auf der Makroebene, sondern auch für Lebensweisen auf der Mikroebene maßgebliche Orientierungen. Die analytischen Fragen nach solidarischen, egalitären und freiheitlich-vielfältigen Strukturen in pädagogischen Beziehungen beruhen sowohl auf dem Wunsch nach weniger Hierarchie, und das heißt nach mehr Gleichheit der Rechte und Lebensmöglichkeiten und nach mehr Heterogenität im Sinne einer größeren Freiheit für Vielfalt, als auch auf dem Wissen um die Ambivalenzen der pädagogischen Beziehung, die immer auch das Machtgefälle zwischen älterer und jüngerer Generation zu gestalten hat. Damit ist die Frage verbunden, wie im pädagogischen Raum Formen der Solidarität zwischen professionell Tätigen der älteren Generation und Kindern der neuen Generation beschaffen sein können. Wie können die Älteren ihr Verhältnis zu den Jüngeren so verantwortlich und solidarisch gestalten, dass sie weder menschenrechtliche Prinzipien noch die Macht, die sie beide interpretierend gestalten müssen, verleugnen?

Wenn die Ebene der Beziehungen im Generationenverhältnis in den Vordergrund gerückt wird, so geht es zugleich immer auch um weitere Ver-

3 Zu gleicher Freiheit vgl. Bielefeldt 1998; Honneth 2011, Pauer-Studer 2000, zu Gleichheit vgl. Dann 1975, zu Solidarität vgl. Wildt 1995, Deppe-Wolfinger 2002.

hältnisse. Dazu gehören die Peer-Beziehungen, die (multi)professionellen Beziehungen, die hierarchisch-institutionellen Beziehungen der Berufstätigen untereinander sowie die Beziehungen zu externen Beteiligten, wie Eltern und Akteuren aus dem Sozialraum, für die ebenfalls menschenrechtliche Orientierungen richtungweisend sind. Damit wird sichtbar, dass die verschiedenen Beziehungen aufeinander bezogen sind und sich wechselseitig beeinflussen. Die Qualität der pädagogischen Beziehungen hat Auswirkungen auf die anderen Beziehungen und sie ist auch davon abhängig, dass sie durch die anderen Beziehungen, z.B. im multiprofessionellen Team, gestützt wird.

## 1.4 Ziele, Erkenntnisperspektiven, Fragestellung

Vorgelegt wird hier das vorläufige Ergebnis einer langjährigen Suche nach theoretischen, empirischen und alltagsweltlichen Zugängen zu pädagogischer Relationalität, in der frühere Untersuchungen der Autorin zur *Pädagogik der Vielfalt* (vgl. u.a. Prengel 2019/1993, 2005, 2011a, 2013a, 2015a) weitergeführt werden. Während in den Arbeiten über Vielfalt vor allem die menschenrechtlichen Prinzipien der Gleichheit und Freiheit in ihrem Zusammenhang betrachtet wurden, rückt in den Arbeiten über Relationen das dritte menschenrechtliche Prinzip, die Solidarität, noch stärker in den Vordergrund.

Intentionale Kerngedanken der Pädagogik der Vielfalt gehen – auf der Basis nichtausgrenzender Bildungseinrichtungen für alle Kinder und Jugendlichen – mit bestimmten relationalen Konzepten einher: mit der Anerkennung der Verschiedenen in heterogenen Lerngruppen und mit der Erziehung zur „Selbstachtung und Anerkennung der Anderen" (Prengel 2019/1993). In diesem Buch wird eine wesentliche Dimension der Pädagogik der Vielfalt auf der Beziehungsebene vertieft und weitergeführt, denn es geht um die Art und Weise wie Kinder und Jugendliche durch Pädagoginnen und Pädagogen individuell und gemeinsam wahrgenommen und als einzelne Personen oder kollektive Gruppen angesprochen und angeleitet werden. Ob die Fähigkeit zur Selbstachtung und Anerkennung der Anderen in den Peergruppen gefördert wird, hängt dabei wesentlich auch von der professionellen Beziehungsgestaltung ab, weil sie modellhaft wirksam wird. Pädagogische Beziehungen finden unablässig in allen pädagogischen Situationen, und das heißt unter allen strukturellen Bedingungen, sowohl in eher inkludierenden als auch in eher segregierenden Settings statt. Intersubjektive Interaktionen können in wie auch immer strukturierten Bildungssituationen und Settings eher inkludierende, Vielfalt unterstützende oder eher exkludierende, Vielfalt zerstörende Tendenzen aufweisen.

Die Qualität persönlicher professioneller Beziehungen – so die zentrale These aller Kapitel des vorliegenden Textes – ist wirksam auf der Mikroebene alltäglichen Lebens innerhalb der Bedingungen des Rahmenwerks pädagogischer Institutionen. Interaktionen schaffen keine Strukturen, aber sie interpretieren sie – darin liegen sowohl ihre Ohnmacht als auch ihre Macht.

Die Qualität pädagogischer Beziehungen kann in vielerlei Hinsichten analysiert werden, dabei kann es um alle pädagogischen Aufgaben wie Betreuen, Erziehen, Bilden, Vermitteln, Lehren, Beraten, Diagnostizieren gehen. Wenn in diesem Buch die Gestaltung der pädagogischen Beziehung in den Blick genommen wird, so geht es um gleichzeitige Prozesse, die innerhalb aller pädagogischen Tätigkeiten immer auch parallel vorkommen. Wie auch immer eine Lehrperson etwas erklärt, ihre Stimme hat einen Klang, der eine emotionale Atmosphäre transportiert, auch wenn sie gar nicht darauf achtet.

Vollständig kann die Qualität pädagogischer Arbeit mit der Analyse der Qualität der pädagogischen Beziehung selbstverständlich nicht erfasst werden, weil andere Qualitätsmerkmale, wie z. B. curriculare und strukturelle Aspekte, dabei nicht im Fokus stehen. Aber wenn die Beziehungsqualität mangelhaft ist, ist die Qualität aller anderen Dimensionen ebenfalls beeinträchtigt, denn wie gut die Ziele pädagogischen Handelns erreicht werden, hängt immer *auch* von der Qualität der pädagogischen Beziehung ab. Darum sind Untersuchungen auf der Beziehungsebene auch für andere Aspekte von Bildung relevant.

Eine kurze erkenntnistheoretische Erläuterung kann an dieser Stelle dazu beitragen, die Wahl des Themas mit den Möglichkeiten und Grenzen der Perspektive, die es eröffnet, zu begründen. Theorien und ihre Begriffe sind wie Fenster zu Weltausschnitten, die einiges sichtbar machen können und gerade darum anderes verdecken. *Theoreme* – wie im Kontext dieses Buches die *pädagogische Beziehung* – sind mehr als einzelne definierbare Begriffe und weniger als umfassende Theoriegebäude. Sie fungieren vielmehr als komplexe gehaltvolle Konzepte dazwischen, als theoretische Fragmente, die in unterschiedlichen Aussagesystemen auftauchen, sich als „travelling theories" zwischen verschiedenen Denkkollektiven bewegen und sich in ihren Bedeutungen wandeln (Said 1983).

In aktuellen geistes-, sozial- und erziehungswissenschaftlichen Denkkollektiven werden solche dynamischen Theoreme verhandelt, die teilweise innerhalb ihrer Ausgangstheorien und teilweise aus ihnen herausgelöst als gedankliche Nomaden umherwandern. Im Lichte solcher Theoreme werden Ausschnitte der sozialen Welt auf je bestimmte Weise sichtbar und wir können erkennen, welche Bedeutung einem anhand des Theorems sichtbar gemachten Phänomen zukommt. Theoreme, die für wissenschaftliche Studien ausgewählt oder entwickelt werden, werden auch als „Konstrukte" oder „Konzepte" bezeichnet, um ihre perspektivische Bedingtheit zu betonen und um nicht zu vergessen, dass man zur Annäherung an einen Forschungsgegenstand auch ganz andere Konstrukte beziehungsweise Konzepte wählen könnte, was weitreichende Konsequenzen für die Ergebnisse hätte.

Ein radikaler Konstruktivismus würde davon sprechen, dass wir mit unserer Wahrnehmung unsere Welt erst konstruieren. Ein Perspektivismus geht von

Wechselbeziehungen zwischen Strukturen des erkennenden Blicks und Strukturen der zu erkennenden Welt aus; er zeigt, dass kognitive Situationen stets perspektivisch strukturiert sind (Graumann 1960) und dass wir, wenn wir wahrnehmen und analysieren – in Abhängigkeit von unserem Standpunkt und Erkenntnismotiv – stets einiges im Blick haben und anderes nicht. Eine solche Bewusstheit für die Perspektivengebundenheit allen wissenschaftlichen und alltäglichen Wissens lässt sich u.a. auf die berühmte Monadologie des Vordenkers der Aufklärung, Gottfried Wilhelm Leibniz (1646-1716) zurückführen, sie wurde vielfach variiert und fand in phänomenologischen und wissenschaftstheoretischen Ansätzen einflussreiche Aktualisierungen.

Im Hinblick auf die pädagogische Beziehungsforschung wird durch solche erkenntnistheoretischen Reflexionen die Einsicht gestärkt, dass in der gewählten Perspektive auf Beziehungsprozesse persönlich und gesellschaftlich relevante psychosoziale Prozesse in den Blick kommen, während ebenso bedeutsame andere Vorgänge, vor allem auf der Ebene institutioneller und materieller Strukturen, zeitweilig weitgehend verdeckt bleiben müssen. Da es nicht möglich ist die perspektivische Begrenztheit von Erkenntnis u.a. aufgrund der notwendigen Limitiertheit von Forschungsvorhaben zu überschreiten, gilt es, die jeweiligen Erkenntnisperspektiven mit Bedacht zu wählen und die Wahlen, die für andere Forschungsprojekte getroffen werden, zu respektieren.

Gute Gründe sprechen dafür, die Beziehungsebene mit ihrer Aufmerksamkeit für subjektive Emotionen, interpersonelle Praktiken und kulturelle Mentalitäten zeitweilig in den Vordergrund treten zu lassen und die Strukturebene mit ihrer Aufmerksamkeit für institutionelle Ordnungen, gesellschaftliche Machtverhältnisse und makroanalytische Größendimensionen für eine Weile zurückzustellen, um schließlich auch beide Ebenen in ihren Wechselwirkungen zu betrachten. Die Perspektive pädagogischer Beziehungsforschung weist eine partielle Gemeinsamkeit mit der Perspektive der Kindheitsforschung auf, da auch sie sich teilweise auf Relationen, konkret Peer-Relationen der Kinder untereinander, bezieht; aber beide unterscheiden sich auch deutlich voneinander, denn bei pädagogischen Beziehungen geht es dezidiert um die von Erwachsenen ausgehende Gestaltung des Generationenverhältnisses.

Im weiteren Verlauf der Einleitung und in den folgenden Kapiteln wird noch eine folgenreiche perspektivitätstheoretisch begründete Entscheidung eine Rolle spielen: Wenn wir die pädagogische Beziehung betrachten, blenden wir nicht die beteiligten Personen aus – wie zum Beispiel manche Anhänger einer radikal „relationistischen" Position, aus der eine Fokussierung auf die beteiligten Personen als „substanzialistisch" zu kritisieren wäre.[4] Aus unserer Sicht ist es durchaus auch sinnvoll, neben den Beziehungen, auch das aufeinander Bezogene, also die Pädagoginnen und Pädagogen sowie die Kinder und Jugendlichen zu betrachten, zumal dann wiederum Beziehungen in den

4 Vgl. dazu die relationentheoretischen Erläuterungen unter den Punkten 1.5, 2.1, 2.3, 3.2.

Vordergrund treten, nämlich die intrapersonellen Binnenbeziehungen der Beteiligten in ihrem externen Beziehungskosmos und dessen Geschichte.

Die Fragestellung der vorliegenden Studie ist an der Schnittstelle zwischen Theorie, Empirie und Praxis angesiedelt. Sie fragt danach, welche relevanten Analysen zur Beschaffenheit, zu Wirkungen und zur Verbesserung pädagogischer Beziehungen vorliegen und wie eigene theoretische und empirische Untersuchungen hilfreiche Einsichten in diesem Feld ermöglichen können. Sie soll Wissen bereitstellen, um so einen Beitrag zur Forschung zu leisten, der professionelle, institutionelle und bildungspolitische Entwicklungen in pädagogischen Arbeitsfeldern inspiriert und zu neuen wissenschaftlichen Untersuchungen anregt.

Im vorliegenden Text sollen einschlägige Erkenntnisse aus vielseitigen interdisziplinären, theoretischen und empirischen Denkkollektiven und Forschungsfeldern genutzt werden, um sie auf pädagogische Arbeitsfelder zu beziehen. Einen Schwerpunkt bilden Erzieher-Kind-Interaktionen in Kindertagesstätten und Lehrer-Schüler-Interaktionen in Schulen. Darüber hinaus werden stellenweise Aspekte der Sozialpädagogik und der Jugendhilfe berücksichtigt – das erweist sich als ertragreich, weil in diesen Feldern der Beziehungsebene bereits eine hohe Aufmerksamkeit zukommt, so zum Beispiel indem zur Intervention bei problematischen Beziehungsereignissen Ansätze des Beschwerdemanagements entwickelt wurden. Auch Studien aus der Erwachsenenbildung erweisen sich als aufschlussreich, sie verdeutlichen die langfristigen Wirkungen früher Beziehungsereignisse bis ins Erwachsenenleben und klären darüber auf, dass der Beziehungsebene im gesamten System lebenslangen Lernens auch in späteren Lebensphasen Bedeutung zukommt (Ludwig 2010; Tippelt/Nittel 2014; Prengel/Schmitt 2011). Dabei bieten in der erziehungswissenschaftlichen Teildisziplin Erwachsenenbildung entwickelte relationentheoretische Arbeiten[5] wichtige Grundlagen für die pädagogische Beziehungstheorie.

## 1.5 Begriffe – Metaphern – Dichtung – Filme

Begriffliche Klärungen und metaphorische Assoziationen sind geeignet, Forschungsperspektiven zu präzisieren und zu veranschaulichen. Einige grundlegende Begriffe, die bereits in den vorangehenden Abschnitten dieser Einleitung angedeutet wurden, können nun noch einmal einführend erläutert werden. Ergänzend sollen Metaphern mit ihrer bildlichen Anschaulichkeit vorstellbar machen, worum es bei der gewählten Forschungsperspektive geht. Schließlich folgen noch Hinweise auf Romane, (auto)biografische Texte und Filme, denn

5 Siehe Punkt 3.2.

mit künstlerisch-literarischen und -visuellen Mitteln wurden beeindruckende Zeugnisse zum Thema geschaffen.

Für alle Kapitel des vorliegenden Buches ist der Begriff der *pädagogischen Beziehung* zentral. Er bezeichnet eine Arbeitsbeziehung zwischen pädagogisch tätigen Erwachsenen und den Kindern beziehungsweise Jugendlichen (und in der Erwachsenenbildung auch den Erwachsenen), die sie betreuen, unterrichten, erziehen, beraten (Lenz/Nestmann 2009, S. 17). Diese professionellen Beziehungen entstehen aus sequenziellen Interaktionsfolgen, die sich situativ in pädagogischen Institutionen ereignen. Einzelne *pädagogische Interaktionen* sind die Elemente, aus denen sich pädagogische Beziehungen formieren. Während Befragungsstudien Erkenntnisse über Beziehungserfahrungen in der Perspektive der befragten Beteiligten erlauben, bieten Interaktionsstudien anhand teilnehmender Beobachtung die Möglichkeit der Untersuchung kleinster Bausteine pädagogischer Beziehungen aus der Außenperspektive.

Wenn es um die Analyse pädagogischer Beziehungen geht, so bezieht sich die Forschung vor allem auf die Erwachsenen und ihr Handeln und sie bezieht mit ein, dass diese Handlungen sich auf ihre Adressaten auswirken und von ihnen mit beeinflusst werden. In dem Maße, in dem die Beteiligten kontinuierlich kooperieren, sich emotional ansprechen, sich individuell kennen und füreinander schwer zu ersetzen sind, handelt es sich um persönliche Beziehungen; je mehr aber die einzelne Person hinter der Rolle verblasst, umso deutlicher ist von interpersonellen, sozialen oder rollenförmigen Beziehungen die Rede (Lenz/Nestmann 2009, S. 10; Goffman 1971). Die Beziehungsforschung in pädagogischen Arbeitsfeldern versteht sich als erziehungswissenschaftliche Professionsforschung. Während *Interaktion* und *Beziehung* auf der situativen Mikroebene gesellschaftlicher Ereignisse angesiedelt sind, so sprechen wir von *Verhältnissen*, wenn dauerhaftere Strukturen und ihre Wechselbeziehungen auf der gesellschaftlichen Makroebene in den Blick genommen werden sollen, zum Beispiel von Generationenverhältnissen.

In der Beziehungsforschung wird also häufig deutlich zwischen persönlichen Beziehungen und Arbeitsbeziehungen unterschieden. In den in dieser Studie zusammengetragenen theoretischen und empirischen Befunden wird sich zeigen, dass durch pädagogische Arbeitsbeziehungen existenzielle persönliche Erfahrungen gemacht werden können. Die Einsicht, dass Beziehungen auch in professionellen relationalen Räumen eine Dimension persönlicher Bedeutsamkeit innewohnt, gewinnt an Gewicht.

Mit dem interdisziplinären Begriff der *Relation* können wir einen hoch abstrakten Begriff heranziehen, der es erlaubt, das Phänomen der Relationalität in seinen grundlegenden Strukturen zu reflektieren.[6] Dabei geht es darum die Aufmerksamkeit auf das „Zwischen“, also die Wechselwirkungen, die sich im Zwischenraum zwischen den *Relata (Singular: Relatum)*, also den Gegeben-

6 Hier noch einmal der Hinweis auf die entsprechenden Ausführungen unter 2.1, 2.3, 3.2.

heiten, die auch „Objekte", „Entitäten" oder „Substanzen" genannt werden und die sich in Beziehung zueinander befinden, zu lenken (Erler u.a. 1992, S. 678-611). Diese Beziehungen sind in relationentheoretischer Sicht konstitutiv für das, was wir als Wirklichkeit empfinden. Ein Diktum des französischen Soziologen Pierre Bourdieu (1930-2002) bringt diese Einsicht in aller Kürze auf den Begriff, wenn er sagt: „*Le réel est relationnel*" (Bordieu 1994, S. 17) – „das Reale ist relational".

Welche bildlichen Assoziationen finden wir auf der Suche nach Metaphern, die veranschaulichen, was wir uns unter *Relation* vorstellen können? Ins Spiel kommen eher Denkbilder für fluide energetische Prozesse und weniger für sichtbare oder anfassbare Objekte von konsistenter Beschaffenheit. So kann schon ein Hinweis auf die Grundkräfte der Physik, wie Gravitation und elektromagnetische Wechselwirkung, wie Licht, Elektrizität und Magnetismus, plausibel machen, von welcher Relevanz Relationen in der materiellen Welt sind. Zur Veranschaulichung des Relationalen werden Vorstellungen aus der Quantenphysik herangezogen, in denen es weniger um Teilchen, sondern vielmehr um sich wechselseitig konstituierende Energiefelder geht (Emirbayer 1997, S. 287; Künkler 2011, S. 527). Zur Veranschaulichung personaler Relationen werden auch optisch und akustisch anmutende Imaginationen verwendet. Das Reflektieren der Blicke, die vom Auge im Antlitz des Anderen oder von einer Glas- oder Wasseroberfläche gespiegelt werden, dient dazu, Beziehungen zum Anderen oder zum Selbst darzustellen (Lévinas 1999). Vielleicht können wir uns eine soziale Beziehung ausmalen wie ein Musikstück: Es ist real, aber nicht gegenständlich, es wird immer wieder, aber niemals ganz gleich aufgeführt, es wird zu Gehör gebracht und gehört und es entsteht aus den Relationen der einzelnen Töne und Takte zueinander. Aus diesen Relationen werden Harmonien und Dissonanzen hervorgebracht, die wiederum Hörende in Stimmungen versetzen. Ein Musikstück wird improvisierend oder rekapitulierend aufgeführt, es ist, wie unsere Beziehungen, performativ.

Die Tatsache, dass wir kontinuierlich Beziehungen zu anderen Menschen gestalten, von Beziehungen zu anderen Menschen abhängig sind und ohne solche Beziehungen, wie auch immer sie beschaffen sein mögen, gar nicht leben könnten, wird in den Metaphern der Luft, die wir atmen (Buber 1923/2006, S. 41) oder des Sauerstoffs (Todorov 1996), den wir von allem Anfang an zum Leben brauchen, eindrucksvoll gefasst. So wie wir Atmen, befinden wir uns in Beziehung zu Anderen, so lange wir lebendig sind. Schließlich hat sich mit „Netzwerk" eine äußerst einflussreiche Metapher herausgebildet, mit der die Analyse von Beziehungen, Positionen, Knoten, Kanten und Löchern in sozialen Gefügen propagiert und die auf Entitäten, Dinge und Substanzen mit ihren Eigenschaften gerichtete Forschung kritisiert wird. Walter Herzog zieht zur Veranschaulichung des Phänomens der Relationalität, auch in der Pädagogik, die besonders eindrucksvollen Metaphern der „Strömung" und des „Wirbels" von George Herbert Mead heran: „Das Selbst ist (…) sozusagen ein Wirbel in der gesellschaftlichen Strömung und somit immer Teil dieser Strömung" (Mead 1934/1973, zitiert in der Übersetzung von Herzog 2001, S. 533). „Das Selbst", so Walter Herzog, „ist keine dinghafte Substanz, der Relationen lediglich *akzidentiell* zukämen, sondern in seiner ganzen Art relational" (Herzog 2001, S. 533). Angesichts der hier angesprochenen Definitionen und Imaginationen wird vorstellbar, worum es bei der Auseinandersetzung mit Relationalität geht und die existenzielle und gesellschaftliche Bedeutung der Bezogenheit für alles, was wir erleben und wie wir uns entwickeln, wird einsichtig.

Für die Analyse der kinderrechtlichen Qualität pädagogischer Beziehungen sind in den folgenden Kapiteln die Begriffe *Anerkennung* und *Verletzung* zentral. Anerkennung und Verletzung dienen als Kategorien, die geeignet sind zwischen menschenfreundlichen und menschenfeindlichen Tendenzen in den Erzieher-Kind-Beziehungen und Lehrer-Schüler-Beziehungen zu unterscheiden. Diese beiden Kategorien wurden gewählt, denn sie eignen sich als Oberbegriffe für die vielen Spielarten konstruktiver Relationen auf der einen und destruktiver Relationen auf der anderen Seite sowie von Ambivalenzen aus beiden (zur ausführlichen sozialphilosophischen Begründung vgl. 2.2). Dabei verwenden wir die Metapher der „Resonanz" als akustisch anschauliches Bild für Relationalität in der ganzen Breite möglichen Mitschwingens von „harmonischen", konstruktiv-positiven bis hin zu „disharmonischen", destruktiv-aggressiven Beziehungsqualitäten. Wir teilen hier nicht die Definition nach Hartmut Rosa (2016), der Resonanz ausschließlich auf förderliche relationale Qualitäten beschränkt. Problematisch an diesem Konzept ist, dass es nicht zwischen guter und schlechter Resonanz unterscheiden kann. Unsere empirischen Befunde (siehe 4.6) bestätigen für die untersuchten pädagogischen Kontexte vielmehr sozialpsychologische Erkenntnisse, dass sich die Akteure wechselseitig sowohl mit gedeihlichen und empathischen als auch mit schädlichen und hasserfüllten Gefühlen stark beeinflussen (Zimbardo 2007). Die Philosophin Rahel Jaeggi (2017) hält die politisch und pädagogisch wichtige Einsicht fest: „Auch der Faschismus ist ein Resonanzphänomen, und zwar ein sehr starkes".

In Romanen, Biografien und Autobiografien bilden pädagogisches Handeln und sein Einwirken auf die Heranwachsenden ein überaus verbreitetes Motiv. Von Augustinus bis hin zu Thomas Mann, Thomas Bernhard, Hans Josef Ortheil und Ulla Hahn, bei allen ist zu lesen, wie leidvoll die Protagonisten destruktive oder gar sadistische pädagogische Beziehungen erfahren haben und wie alles entscheidend wohlwollende Lehrer ihre Biografien beeinflussten. Albert Camus portraitiert seinen guten Volksschullehrer in seiner 1994 erschienenen Autobiografie „Le premier homme", „Der erste Mensch". „In Monsieur Germains Klasse fühlten sie zum ersten Mal, dass sie existierten und Gegenstand höchster Achtung waren: Man hielt sie für würdig die Welt zu entdecken" (1995, S. 168). Ohne den Lehrer, Monsieur Germain (Pseudonym Monsieur Bernard), der hartnäckig darauf hinwirkte, dass Albert zum Gymnasium gehen konnte, hätte er höhere Bildung nicht genossen. Zugleich liest sich dieser Text auch als ein eindrucksvolles Beispiel für die Darstellung des Ambivalenten in pädagogischen Beziehungen. Dieser „gute Lehrer“ ist gerade nicht frei von Ambivalenzen, nicht unfehlbar, auch er ist kulturellen Mustern seiner Profession zu seiner Zeit verhaftet, er bleibt sogar dahinter zurück, denn er wendet harte ritualisierte Prügelstrafen an, auch gegen Albert, obwohl das schon verboten ist. Eine ganz andere biografische Perspektive eröffnen die von Lutz van Dijk ermöglichten Publikationen, in denen vermittelt wird, welch lebenswichtige Bedeutung fürsorgliche pädagogische Beziehungen für elternlose Kinder in Südafrika haben.[7]

Begrifflich, metaphorisch und poetisch erklingt die Stimme des karibisch-französischen Philosophen und Dichters Édouard Glissant (1928-2011). In einer *Philosophie de la Relation* und *Poétique de la relation* verwendet er das Denkbild des *Archipels. Das archipelische Denken* kennt vielfältige asymmetrisch gestaltete Elemente, die nicht aneinander angeglichen und nicht einander untergeordnet werden, sondern die veränderliche Beziehungen zueinander eingehen (Glissant 2005; 2009; Diawara/Glissant 2009).

Dokumentarfilme zeichnen einzigartige Portraits von Lehrerinnen und Lehrern und von Akteuren der Sozialen Arbeit. Yvonne Bezerra de Mello wird von Monica Treut (2001) mit ihrer Initiative für brasilianische Straßenkinder porträtiert, in der das Anbahnen von Beziehungen zu Erwachsenen, das Halt finden in einem neuen Zuhause und das Lernen zentral sind (Bezerra de Mello 2014). Hubertus Siegert (2005) porträtiert die Lehrerin Gudrun Haase in ihrer fordernden Klarheit und engagierten Zuwendung sowie mit einer ganzen Reihe ambivalenter Interaktionen, sodass es vorkommt, dass ihr Handeln von den Kindern heftig infrage gestellt wird. In einer dramatisierenden Widersprüchlichkeit werden Pädagogen in Spielfilmen inszeniert: als „arme Würstchen“, „Dummbeutel“, „charmante Looser“, ;,Zampano“, „Wonderboy“, „Idol“, „Naive“, „Manipulator“ oder „Berufszyniker“. Aber Spielfilme der letzten 20 Jahre handeln ganz explizit auch von den „scheinbar so tollen Lehrerinnen und Lehrern“ (Haß 2013, S. 6-8). Alle diese Rollennamen lassen sich als relationale Begriffe lesen, die nicht nur Zuschreibungen zum Lehrer, sondern auch implizite Bilder von doppelbödigen Lehrer-Schüler-Beziehungen transportieren. Die Filmtheoretikerin und -journalistin Frauke Haß analysiert die Ambivalenzen in den Lehrer-Schüler-Beziehungen, die die Lehrerfilme komplex und spannend machen und kommt mit Blick auf die Kinder und Jugendlichen im alltäglichen Leben zu dem Schluss: „Ein Titan ist weit und breit nicht zu entdecken. Aber wer braucht schon Helden in der Schule?“ (Haß 2013, S. 6).

7 Maloni 2011 (eine Autobiografie des jungen Südafrikaners Mbu Maloni); van Dijk 2012 (mit eindrucksvollen Fotos des Fotografen Ralf Hirschberger); vgl. dazu auch Prengel 2013c.

## 1.6 Zum Aufbau des Buches

Das Buch umfasst fünf Teile, die auf Erkenntnissen beruhen, die sowohl in vielseitigen interdisziplinären und erziehungswissenschaftlichen Debatten rezipiert als auch in eigenen Untersuchungen gewonnenen wurden. Seine Inhalte wurden in einer fortwährenden zirkulären Suchbewegung aus persönlichen Erfahrungen, kasuistischen Narrationen, systematischen empirischen Studien und theoretischen Lektüren gesammelt. Die interdisziplinären Erkenntnisse haben sich wechselseitig beeinflusst und sind vielfältig miteinander verschränkt; sie werden hier in die Form eines linearen Textes gegossen und durch Verweise auch quer dazu verbunden.

Im an diesen einleitenden *ersten* Teil anschließenden *zweiten* Kapitel wird nach für pädagogische Verhältnisse relevanten interdisziplinären, ideengeschichtlichen, theoretischen und empirischen Zugängen zu Relationalität gefragt, um nach Einsichten zu suchen, die helfen können, die Bedeutung pädagogischer Beziehungen zu verstehen. Dabei werden einige historische, philosophische, anerkennungstheoretische, fürsorgetheoretische, soziologische, sozialpsychologische, psychoanalytische, entwicklungspsychologische, bedürfnistheoretische und gesundheitswissenschaftliche Aspekte aufeinander bezogen. Sie hängen wiederum mit den anerkennenden, verletzenden und ambivalenten Qualitäten humaner Beziehungen und mit der Begründung der menschenrechtlichen Prinzipien der Freiheit, Gleichheit und Solidarität zusammen. Versucht wird in diesem Kapitel anerkennungstheoretische, fürsorgetheoretische, bindungstheoretische, bedürfnistheoretische und relationentheoretische Perspektiven zu verknüpfen, um zu einer das Persönliche berücksichtigenden Grundlage für die Theorie professioneller pädagogischer Beziehungen zu finden. Bei der Suche nach Theorien mit besonderem Erklärungsgehalt, die zu diesen Perspektiven führte, erwiesen sich die Interaktionen, die wir in pädagogischen Arbeitsfeldern entdeckten und über die in Kapitel vier berichtet wird, als Wegweiser.

Das *dritte* Kapitel ist der erziehungswissenschaftlichen Beziehungsforschung gewidmet. Nach einem kurzen Rückblick auf frühere Ansätze werden aktuelle bildungstheoretische Entwürfe und einzelne Studien vorgestellt. Den systematischen bildungstheoretischen Ausgangspunkt bilden Grundgedanken einer relationalen Erziehungswissenschaft, wie sie von Christoph von Wolzogen und dem Kreis um Ortfried Schäffter ausgearbeitet werden. In diesem Horizont geht es darum, einschlägige erziehungswissenschaftliche und pädagogische Entwürfe auf ihren relationalen Gehalt hin zu analysieren und ihren Beitrag zur pädagogischen Beziehungsforschung herauszuarbeiten. Indem die Ergebnisse der interdisziplinären mit denen der erziehungswissenschaftlichen Recherche verbunden werden, gewinnt die Theorie pädagogischer Beziehungen ihren fachspezifischen Gehalt, von dem aus sie wiederum ihrerseits interdisziplinäres Denken inspirieren kann. In dem Kapitel werden die drei Grundformen der Anerkennung nach Honneth, Liebe, Achtung und Wertschätzung, anhand der menschenrechtlichen Prinzipien Solidarität, Gleichheit und Freiheit, unterschieden und hinsichtlich des Generationenverhältnisses in der Sphäre des Pädagogischen neu interpretiert.

Im *vierten* Teil wird aus eigenen Beobachtungsstudien zu pädagogischen Beziehungen, vor allem zu Lehrer-Schüler-Interaktionen, aber auch zu Erzieherinnen-Kind-Interaktionen, berichtet: Untersuchungen aus dem „Projektnetz INTAKT" (Soziale Interaktionen in pädagogischen Arbeitsfeldern) ermöglichen Einblicke in die Qualität pädagogischer Interaktionen im Arbeitsfeld Schule und in früh- und sozialpädagogischen Arbeitsfeldern. Formen, Grade und Häufigkeiten anerkennenden und verletzenden pädagogischen Handelns werden anhand einer großen Zahl von Feldvignetten qualitativ und quantitativ analysiert. Als ein zentrales Ergebnis stellt sich heraus, dass seelische Gewalt die häufigste und zugleich am wenigsten beachtete Gewaltform ist, die Kinder und Jugendliche erleiden. Darüber hinaus bieten die Beobachtungen schon an ihrer unmittelbar sichtbaren Oberfläche Anhaltspunkte, die vorsichtige Vermutungen über mögliche Ursachen von unterschiedlichen pädagogischen Handlungsweisen nahelegen.

Schließlich fasst der *fünfte* Teil die in interdisziplinärer, erziehungswissenschaftlicher und empirischer Perspektive gewonnenen Ergebnisse zusammen und schlägt in einem abschließenden Ausblick vor, was auf den verschiedenen Ebenen des Bildungswesens zur Verbesserung pädagogischer Beziehungen getan werden kann. Als ein Beispiel für die Arbeit an der Qualität pädagogischer Beziehungen wird das Projekt „Reckahner Reflexionen zur Ethik pädagogischer Beziehungen" vorgestellt.

# 2. Interdisziplinäre Grundlagen

Während der langjährigen Vorstudien zu diesem Buch, die durch konkrete Beobachtungen in Schulen und Kindertagesstätten angestoßen worden waren, zeigte sich, dass die mit dem gewählten Thema mögliche Perspektive Einblicke in ein außerordentlich weites fächerübergreifendes Wissensspektrum ermöglicht und hinsichtlich pädagogisch relevanter Analyse- und Handlungsmöglichkeiten ertragreich zu werden verspricht. Die Suche nach grundlegenden Erkenntnissen über *Beziehungen* in interdisziplinären Ansätzen führt zu bereichernden Ergebnissen für die Pädagogik. Mit dem Theorem der Relationalität lassen sich Blickfelder eröffnen, die interdisziplinär weit gefächert sind und in der Geschichte der Ideen historisch weit zurückreichen. Vorgestellt werden u.a. sozialphilosophische, soziologische, psychologische und salutogenetische Ansätze. Die unterschiedlichen Ergebnisse dieser Suche werden durch eine sie verbindende innere Spannung zusammengehalten, die gestiftet wird durch die Frage nach ihrem Beitrag zu einer pädagogisch relevanten Theorie der Relationalität.

## 2.1 Zu Geschichte und Philosophie von Relationalität

Dass wir als Menschen stets in gesellschaftlichen Beziehungen leben und dass diese Beziehungen sich kulturell und historisch wandeln, lässt sich als anthropologische Gegebenheit bezeichnen. Während soziale Bewegungen und sozialwissenschaftliche Theorien in der zweiten Hälfte des 20. Jahrhunderts Universalismen vehement als falsch pauschalisierend kritisiert haben, artikulieren sich zu Anfang des 21. Jahrhunderts Denkweisen, die auf neue Weise nach universellen Gemeinsamkeiten aller Menschen fragen, ohne die kulturellen Differenzen zu vernachlässigen. So plädiert der Ethnologe Christoph Antweiler für die ethnologische und anthropologische Untersuchung von Universalien der menschlichen Existenz und will einen Beitrag zur „Fundierung eines ‚realistischen Humanismus'" (Antweiler 2011, S. 25) leisten: „Alle Menschen stehen in ubiquitären Konstellationen und erleben gleiche Problemstellungen wie sie etwa durch Geburt, Aufwachsen und Tod sowie durch Arbeit, Daseinssicherung, Spiel und Kunst markiert werden" (Antweiler 2011, S. 21). Gemeinsam haben alle Menschen, dass sich unser Leben als Leben in Beziehung zu unserer menschlichen und materiellen Mitwelt ereignet. Jedes Individuum geht aus Beziehungen hervor, existiert durch Beziehungen und gestaltet Beziehungen. Jede Kultur lässt sich als veränderliches Gefüge aus Beziehungen zwischen ihren Mitgliedern sowie aus Verhältnissen zwischen Gruppierungen beschreiben, und in jeder Kultur werden diese Relationen und die Konflikte um sie mit den kulturellen Mitteln der Zeit symbolisiert und verhandelt.

Aleida und Jan Assmann[8] haben mit der Theorie des kulturellen Gedächtnisses (A. Assmann 2006a, 2006b) bewusst gemacht, dass Jahrtausende alte Zeugnisse eines Ringens um die Gestaltung gesellschaftlicher Beziehungen überliefert sind. In der altägyptischen Kultur wurde in der Symbolsprache göttlicher Bilder und Zeichen ebenso wie in Bittschriften und den verbreiteten biografischen Grabinschriften die Angemessenheit von Beziehungen zwischen Menschen verhandelt. Maßgeblich dafür war über lange Zeiträume die Figur der *Göttin der Wahrheit, Gerechtigkeit und guten Weltordnung* namens *Ma'at*, der die Pharaonen ebenso wie jedes andere Gesellschaftsmitglied verpflichtet waren und vor der sich alle nach dem Tode zu verantworten hatten. „Ma'at stiftet eine Sphäre des Rechts, in der nicht der Stärkere obsiegt, sondern derjenige der im Recht ist" (J. Assmann 2006, S. 248). Die Bindungsqualität dieser zugleich kosmischen und sozialen Weltordnung beruht auf der Anerkennung der gegenseitigen Angewiesenheit (J. Assmann 2006, S. 90). „Gerechtigkeit, im ägyptischen Sinne, ist in erster Linie Mitmenschlichkeit, ‚*iustitia connectiva*', ‚konnektive Gerechtigkeit', die die Menschen miteinander verbindet, indem sie Verantwortlichkeit und Vertrauen stiftet. Der zur Ma'at erzogene Mensch weiß sich für sein Tun und Reden verantwortlich; daher ist er des Vertrauens der anderen würdig. Er hat ein ‚geduldiges Herz', das sich dem Anderen zuwendet, zuzuhören, zu warten und vor allem zu verzeihen vermag, in seinem Tun und Reden alles vermeidet, was den mitmenschlichen Zusammenhang zu stören vermag und alles dafür tut, ihn aufrechtzuerhalten" (J. Assmann 2006, S. 91). Der Autor arbeitet heraus, dass es zum Verständnis des sinnvollen Lebens im alten Ägypten gehört, dass Geselltheit Leben und Einsamkeit Tod bedeutet: „Der einzelne kann nur in ‚Konstellationen' leben" (J. Assmann 2005, S. 153).

Nach dem kurzen Blick ins ägyptische Altertum, als Beispiel eines historisch frühen Imaginierens und Wissens um die Bedeutung von Verbundenheit, können wir mit Otfried Höffe (2010) davon ausgehen, dass Vorstellungen zu wie auch immer gearteten relationalen Verhältnissen in allen Epochen der Menschheit mit den kulturellen Mitteln, die in den jeweiligen Kulturen entwickelt wurden, ausgetauscht worden sind und weiterhin ausgetauscht werden. Im Lichte dieser Einsicht zeigt sich, dass die zentralen Begriffe unserer sozialen und politischen Sprache stets menschliche Beziehungen und Verhältnisse

8 Im Jahr 2018 wird das kulturwissenschaftliche Lebenswerk des Forscherpaares mit dem Friedenspreis des deutschen Buchhandels gewürdigt.

implizieren; das gilt für Gerechtigkeit ebenso wie – um nur einige Beispiele zu nennen – für Gleichheit und Ungleichheit, Freiheit und Zwang, Solidarität, Ausbeutung, Herrschaft, Demokratie, Diktatur, Monarchie, Partizipation, Diskriminierung, Anerkennung, Globalisierung usw. Wenn Beziehungen sich verändern und, wie etwa in gegenwärtigen Zeitdiagnosen, als weniger eng und verbunden angesehen werden, so gilt auch hier, was die entsprechenden Begriffe wie Anomie, Einsamkeit[9], Individualisierung usw. Beziehungsqualitäten zum Ausdruck bringen. Wenn wir das Relationale, das den Begriffen unserer politischen Sprache innewohnt, zum Vorschein bringen, erweisen sie sich auf besondere Weise als gehaltvoll.

Aufgrund der anthropologischen Gegebenheit des Generationenwechsels haben alle menschlichen Kulturen gemeinsam, dass sie Generationenbeziehungen praktizieren und symbolisieren, und dass dazu neben den Beziehungen zu den Eltern auch Beziehungen zu den anderen Erwachsenen, von denen die jüngere Generation lernt, gehören. Mit guten Gründen lässt sich in Anlehnung an Christoph Antweiler (2011) davon ausgehen, dass die Gestaltung des Aufwachsens und das Nachdenken über gute und weniger gute Beziehungen zwischen älterer und jüngerer Generation wohl seit Menschengedenken überall auf der Welt zu finden sind. Die Sprache des Pädagogischen mit ihren Begriffen wie Erzieher, Zögling, Lehrer, Schüler, Erziehung, Bildung, Sozialisation lässt Beziehungsaspekte des Generationenverhältnisses variantenreich anklingen.

Aus dem bisher Gesagten geht hervor, dass Beziehungen eine universelle Gegebenheit sind, in allen Kulturen werden sie auf je besondere Weise gestaltet und im Laufe der historischen Entwicklung verändern sie sich. Um die Angemessenheit von Beziehungen wird weltweit und zu allen Zeiten verhandelt und gestritten, denn das was als gelingendes Leben oder als unakzeptable Ungerechtigkeit empfunden wird, beruht auf Ereignissen in nahen Beziehungen oder Verhältnissen zwischen größeren Gruppierungen. Aufgrund der Unhintergehbarkeit der Generationendifferenz bildet die Gestaltung der Generationenbeziehungen in allen Gesellschaften eine zentrale Aufgabe der älteren Generation, die besondere Brisanz aufweist, weil die kleinen Kinder der neuen Generationen stets eine außerordentlich hohe Abhängigkeit und Vulnerabilität aufweisen. Jede Zeit findet ihre Weise das Generationenverhältnis zu gestalten. Im Laufe der historischen Entwicklung gehört zur Gestaltung des Generationenverhältnisses eine Ausweitung professioneller pädagogischer Institutionen mit ihren professionellen pädagogischen Beziehungen.

Die hier dargelegte historische Unhintergehbarkeit und Variabilität von Beziehungen hat ihren Ausdruck in Theorien der Relationalität gefunden. Sie sind bedeutsam u.a. in der Logik, in der Mathematik, in der Erkenntnistheorie

9 Vgl. die Befunde zeitdiagnostischer Studien, welche auf die Knappheit an Relationen in der Einsamkeit, die aus Individualisierung hervorgehen kann, hinweisen, Ehrenberg 2011 sowie das grundlegende Werk von Hans Peter Dreitzel (1970) zur Soziologie der Einsamkeit.

(Erler u.a. 1992, S. 678-611). An einige grundlegende Gedanken zur Bedeutung von Relationalität aus der europäischen Geistesgeschichte zu erinnern, ist aufschlussreich. Die Autoren des außerordentlich informativen Artikels zum Stichwort „Relation“ im historischen Wörterbuch der Philosophie fassen nach den Hinweisen auf die umfassende antike und mittelalterliche Vorgeschichte neuzeitliche Theorien zusammen: Schon nach John Locke (1632-1704) „enthält die einfache Idee der Kraft (power) eine Relation (…). Schließlich sind die sekundären Sinnesqualitäten wie Farben und Gerüche geradezu definierbar als die Kräfte verschiedener Körper in Relation auf unsere Wahrnehmung“ (Erler u.a. 1992, Sp. 596). „Und schließlich gibt es keinen Gegenstand, der so abgetrennt von allen anderen wäre, dass seine vollständige Analyse nicht zeigte, dass er Relationen auf andere Dinge, ja auf alle anderen Dinge in sich enthält“ – so Gottfried Wilhelm Leibniz (1646-1716) (Erler u.a. 1992, Sp. 597). Nach diesen Wegbereitern der Aufklärung kommt in den Gedankengebäuden der philosophischen Klassiker der Aufklärung und des deutschen Idealismus der Auseinandersetzung mit Relationalität eine wachsende Bedeutung zu, die dann, neukantianisch inspiriert, in einer zuspitzenden Debatte ausgetragen wird, die sich explizit darum dreht, ob den „Relata“ (Singular: Relatum), das heißt, den Gegebenheiten, die in Beziehung zueinander stehen, überhaupt eine unabhängige Existenz zugesprochen werden könne und ob nicht die Beziehung das Wesentliche überhaupt sei. In jedem Fall setzt die Analyse der Bezogenheit von Elementen voraus, dass sie sich in irgendeiner Hinsicht unterscheiden und aufeinander einwirken; das heißt Relation beruht auf Differenz und Dynamik (Erler u.a. 1992, S. 599-606). Als ein Beispiel für die bedeutenden Plädoyers für Relationalität vom Anfang des 20. Jahrhunderts sei an dieser Stelle nur Ernst Cassirers 1910 erschienenes Werk „Substanzbegriff und Funktionsbegriff“ genannt, in dem Erkenntnis als Gewebe von Relationen herausgearbeitet und dem Dingbegriff gegenübergestellt wird. Angesichts der für das Fin de Siècle konstatierten emphatischen philosophischen Strömung relationalen Denkens scheint ein geistiger Horizont auf, in dem Martin Bubers (1978-1965) religiös und poetisch gestimmte Dialogtheorie im frühen 20. Jahrhundert entstehen konnte. Sie leistet es, eine Sphäre des „Zwischen“ zu begründen, die es ermöglicht, dass erst der Dialog die Subjekte, in Bubers berühmten Formulierungen „Ich“ und „Du“ (Buber 1923/2006), hervorbringt. Dialogtheorien fußen nach wie vor auf Bubers Schriften, die auch in der Pädagogik einflussreich wurden (vgl. Künkler 2011, S. 465-476).

In den grundlegenden Prämissen der Theorie der Relationalität[10] ist angelegt, dass sie erkenntnistheoretisch bedeutsam ist. In ihrem Licht soll der einleitend unter Punkt 1.4 angesprochene perspektivitätstheoretische Zugang, den ich favorisiere, einmal mehr verdeutlicht werden: Wenn Erkenntnissubjekt und Erkenntnisgegenstand als Relata gedeutet werden, geht die zu gewinnende

10 Vgl. auch Leisegang/Niebel 1974; Schaaf 1966.

Erkenntnis aus der Relation zwischen beiden hervor. Veränderungen, sei es auf der erkennenden oder auf der zu erkennenden Seite, führen zu veränderten Erkenntnissen (Erler u.a. 1992). Erkenntnis ist ein relationaler Prozess, und Erkenntnisperspektiven sind relational bedingt. Je nachdem welche Erkenntnisperspektive gewählt wird, kann ein einzelnes Relatum einschließlich seiner verhältnismäßig konstanten oder dynamischen Eigenschaften und deren Beziehungen untereinander oder aber eine Relation zwischen mehreren Relata einschließlich ihrer langsameren oder schnelleren Dynamiken betrachtet werden. Jede dieser Perspektiven macht in ihrem Rahmen je eigene Erkenntnisse möglich und ist zugleich ihren je eigenen Begrenztheiten verhaftet. Darum erscheint es in perspektivitätstheoretischer Sicht müßig, darum zu streiten, ob einem Relatum oder der Relation Priorität zukommen soll, denn beide erweisen sich als bedeutsame Erkenntnisgegenstände, die voneinander abhängig sind. Bei der näheren Betrachtung eines jeden Relatums zeigt sich zudem, so meine These, dass seine vermeintliche Substanz sich wie unter einem Mikroskop auflöst und wiederum Beziehungen sichtbar werden. Denn nun geht es um intrasubstantielle Beziehungen zwischen den Substrukturen des Relatums und um deren Dynamik.

Darum soll, wenn in dieser Schrift die das Pädagogische konstituierende Beziehung ins Zentrum der Betrachtung gerückt wird, nicht etwa von – wie es teilweise in der relationalen Soziologie geschieht – einem „Paradigmenwechsel“ oder „turn“ geredet werden. Interessant scheint nicht so sehr ein paradigmatisch Neues behaupten zu wollen, sondern im Früheren schon längst enthaltene relationale Aspekte aufzudecken. Auch wird hier die Pluralität der Forschungsperspektiven und ihr wechselseitiger Respekt favorisiert, in deren vielfältigem Spektrum die Beziehungsforschung eine wichtige, aber auch begrenzte Rolle neben ganz anderen nicht weniger wichtigen und spannenden Ansätzen spielt.

## 2.2 Sozialphilosophische Theorien: Anerkennung, Emotionen, Fürsorge, Beschämung, Verletzung

Für die Frage nach der Qualität pädagogischer Beziehungen sind sozialphilosophische Erkenntnisse erhellend, weil sie Bezüge zwischen persönlich-existenziellen und gesellschaftlichen Entwicklungen herstellen können. Aus der Fülle möglicher Anknüpfungspunkte wurden mit Anerkennung, Fürsorge (oder auch „care“), Scham, Verletzung und Emotionen sozialphilosophische Konzepte ausgewählt. In dieser Studie sollen die genannten relationentheoretischen Einsichten mit anerkennungstheoretischen, fürsorgetheoretischen, schamtheoretischen, verletzungstheoretischen und emotionstheoretischen Erkenntnissen verbunden werden, um Relationen im Generationenverhältnis zu betrachten.

Mit der Kategorie der Anerkennung arbeiten vielseitige, dezidiert sozialphilosophische Ansätze mit interdisziplinärer Ausstrahlung. Anerkennung wird als eine grundlegende anthropologisch vorfindliche Gegebenheit gefasst, die von der frühen Kindheit an in allen Lebensphasen und -bereichen und in allen gesellschaftlichen Sphären wirksam ist. Im Lichte der oben genannten Relationentheorie lässt sich konstatieren: Gegenstand von Anerkennungstheorien in allen ihren Varianten sind zwischenmenschliche Relationen. Während Relationentheorien die grundlegende unhintergehbare Bedeutung von Beziehungen überhaupt verhandeln, nehmen Anerkennungstheorien bestimmte Qualitäten von Beziehungen in den Blick, die mit den Metaphern des lebenswichtigen Sauerstoffs, den wir atmen oder des Nurturing, des Nährens, das uns Kraft gibt, veranschaulicht werden können. Wir brauchen für unseren Stoffwechsel als lebendige Wesen nicht nur eine leibliche Zufuhr von Versorgung, sondern wir sind auch darauf angewiesen, dass uns psychisch Nährendes von anderen Menschen zufließt. Da es niemanden gibt, der nicht davon abhängig wäre, muss zutreffender gesagt werden: Wir sind darauf angewiesen, dass wir psychisch Nährendes wechselseitig, und das heißt psychosozial, einander zufließen lassen, damit wir leben können. Die verschiedenen Formen der Anerkennung, die Mängel an Anerkennung, die ins Entwertende oder sogar Vernichtende umschlagenden Verkehrungen auf der Suche nach Anerkennung und die Ambivalenzen der Anerkennung sind auf dem so umrissenen Hintergrund der existenziellen Abhängigkeit von Bezogenheit und dem Verlangen nach Anerkennung zu verstehen. Im Horizont dieser relationen- und anerkennungstheoretischen Perspektive sollen einige Theoreme der Anerkennung, der Fürsorge, der Verletzung und der Emotionen dargelegt werden.

Unter den bedeutenden, viel rezipierten Vordenkern heutiger Anerkennungstheorien sind unter anderem Georg Wilhelm Friedrich Hegel (1770-1831) und George Herbert Mead (1863-1931) zu nennen. Auf sie beruft sich Axel Honneth in seiner 1992 erschienenen grundlegenden Schrift „Kampf um Anerkennung“, der viele weitere Publikationen des Frankfurter Sozialphilosophen folgten. (u.a. Honneth 1990, 2000, 2002, 2003, 2018; Honneth/Rössler 2008; Honneth u.a. 2013). Die aktuelle Konjunktur der Anerkennungstheorie – auch bei Axel Honneth – wurde vor einem Vierteljahrhundert maßgeblich angestoßen von der amerikanischen feministischen Psychoanalytikerin und Philosophin Jessica Benjamin, mit ihrem in den achtziger Jahren des 20. Jahrhunderts erarbeiteten Plädoyer für eine neue Aufmerksamkeit für Intersubjektivität (Benjamin 1985; 1990).

Zentrale anerkennungstheoretische Einsichten beziehen sich auf intersubjektive Bedingungen der Entwicklung und auf Abhängigkeitsverhältnisse in der Hierarchiebildung. Sie postulieren zum einen, dass das Subjekt nur intersubjektiv existiert und Selbstachtung nur ausbilden kann, indem es Anerkennung der Anderen erfährt und zum anderen, dass eine ranghöhere Position nur möglich ist, indem ihr von einer rangniedrigeren Position Anerkennung gezollt wird. In einem gehaltvollen Anerkennungsbegriff schwingt die Vorstellung prosozialer Kräfte mit. Zugleich können mit intersubjektiver Anerkennung in allen Lebensaltern und Lebenslagen auch widersprüchliche und schmerzliche Prozesse einhergehen, dazu gehören Verfallsformen, wie zum Beispiel Verkennung, Verwilderung und Verfälschung. Intersubjektive Anerkennung ist verstrickt in Verteilungskämpfe, die Abhängigkeit von ihr macht verführbar[11]. Im intersubjektiven Anerkennungsaustausch ist der Einzelne in einer passiven Position des Anerkennung Nehmenden sowie in einer aktiven Position des Anerkennung Gebenden zu analysieren. Die lebenswichtige Anerkennung, die mir von anderen widerfährt, geschieht personell und kulturell konkret in bestimmten Formen, darum nährt, erweitert, gestaltet, begrenzt und bindet sie zugleich. Die Anerkennung, die ich gebe, erfahre ich als entgrenzendes Glück oder als beeinträchtigenden Schmerz[12], denn sie kann Resonanz betonend erweitern oder aber Differenz betonend begrenzen. Für die Analyse von problematischen Anerkennungsprozessen ist wesentlich, dass das Fehlen von ausreichend nährender Anerkennung derart als existenzieller Mangel erlebt wird, dass sie verzerrend und ins Gegenteil verkehrend gesucht wird. Wenn das Bedürfnis anerkannt zu werden ungenügend beantwortet und der Mangel an Anerkennung zu groß wird, kann sich die Not darin äußern, dass ich mich über andere stelle und sie mir entwertend oder gewalttätig unterordne, um mir so eine Erfahrung anerkannt zu sein zu verschaffen. Die entbehrungsreiche Anerkennungssuche schlägt dann um in Verachtung und Gewalt gegen Andere. Stephan Marks (2007) hat in seiner Interviewstudie mit nationalsozialistischen Tätern und Unterstützern materialreich seine These belegt, dass der Nationalsozialismus sich der Anerkennungsmängel seiner Befürworter bediente und sie mit der Ideologie ihrer Überlegenheit über andere auf böse Weise anerkennend verführen konnte. Aufgrund von Anerkennungsentbehrungen kann die Suche auch in ein verwöhnendes oder gar verschlingendes Geben von Anerkennung münden, sodass das Subjekt sich selbst auslöscht, um sich in der Verschmelzung als anerkannt zu erfahren oder dass es sich unterordnet, um am Anerkennungsgenuss der mächtigen Anderen zu partizipieren. In Wilhelm Heitmeyers Theorie der Menschenfeindlichkeit werden destruktive Bestrebungen mit negativen Anerkennungsbilanzen begründet (Anhut/Heitmeyer 2005). Jessica Benjamin (1985) hat frühzeitig begründet, wie „sadistische“, andere unterordnende, und „masochistische“, sich anderen unterordnende, Bestrebungen aus der frühen Anerkennungssozialisation hervorgehen. Weil Anerkennung ubiquitären Bedürfnissen und Fähigkeiten entspricht, bringt sie

11 Vgl. „Verkennung“ (Bedorf 2010), „double bound by recognition“ (Markell 2003, S. 193), „Verwilderung“ (Honneth 2013b).

12 Vgl. zur Begrenztheit Benjamin 1985, S. 29; Benjamin 1990, S. 27, S. 39-52; Prengel 2006, S. 59; Ricken 2009, S. 83-86; Balzer/Ricken 2010.

vielgestaltige Verwerfungen und Verkehrungen hervor. Umso wichtiger ist es für die Pädagogik, herauszuarbeiten, wie genügend gute Formen der Anerkennung begründet und beschrieben werden könnten.

Die Theorie der Anerkennung unterscheidet zwischen verschiedenen gesellschaftlichen Sphären (Walzer 1992). Viel zitiert sind Axel Honneths drei Anerkennungsformen der *Liebe* für persönliche familiäre und freundschaftliche Beziehungen, der *Wertschätzung* für wirtschaftlich-leistungsbezogene Beziehungen und der *Achtung* für rechtlich geregelte Beziehungen. Mit diesem sphärenbezogenen Anerkennungsentwurf geht für die Pädagogik ein Problem einher. Es ist nicht ohne weiteres möglich, diese drei sphärentypischen Variationen der Anerkennung auf die Sphäre der öffentlichen Erziehung und die darin vorkommenden professionellen Arbeitsbeziehungen zu übertragen (vgl. dazu Kapitel 3). Selbstkritisch bedauert Honneth in seinem 2011 während des Kongresses der Deutschen Gesellschaft für Erziehungswissenschaft gehaltenen Vortrags zum Thema „Erziehung und demokratische Öffentlichkeit“, dass die Philosophie – nachdem es vom 18. bis ins 20. Jahrhundert hinein, zum Beispiel für Kant, Durkheim und Dewey, noch selbstverständlich gewesen sei, sowohl gesellschafts- als auch bildungstheoretisch zu arbeiten – ihre „Zwillingsschwester“, die Erziehungswissenschaft, weitgehend allein gelassen habe (Honneth 2013a, S. 42). Ebenso selbstkritisch wird das auch für den interdisziplinären Frankfurt-Bielefelder Forschungsverbund eingestanden, aus dem der Sammelband „Strukturwandel der Anerkennung – Paradoxien sozialer Integration in der Gegenwart“ (Honneth u.a. 2013) hervorgegangen ist. Denn hier werden plurale Felder wie Arbeit und Konsum, Recht, Medien und Familie untersucht, aber unter anderem bleiben die „Anerkennungsverwerfungen im Bildungswesen“ (ebd., S. 8) unberücksichtigt.

Angesichts der komplexen Anforderungen an eine pädagogische Anerkennungstheorie kann die in einem weitverzweigten feministischen Diskurs entwickelte Care-Theorie zurate gezogen werden, denn hier wird als maßgeblich berücksichtigt, dass wir immer, aber besonders während wir aufwachsen und während wir altern, auf andere angewiesen sind. Noch Carol Gilligan wurde für ihren 1982 vorgelegten, anhand von Interviewstudien empirisch untermauertem Entwurf einer weiblichen Moral des Caring als wichtige gesellschaftliche Ressource von anderen feministischen und psychologischen Fraktionen bezichtigt, dem Essentialismus und der weiblichen Unterordnung Vorschub zu leisten. Demgegenüber fassen aktuelle Untersuchungen Fürsorge neu. Sie arbeiten die enorme gesellschaftliche Relevanz der fürsorgenden Beziehungen und der allgegenwärtigen Abhängigkeit von ihnen heraus, ohne sich auf dualistische Geschlechternormen zu stützen, aber auch ohne die geschlechtshierarchische Arbeitsteilung, in der Frauen unterbezahlt pflegen und erziehen, zu vernachlässigen (Schnabl 2005).

In diesem Kontext leistet Martha Nussbaums (2002) Deutung der Gefühle einen wesentlichen Beitrag. Ihre Perspektive wird unterstützt von der sozialtheoretischen Emotionsforschung: „Mit dem Konzept der ‚emotionalen Vergesellschaftung' soll gerade nicht gemeint sein, dass Emotionalität an die Stelle von Rationalität und Moralität tritt, sondern dass Rationalität und Moralität auf Emotionen angewiesen sind, um ihre Koordinierungs- und Steuerungsleistungen erbringen zu können (…)" (Schützeichel 2006, S. 9). Das wird begründet mit der relationalen Annahme: „Emotionen sind also keine inneren Zustände, sondern intentional auf Dinge in der inneren oder äußeren Umwelt des Subjekts bezogen" (ebd., S. 14). Das Gefühl der Liebe wird von Martha Nussbaum aus seiner Verbannung in die Sphäre passionierter Zweisamkeit, familiärer Häuslichkeit oder gar erotisierend-pädagogischen Missbrauchs gelöst und zu einer Inspirationsquelle für die rationale Gestaltung gesellschaftlicher Verhältnisse gemacht (Nussbaum 2001). Die Sozialphilosophin legt eine neuartige Theorie des Gefühls der Liebe vor, in der diese als demokratische Tugend ausgewiesen wird (Brumlik 2010, S. 35). In der Geschichte des Denkens haben begriffliche Fassungen von Liebe außerordentlich viele, auch gegensätzliche Gestalten angenommen (Schöpf u.a. 1980), dabei kommt Liebe zu verschiedenen Zeiten immer wieder als gesellschaftlich relevantes wohlwollendes Streben vor und wandert auch in Solidarität ein.[13]

Nach Nussbaum (2002, S. 12) gehören Gefühle der Liebe, der Sympathie, der Fürsorglichkeit zum „innersten Kern des ethischen Lebens". „Keine Gesellschaft kann es sich leisten, diese Gefühle nicht zu kultivieren. Gewiss bedarf eine Gesellschaft, die sich bemüht, ein Erbe schlimmer Ungerechtigkeit zu überwinden, aller Liebe und Sympathie, die sie aufbieten kann" (Nussbaum 2002, S. 12). Daraus folgt: Unsere Empfindungen der Empathie sind in allen gesellschaftlichen Sphären, wenn es darum geht, sie zu humanisieren, relevant. Die Arbeitsbeziehungen in diesen Sphären, also auch jenseits von Familie und Freundschaft, müssen eine Komponente des Liebevollen enthalten, die üblicherweise nur persönlichen Beziehungen zugeschrieben wird. Christa Schnabl (2005) begründet, dass die Empfindung der Fürsorge in der Sehnsucht nach Gerechtigkeit zum Ausdruck kommt, sie verbindet gerechtigkeits- und fürsorgetheoretische Ansätze und nennt ihr Buch „Gerecht sorgen". Wenn Liebevolles, das auch in Wohlwollen, Fürsorge, Mitgefühl mitschwingt und das in den Wunsch einmündet, dass dem Selbst und dem Anderen Wohlergehen und Gerechtigkeit widerfahren mögen, in Arbeitsbeziehungen fehlt, muss demokratisches Zusammenleben verkümmern.

Wenn Gefühle „grundlegende normative Bedeutungsdimensionen in den kulturellen Lebensformen sozialer Gruppen" (Neckel 2006, S. 134) repräsentieren, so lässt sich das besonders deutlich für das Gefühl der Scham zeigen.[14] Scham ist ebenso wie Anerkennung eine zutiefst relational zu denkende Ka-

13 In dieser langen Tradition befinden sich Nussbaum und wie später (siehe Punkt 3.7) zu zeigen sein wird auch Noddings 2005.

14 Vgl. dazu auch Neckel 2000; 2006; 2013; Neckel/Sutterlüty 2005; Wertenbruch/Röttger-Rössler 2011.

tegorie. Einerseits gehört ein gewisses Maß an Scham zum Aufwachsen, denn wir erkennen irgendwann, wie klein unser Körper, unser Können und unser Einfluss sind und auch, dass wir nur einem Geschlecht[15] angehören. Es kommt vor, dass wir uns dafür schämen und daraus kommt der Wunsch zu wachsen, zu lernen, wirksam zu sein und Grenzen zu überwinden. Die Scham entsteht im Generationenverhältnis, das auch ein Machtverhältnis ist. Auf der gesellschaftlichen Ebene gilt Scham nach Neckel (1993) als soziales Gefühl, das aus sozialer Ungleichheit hervorgeht. Scham „(...) entsteht aus dem Geflecht sozialer Beziehungen heraus und dem geringen Maß an Anerkennung, das man in diesem erfährt" (ebd., S. 16). Ungleichheit, die sich auch in Machtunterschieden zeigt, führt zu Beschämung durch die Überlegenen und zu Scham bei den Unterlegenen.

Für die Pädagogik sind, nachdem die Beschämung durch Körperstrafen im Prozess der Zivilisation zurückgedrängt wurde, Verletzungen durch symbolische Demütigungsinszenierungen und Sprache ein wichtiges Forschungsthema (vgl. Frevert 2017). Das Berliner Forschungsprojekt „Zur Performanz sprachlicher Gewalt" widmet sich der Untersuchung verbaler Verletzungen, denn „Sprache selbst kann ein Medium der Gewaltausübung sein" (Herrmann u.a. 2007, S. 7). Während Sprache einerseits als *das* Medium der Vernunft, andererseits aber auch selbst als per se gewaltförmig gilt, geht es darum, genau zu untersuchen, wie aversive und prosoziale sprachliche Handlungen beschaffen sind (Herrmann u.a. 2007). Denn gegen eine Auffassung, die Sprache immer schon als vernünftig sieht, wenden die Autoren ein: „Sie begründet die Sozialität des Menschen, das soziale Band, welches diese allererst symbolisch verletzbar macht" (Herrmann u.a. 2007, S. 13). Und gegen eine Auffassung, die Sprache selbst für immer schon gewaltsam hält, ist einzuwenden: „Es gibt in dieser Sicht keine Sprache oder kein Sprechen, das nicht gewaltsam wäre. Dadurch bleibt jedoch der Blick auf konkrete Formen des missachtenden Sprechens verstellt. Denn wenn Sprache immer schon Gewalt ist, bleibt die Frage offen, weshalb bestimmte Äußerungen gewaltsamer sind als andere, weshalb ein liebevolles Wort zu erfreuen, ein hasserfülltes dagegen zu verletzen vermag" (Herrmann u.a. 2007, S. 16f). Verletzungen durch gestische und verbale Sprache können u.a. herabsetzende, ausgrenzende oder tödliche Konnotationen aufweisen, das heißt sie konstruieren eine den Anderen vertikal hierarchisierende Diskriminierungsbeziehung, eine den Anderen ausstoßende xenophobische Marginalisierungsbeziehung oder ein vernichtendes Ende der Beziehung durch Exklusion.

Verletzungen durch andere Menschen treffen uns schmerzlich, weil wir verletzbar sind. Einen bedeutenden, aus Frankreich kommenden Beitrag zur Theorie der Verletzbarkeit leistet die berühmte Philosophin und Psychoanaly-

15 Auch wenn von einer Vielfalt möglicher Geschlechtszugehörigkeiten (Nordt/Kugler 2018) auszugehen ist, kommen die Einzelnen um eine oft auch schmerzliche Auseinandersetzung mit der je persönlichen geschlechtlichen Limitierung nicht herum.

tikerin Julia Kristeva gemeinsam mit dem Sonderpädagogen Charles Gardou. Die französischen Autoren plädieren für eine neue Aufklärung, die die universelle „vulnerabilité“ aller Menschen in die Reflexion über die universellen Prinzipien der „liberté, egalité, fraternité“ einbezieht. Sie fordern jedem zu gewähren, „seine ureigenste Biografie dem Gemeinwohl beizusteuern“ (Kristeva/Gardou 2012, S. 47). Sie entwerfen eine Form der Partizipation, in der aus der Anerkennung der universellen Verletzlichkeit eine polyphone Vielstimmigkeit hervorgehen kann (Kristeva 2005).

Wenn Verletzung und Anerkennung verglichen werden, so lässt sich die „negative emotionale Selbstbewertung“ (Herrmann u.a. 2007, S. 19) durch beschämende Verletzung mit der positiven emotionalen Selbstbewertung als Folge von Anerkennung kontrastieren. In dem Maße, in dem Scham als schmerzliche Verletzung, die aus Ungleichheit und Unterordnung entsteht, erkannt wird, werden Gleichheit und Freiheit als Sehnsucht, diese Verletzung abzuwenden, verständlich. Um den Schmerz zu lindern, lassen sich drei Logiken darstellen. Eine erste Logik legt nahe, dass wir Pfade aus dem schmachvollen Unten ins Oben der Macht und Überheblichkeit suchen, aber dann kommen wir nicht umhin, von hier aus wiederum andere zu beschämen. In einer zweiten Logik sollen vertikale Beziehungen abgeflacht und horizontale Beziehungen favorisiert werden. Angesichts der gesellschaftlich andauernden und vorherrschenden Hierarchien bietet die sozialphilosophische Theorie der sphärenspezifischen Gerechtigkeit (Walzer 1992) eine dritte Alternative, denn sie schlägt vor, Formen der Ungleichheit zu unterscheiden und jeweils auf eine spezifische Sphäre zu begrenzen. Damit wird einmal mehr die Frage nach angemessenen Inhalten und Formen der Anerkennung in der Sphäre des Pädagogischen gestärkt.

Für die Begründung dessen, was anzuerkennen ist, des „Worum willens der Anerkennung“ (Reisinger 2000, S. 9), gibt der „capability-approach“ oder „Fähigkeiten-Ansatz“, wichtige Anregungen. Er wurde auf der Basis weltweiter, vor allem amerikanischer und indischer, Entwicklungen von Armatya Sen und Martha Nussbaum (1993; Nussbaum 2010) entwickelt und in Deutschland vor allem in der Universität Bielefeld rezipiert (Otto/Schrödter 2010; Diehm/Magyar-Haas 2011). Aus menschlichen Grunderfahrungen werden universelle menschliche „Fähigkeiten“ abgeleitet, die durch gesellschaftliche Institutionen zu fördern und zu schützen sind, um wenigstens ein Minimum guten Lebens und menschlicher Würde im Sinne der Menschenrechte anzustreben. Befähigungen sind anzustreben in den Bereichen des *leiblichen Lebens* (Gesundheit, Ernährung, Wohnung, Bewegungsfreiheit, Gewaltfreiheit, sexuelle Freiheit), des *geistigen Lebens* (Freiheit, Sinne, Vorstellungskraft und Vernunft), des *emotionalen Lebens* (Bindungen eingehen, um Verlust trauern, frei von traumatischen Erfahrungen leben, unnötigen Schmerz vermeiden, berechtigten Zorn fühlen und „Die Fähigkeit, an der eigenen emotionalen Entwicklung nicht durch Furcht und Ängste gehindert zu werden“ (Nussbaum

2010 S. 113)), der *Zugehörigkeit* (Zusammenleben, Freundschaft, wechselseitige Achtung, Rede- und Versammlungsfreiheit für freie Zusammenschlüsse, Diskriminierungsschutz), der *ökologischen Verbundenheit* (Beziehungen zur Mitwelt der Tiere, Pflanzen, Natur), des *Spiels* (Spielen, Lachen, Erholung), der *Autonomie* (Individualität, Politische Partizipation, Eigentum, Arbeit) (Nussbaum 2010, S. 112-114).

Zu diesen grundlegenden Fähigkeiten, müssen wir durch Beziehungen zu Anderen und angemessene Institutionalisierungen auch befähigt werden. Mit Leiblichkeit, Emotionalität, Rationalität, Sozialität, ökologischer Verbundenheit, Spiel und Autonomie werden sozialphilosophische Perspektiven auf diese grundlegenden menschlichen Bedürfnisse und Fähigkeiten umrissen, sie spielen auch in psychologischen Bedürfnistheorien eine Rolle (vgl. Punkt 2.4). Alle Perspektiven, in denen im Capability Approach menschliche Bedürfnisse und Fähigkeiten wahrgenommen werden, haben gemeinsam, dass sie relationale Qualitäten thematisieren. Es ist Aufgabe der Erziehungswissenschaft zu ergründen, wie in diesen Perspektiven pädagogische Beziehungen zu Kindern und Jugendlichen zu analysieren und zu konzipieren sind.

Daraus ergibt sich die Frage, welche Rolle eine solche Theorie der Verbindung von Liebe, Wertschätzung und Achtung für die Analyse der Anerkennungsverhältnisse in pädagogischen Arbeitsfeldern spielen könnte; sie wird in Verbindung mit erziehungswissenschaftlichen Anerkennungstheorien und empirischen Befunden aus pädagogischen Arbeitsfeldern in Kapitel 3 wieder aufgegriffen, denn zunächst sollen weitere interdisziplinäre Theorien, vor allem aus der relationalen Soziologie und aus relational orientierten psychologischen Strömungen zurate gezogen werden.

## 2.3 Sozialwissenschaftliche Denkweisen des Relationalen

Eine Reihe bedeutender Soziologen hat Beiträge zur Theorie der Relationalität geleistet. Die Einsichten der relationalen Soziologie, die auf Klassiker der Gesellschaftstheorie seit dem 19. Jahrhundert ebenso wie auf aktuelle Netzwerkforscher zurückgehen, können auch für das Verständnis pädagogischer Beziehungen herangezogen werden. Sie bieten mit ihren leidenschaftlichen wissenschaftlichen Begründungen der Aufmerksamkeit für Relationalität vielfältige Anregungen, den Prozess des Aufwachsens im gesellschaftlichen Kontext zu verstehen und pädagogische Denkfiguren des Relationalen zu konzipieren. Überblicke zu dieser Vorgeschichte wurden u.a. von Sophie Mützel und Jan Fuhse (2010), Roger Häußling (2010), Tobias Künkler (2011), Ortfried Schäffter (2013a, b) und Franz Schaller (2012) vorgelegt.

Die Tradition der „Relationalen Soziologie" beginnt nach Roger Häußling (2010, S. 63) mit Karl Marx (1818-1883). Interessant ist, wie schon Karl Marx in seiner Gesellschaftsanalyse relational argumentierte. So lautet die sechste der bekannten Feuerbachthesen: „Das menschliche Wesen ist kein dem einzelnen Individuum innewohnendes Abstraktum. In seiner Wirklichkeit ist es das Ensemble der gesellschaftlichen Verhältnisse“ (Marx, MEW 3, S.6). Und die Gesellschaft besteht für Marx nicht aus Individuen, sondern aus der Summe ihrer Beziehungen und Verhältnisse. Damit werden in der beginnenden Klassengesellschaft des 19. Jahrhunderts grundlegende Denkfiguren relationalen Denkens zur Sprache gebracht und es fällt auf, dass anhand von Begriffen wie „Summe“ und „Ensemble“ eine Verknüpfung und Vielschichtigkeit komplexer Verhältnisse angesprochen werden. Aus der Betonung gesellschaftlicher Relationaliät folgt die Einsicht, dass Verhältnisse auch verändert werden können. Historisch folgenreich wurden dann die durch den Marxismus beeinflussten Revolutionen in Gesellschaften, die sich als sozialistisch bzw. kommunistisch verstanden. Sie sind inzwischen, wie sich am Lebenswerk von Jürgen Habermas zeigen lässt, weitgehend einem eher reformerischen Verständnis des Wandels gesellschaftlicher Verhältnisse gewichen (vgl. Brumlik 2012).

Als bedeutende soziologische Protagonisten des Denkens in Relationen im späteren 19. und 20. Jahrhundert gelten Georg Simmel (1858-1918), Leopold von Wiese (1876-1969), Norbert Elias (1897-1990), Alfred Schütz (1899-1959) und Thomas Luckmann (*1927) sowie Pierre Bourdieu (1930-2002), deren einflussreiche Einsichten hier in aller Kürze zu benennen sind. Nach Häußling (2010, S.65f) kann Simmels, das Fach maßgeblich mitgründendes Werk, „... als erster großer Versuch gelesen werden, alles Soziale unter den Aspekt der Wechselwirkung zu fassen“. Der Begründer der Deutschen Gesellschaft für Soziologie, Leopold von Wiese, konzipiert auf diesem Hintergrund einen sozialrelationalen Raum, in dem sich prozesshafte soziale Gebilde als Träger des Zwischenmenschlichen konstituieren. In Abgrenzung und Weiterentwicklung von den genannten Denkern entwickelt der Zivilisationstheoretiker Norbert Elias (1970) seine Figurationssoziologie: Figurationen entstehen durch Verflechtungen zwischen Individuen, sie werden prägnant, verändern sich und vergehen unablässig. In diesen interdependenten Relationen sind Machtbalancen zwischen Akteuren wirksam. Im Prozess der Sozialisation wachsen Menschen in diese Figurationen hinein. Alfred Schütz und Thomas Luckmann betonen, phänomenologisch fundiert, die wechselseitige Bestimmtheit in der Wir-Beziehung, durch die sich Intersubjektivität in engeren oder loseren Formen ausbildet. Pierre Bourdieu geht es im Sinne seines Postulats „Le reel est relationnel“ (1994, S. 17f) um Positionen und Relationen von Akteuren und das Wechselspiel von kulturellem, ökonomischem, sozialem und symbolischem Kapital in sozialen Feldern. [16]

Schließlich hat sich im Anschluss an die hier kurz genannten soziologischen Ansätze mit der Netzwerkforschung eine inzwischen verzweigte Strö-

16 Zum Zusammenhang von Netzwerken und Sozialstruktur vgl. Lüdicke/Diewald 2007, zum Zusammenhang von sozialen Beziehungen und Bildung vgl. Stecher 2001.

mung relationalen Denkens entwickelt. Als richtungsweisend gilt das „Manifesto for a Relational Sociology" von Mustafa Emirbayer (1997). Ein Denken in „Substanzbegriffen" wird kritisiert und eine Aufmerksamkeit für relationale Prozesse, die sich gegenseitig beeinflussen, wird propagiert, um eine dynamische Multikonnektivität an ihre Stelle treten zu lassen. Für die relationale Soziologie ist es zunehmend wichtig, zusätzlich zu den Strukturen von Netzwerken auch die kulturellen Praktiken empirisch beobachtbarer Austauschprozesse zu analysieren (Mützel/Fuhse 2010, S. 7). Im Anschluss an amerikanische Strömungen der Netzwerkforschung definieren Mützel und Fuhse Netzwerke „als fluide mehrlagige Beziehungsstrukturen, die auf Bedeutungszuschreibungen basieren und selber Bedeutungen generieren. Bedeutungen gerinnen und formieren sich zu Geschichten (stories). Geschichten (...) sind Interpretationen von Beziehungen. Verbindungen zwischen Akteuren sind (...) phänomenologische Konstrukte, die aus dem Erzählen von Geschichten entstehen. Gleichzeitig konstruieren diese Geschichten (...) die Identitäten der beteiligten Akteure im jeweiligen Kontext (...). Netzwerke bestehen also aus Geschichten und Identitäten, die jeweils ohne einander nicht denkbar sind und erst in der Verbindung miteinander in Transaktionsprozessen entstehen" (Mützel/Fuhse 2010, S. 15). Kritisiert werden Wendungen in der Netzwerkforschung, die sich dogmatisch auf die Relation reduzieren. Einer ihrer kritischen Protagonisten sieht sich darum veranlasst ironisch zu fragen „Substantiierst du noch oder relationierst du schon?" (Nagel 2012, vgl. auch Schäffter 2013a, b).

Die soziologische Netzwerktheorie inspiriert dazu, dezidiert nach Erkenntnissen in relationaler Perspektive zu suchen. Für pädagogische Verhältnisse lassen sich daraus wertvolle Anregungen ableiten. Eine neue, konsequente pädagogische Beziehungsforschung ist außerordentlich vielversprechend. Mit ihr können pädagogisches Handeln entmutigende substanzialisierende Annahmen über feststehende Eigenschaften von Kindern fundiert kritisiert werden (Künkler 2014). Eine Denkweise wird unterstützt, mit der immer wieder nach Einflüssen, von denen Entwicklungs- und Lernprozesse abhängen, zu suchen ist. Allerdings wäre es verfehlt auf der Grundlage von Argumentationsweisen der Netzwerktheorie stabilere Strukturen zu negieren, denn zugleich müssen auch die relationalen Dynamiken von relativ überdauernden Aspekten beachtet werden (vgl. Punkt 2.1). Im Lichte der Netzwerktheorie, das folgt aus dem Gesagten, ist das Aufwachsen von Kindern als in vielen sich überschneidenden und dynamisch sich verändernden Beziehungen stattfindender Prozess zu begreifen und Relationen müssen als einflussreiche, eine fluide Subjektivität konstituierende relationale Kräfte ernst genommen werden.

## 2.4 Sozialpsychologische, psychoanalytische, entwicklungspsychologische und salutogenetische Ansätze

Neben den soziologischen Perspektiven und in Überschneidung mit ihnen sind Sozialpsychologie, Psychoanalyse, Entwicklungspsychologie und Gesundheitstheorie für Fragen der pädagogischen Beziehung relevant. Die damit umrissenen Fachgebiete überschneiden sich im Hinblick auf ihre Erkenntnisgegenstände. Psychoanalytische Ansätze sind auch sozialpsychologisch. In ihnen sind relationale Einsichten angelegt, da sie es sich zur Aufgabe machen, Zusammenhänge zwischen Individuum und sozialem Umfeld zu untersuchen. In dem Maße, in dem dabei Prozesse des Aufwachsens in den Blick kommen, geht es um entwicklungspsychologische Perspektiven. Wichtige sozialpsychologische, psychoanalytische, entwicklungspsychologische und gesundheitstheoretische Konzepte werden explizit in der Erziehungswissenschaft aufgegriffen und sind einflussreich, wenn es darum geht, Erziehung zu begründen. Im Folgenden werden in aller Kürze ausgewählte sozialpsychologische, psychoanalytische, entwicklungspsychologische und salutogenetische Erkenntnisse vorgestellt, um sie für ein interdisziplinär fundiertes Verständnis pädagogischer Beziehungen zu nutzen.

George Herbert Mead (1863-1938) gilt als ein Begründer der Theorie der Intersubjektivität, denn nach Mead (1934/1973) entwickelt sich das Selbst als Teil sozialer Austauschprozesse. Mead kommt das Verdienst zu, den für die Theorie pädagogischer Beziehungen wesentlichen Begriff des „signifikanten Anderen" geprägt zu haben. Damit kann verdeutlicht werden, dass neben der Familie auch anderen Personen höchste Bedeutung für Subjekte zukommt. Als ein weiterer Begründer der Sozialpsychologie brachte Kurt Lewin (1890-1947) *gruppendynamische* Prozesse und soziometrische Analysen in die Diskussion. Gestalttheoretisch fundiert machte er mit seiner Feldtheorie auf die Einflüsse des „Feldes" auf Handeln aufmerksam. Auf Kurt Lewin wird auch die Erziehungsstilforschung zurückgeführt, die empirisch fundiert drei betriebswirtschaftlich und pädagogisch relevante Führungsstile herausarbeitete: autoritär, demokratisch und laissez-faire. Spätere Erziehungsstiluntersuchungen, vor allem von Annemarie Tausch (1925-1983) und Reinhard Tausch (*1921) bauten darauf auf (siehe Punkt 3.1). Lewins *Feldtheorie* weist darüber hinaus Bezüge zu Urie Bronfenbrenners (1917-2005) entwicklungspsychologisch relevanter ökosystemischer Theorie auf; sie macht bewusst, dass sich die Beziehungen, in die Individuen eingebettet sind, auf Ebenen verschiedener Größendimensionen analysieren lassen und dass Individuen zwischen Teilsystemen wechseln. Der *ökosystemische Ansatz* von Bronfenbrenner wurde für die erziehungswissenschaftliche Übergangsforschung und für die pädagogische Diagnostik rezipiert. Die Untersuchung der Beziehungsgefüge, in denen ein Kind sich bewegt und durch die es wurde, was es geworden ist, weist eine Bewusstheit für komplexe relationale Wirkungen auf und ist wesentlicher Bestandteil des diagnostischen Ansatzes der „Kind-Umfeld-Analyse“ in der integrativen beziehungsweise inklusiven Pädagogik (siehe Kapitel 3.).

Der Analyse der Wechselwirkungen von Selbst und Umfeld widmen sich Theorien des *„dynamischen Selbst“* und des *„Stereotype Threat“*. Das Selbst ist in sich komplex strukturiert und in Abhängigkeit von externen Adressierungen werden situativ wechselnd, einige Substrukturen jeweils im Vordergrund aktualisiert, während andere im Hintergrund verblassen (Hannover 1997). Der Ansatz des „Stereotype Threat“ beruht auf einer Fülle von Erhebungen mit Tests, in denen Probanden unterschiedliche Leistungen zeigten, je nachdem welche ihrer Gruppenzugehörigkeiten zuvor hervorgehoben worden waren (Steele/Aronson 1995). Schülerinnen schnitten schlechter ab, wenn zuvor ihre Weiblichkeit hervorgehoben wurde, farbige Schülerinnen und Schüler schnitten schlechter ab, wenn zuvor ihre Hautfarbe hervorgehoben wurde. Diese Tendenzen stellen ein Musterbeispiel relationaler Wirkungen in hierarchischen Verhältnissen dar. Ihre Bedeutung für die Leistungsentwicklung wird noch längst nicht angemessen berücksichtigt, muss man doch angesichts der hier gewonnenen Erkenntnisse davon ausgehen, dass sich im pädagogischen Feld Zuschreibungen unmittelbar auf Lernleistungen auswirken. Die hier genannten Forschungen können als beispielhaft für die Relevanz der Relationentheorien gelten.

Parallel zu und in Austausch mit den oben genannten sozialpsychologischen Ansätzen entwickelte sich, begründet durch Sigmund Freud (1856-1939), die *Psychoanalyse*, die intrapsychische „seelische“ Dynamiken, auch in ihrer Abhängigkeit von intersubjektiven Beziehungen und ihren biografischen Vorgeschichten, erforscht. Psychoanalyse widmet sich relationalen Prozessen, denn die in innerpsychischen und zwischenmenschlichen Konflikten wirksamen emotionalen Kräfte bilden ihr zentrales Erkenntnisinteresse. Aus der Gestalttheorie, der Psychoanalyse und anderen Einflüssen ist die von – wegen des Faschismus aus Deutschland in die USA emigrierten – Psychoanalytikern entwickelte Gestalttherapie hervorgegangen. Zentral ist die gestalttherapeutische Kategorie des „Kontakts“, die sich auf das intersubjektive relationale Geschehen bezieht. Auch die Themenzentrierte Interaktion (TZI) nach Ruth Cohn (vgl. Reiser 2006) und die Gesprächspsychotherapie sind hier zu nennen, denn sie haben relational orientierte pädagogisch einflussreiche Ansätze entwickelt. In der Psychoanalyse hat sich seit längerem schon eine relationale Wende ereignet. Auf neue Weise wird betont: Das werdende Subjekt besitzt von Anfang an eine dialogische Binnenstruktur, sodass der Austausch mit dem Anderen konstitutiv ist (Altmeyer/Thomä 2006, S. 17). Für die Analyse des Subjekts wird die Analyse der intersubjektiven Relationen zentral. Innere und äußere Wirklichkeit gehen ineinander über. „Niemand ist eine Insel“ (Altmeyer/Thomä 2006, S. 33). Selbst Körperliches wird als relational konstituiert und die Theorie der Inter-Körperlichkeit geht davon aus, dass auch auf leiblicher Ebene und ohne direkte Berührung unablässig intersubjektive Wahrnehmungs- und Austauschprozesse geschehen (Appel-Opper 2013; Neckel 2006, S. 132). Je nachdem in welchem Beziehungskontext wir uns befinden, aktualisieren wir andere Körperzustände, Empfindungen, Gesten, sind wir also – radikal formuliert – jemand anders.

Von herausragender Bedeutung für die Frage pädagogischer Beziehungen ist die *Bindungstheorie*. In diesem von John Bowlby (1907-1990) und Marie Ainsworth (1913-1999) ausgehenden und seither international verbreiteten und weiterentwickelten Ansatz, geht es um die Tatsache, dass wir als menschliche Kinder von Anfang an persönliche Bindungen brauchen, um aufwachsen zu können (Cassidy/Shaver 2008). Die Qualität der frühen Bindungen, die die Menschen, die uns in der ersten Lebensphase versorgen, mit uns eingehen, prägt die Entwicklung unserer intrapersonellen Strukturen (unseres „inneren Arbeitsmodells") und ist entscheidend dafür, was wir dann von anderen Menschen erwarten und für die Art, in der wir uns ihnen und unserer äußeren Umwelt annähern. „Bindungsmuster sind das Resultat wiederkehrender Beziehungserfahrungen, die das Kind mit seinen primären Bezugspersonen macht" (Grawe 2004, S. 197; vgl. auch Gahleitner 2009; Ahnert 2008).

Genügend gute frühe Beziehungen tragen langfristig zu unserem Wohlbefinden und zu unserer Beziehungsfähigkeit bei. In ihnen erfährt das Kleinstkind Aufmerksamkeit, die von „Feinfühligkeit" geprägt ist. Problematische frühe Beziehungen, zu denen neben dem Mangel an Feinfühligkeit auch Beziehungsbrüche gehören, haben schädliche Wirkungen. Die Folgen solcher Traumatisierungen werden später als Verhaltensstörungen, Lernstörungen oder Unfähigkeit zu lieben, wahrgenommen.

Die Bindungstheorie kann als Beispiel für Entwürfe gelesen werden, in denen dem Phänomen der intersubjektiven Relationalität höchste Bedeutung zukommt, in dem aber gleichwohl auch langfristig recht stabilen Strukturen der einzelnen Subjekte eine gewisse Konsistenz zugesprochen wird. Im Lichte der Theorie der Relationalität mit ihrer Kritik an der Lehre von den dauerhaft haltbaren „Substanzen", können von der Bindungstheorie noch stärker relationale Impulse ausgehen. Dann werden die jeweils aktuellen Beziehungen stärker gewichtet. Gestützt wird eine solche Weiterentwicklung der Bindungsforschung u.a. durch die bereits vorgestellten Ansätze des dynamischen Selbst und des „stereoptype threat" sowie durch die weiter unten (siehe Punkt 2.5) noch zu erläuternden Untersuchungen des SDT (Selbstbestimmungstheorie nach Deci/Ryan 1993) und durch erprobte pädagogische Modelle, wie sie zum Beispiel an der Schule Berg Fidel in Münster und im „Projekt Übergang" entwickelt wurden (siehe die Punkte 3.4.1 und 3.4.2).

In diesem Zusammenhang untersucht auch die *Resilienzforschung* gehaltvolle Aspekte (Opp/Fingerle 2007; Wustmann 2004; Diers 2014). Sie zeigt, dass es Menschen gibt, denen schwere mehrfache Belastungen dauerhaft weniger schaden, als üblicherweise. Die unerwartet positiven Entwicklungen werden sowohl mit individuellen Dispositionen als auch mit positiven Einflüssen erklärt. Aus relationaler Sicht werden vor allem förderliche Situationen mit guten Beziehungen zu Anderen als unterstützend für schwer belastete Menschen angesehen.

Im Juli 1946 wurde in New York die Verfassung der Weltgesundheitsorganisation unterzeichnet. Sie benennt, auf der Basis der Satzung der Vereinten Nationen, Grundsätze zum Schutz und zur Verbesserung der Gesundheit aller Völker: „Die Gesundheit ist ein Zustand des vollständigen körperlichen, geistigen und sozialen Wohlergehens und nicht nur das Fehlen von Krankheit oder Gebrechen“ (WHO 2009, S. 1). Wenn in diesem Grundsatz ein Zusammenhang zwischen körperlichen, psychischen und sozialen Aspekten hergestellt wird, so wird damit in Abgrenzung von einem rein körperbezogenen medizinischen Modell die Bedeutung multidimensionaler relationaler Prozesse für ein gesundes Leben hervorgehoben. Auf der Basis des durch die WHO als Maxime, im Sinne eines Ideals, formulierten Gesundheitsverständnisses, wurden weitergehende Konzepte entwickelt, die Krankheit und Gesundheit nicht als Zustände, sondern als relationale Prozesse beschreiben. So betont die mit „Salutogenese“ umschriebene Gesundheitstheorie die gesundheitsförderliche Balance der Auseinandersetzung zwischen den stets gleichzeitig gegebenen gesunden und kranken Anteilen (Antonovsky/Franke 1997). Gesundheit kommt hier selbstregulativen Prozessen des Umgangs sowohl mit Ressourcen als auch mit Störungen gleich, die durch protektive Faktoren gestärkt werden können (Egger 2010, S. 38). Auf der Basis eines solchen salutogenetischen Verständnisses wird Gesundheit als „gelungene Anpassung an sozio-ökologische Lebensbedingungen“ (Egger 2010, S. 39) gesehen.

Während der wegen seiner Vielschichtigkeit verdienstvolle Gesundheitsbegriff der WHO in seinem statischen Idealismus eine unerreichbare, irreale Form von Gesundheit entwirft und dafür kritisiert wird, hat der neuere relationale salutogenetische Gesundheitsbegriff den Vorzug, dass er die Mischung aus stets gegebenen Potenzialen im Sinne intakter bio-psycho-sozialer Lebensaspekte und Beeinträchtigungen im Sinne erkrankter bio-psycho-sozialer Lebensaspekte anerkennt. Er macht die Wohlergehen stärkenden Umgangsweisen mit beidem zum Kriterium von Gesundheit. Daraus folgt, wie palliativmedizinische Studien und die Disablity-Studies belegen, dass auch unheilbar kranke und schwerstbehinderte Menschen in einer Situation des Wohlbefindens leben können. Um Gesundheit weiterführend zu verstehen, regt Hans-Georg Gadamer an, sie gar nicht besonders hervorzuheben: „Gesundheit ist eben überhaupt kein Sich-Fühlen, sondern ist Da-Sein, In-der-Welt-Sein, von den eigenen Aufgaben des Lebens freudig erfüllt sein“ (Gadamer 1993, S. 144).

Erfahrungen auf der somatischen, psychischen und sozialen Ebene wirken zusammen und werden bei der pädagogischen Gesundheitsförderung beachtet.

Dem Ansatz der Gesundheitsförderung kommt das Verdienst zu, Wohlbefinden auch auf der, in pädagogischen Arbeitsfeldern oft kaum beachteten, körperlichen Ebene in den Vordergrund zu rücken, zugleich wird auch die Beziehungsebene als wesentlich für das Wohlbefinden hervorgehoben. Konkret werden neben Hygiene, Pflege und Ernährung auch Bewegung, Stressreduzierung und Konfliktbearbeitung zur umfassenden Gesundheitsförderung eingesetzt. Ein solcher relationaler Gesundheitsbegriff korrespondiert mit einem „relationalen Behinderungsbegriff", mit dem ebenfalls darauf verzichtet wird, normierend zu klassifizieren (siehe Punkt 3.2).

Für die unterschiedlichen Konzepte in diesem Abschnitt konnte gezeigt werden, dass in ihnen allen die Qualität von Relationen als maßgeblich für menschliches Wohlbefinden herausgearbeitet wird und dass seine Beeinträchtigungen schwer wiegen. Anerkennende und verletzende Erfahrungen werden als entscheidende aktuell-situative und langfristig-biografische Einflüsse aus ganz verschiedenen Blickwinkeln übereinstimmend nachgewiesen. Das zu berücksichtigen, ist für die Pädagogik folgenreich.

## 2.5 Bedürfnistheoretische Ansätze

In *Bedürfnistheorien* werden elementare Bedingungen, die für menschliches Wohlergehen unabdingbar sind, analysiert. In diesen Theorien kommen auch die im vorangehenden Abschnitt vorgestellten relationalen Erkenntnisse zum Tragen. Selbstverständlich sind Bedürfnistheorien immer umstritten und vorläufig (vgl. z. B. die Übersichten bei Hondrich 1975, Schöpf 1987), aber sie weisen dennoch Gemeinsamkeiten auf. Vor allem haben sie gemeinsam, dass in ihnen stets ein Grundbedürfnis nach sozialen Beziehungen aufgeführt wird. Anhand einiger bedürfnistheoretischer Ansätze kann das exemplarisch gezeigt werden.

Ein prominent gewordener Entwurf geht auf der Basis der humanistischen Psychologie auf Abraham Maslow (1954; 1977) zurück; in seiner erweiterten „Bedürfnispyramide", die physiologische Bedürfnisse, Sicherheitsbedürfnisse, soziale Bedürfnisse, Individualbedürfnisse, kognitive Bedürfnisse, ästhetische Bedürfnisse, Selbstverwirklichung und Transzendenz umfasst, sind Beziehungsbedürfnisse vielseitig enthalten. Unter anderem auf Maslow beruft sich die „*Self Determination Theory*" (Selbstbestimmungstheorie/SDT), eine Bedürfnistheorie, die drei psychische Grundbedürfnisse als elementar postuliert und daraus Schlüsse für das Lernen zieht: die Bedürfnisse nach Autonomie, nach Kompetenz und nach sozialer Eingebundenheit. In der prägnanten Definition von Bedürfnissen kommt ihr relationaler Charakter zum Ausdruck: „In short. Needs specify the conditions under which people can most fully realize their human potentials"(Deci/Ryan 2000, S. 263). Diese „conditions", die uns unterstützen, unsere menschlichen Potenziale zu realisieren, sind in den Beziehungen unserer personalen Umwelt zu uns lokalisiert: „Umwelten, in denen wichtige Bezugspersonen Anteil nehmen, die Befriedigung psychologischer Bedürfnisse ermöglichen, Autonomiebestrebungen des Lernens unterstützen und die Erfahrung individueller Kompetenz ermöglichen, fördern die Entwicklung einer auf Selbstbestimmung beruhenden Motivation. (…) Im Gegenzug bewirkt die engagierte Aktivität des Selbst eine höhere Lernqualität und fördert zugleich die Entwicklung des individuellen Selbst. Verantwortlich für alle diese Prozesse sind letztendlich die sozialen Bedingungen, die das Bestreben nach Autonomie, Kompetenz und sozialer Eingebundenheit unterstützen oder verhindern“ (Deci/Ryan 1993, S. 236).

Mit ihren Untersuchungen knüpfen Deci und Ryan an die Bindungstheorie an, leisten es aber, sie in einem für die Pädagogik äußerst wichtigen Aspekt zu modifizieren: „SDT's approach, however gives more emphasis to the immediate social context.“ (…) „Thus, we argue, people show significant within-person variations in attachment security across relationships, and this variation is a direct function of the partner's responsiveness to and support of the person's basic psychological needs“ (Deci/Ryan 2000, S. 262). Je nachdem wie responsiv unterschiedliche Interaktionspartner sich zum Bedürfnis der Person nach Autonomie, Kompetenz und Bezogenheit verhalten, zeigt die Person unterschiedliche Grade an Sicherheit. „Thus, even given individual differences due to early caregiver effects, people fluctuate in attachment styles as they move among more or less nurturant partners“ (ebd., S. 262). Auch angesichts individueller, aus frühen Erfahrungen hervorgegangener Unterschiede fluktuieren die Bindungsstile einer Person, wenn sie sich zwischen mehr oder weniger „nährenden“ Partnern bewegt. Neben der Bedeutung, die in diesem Ansatz ausdrücklich dem Grundbedürfnis nach „relatedness“ – Bezogenheit – zugesprochen wird, sind auch in den beiden anderen Grundbedürfnissen Autonomie und Kompetenz relationale Dimensionen enthalten, denn diese Bedürfnisse sind auf freiheitliche Spielräume für Eigenständigkeit angewiesen (vgl. auch Looser 2014).

Ein weiteres, psychologisch-neurobiologisch begründetes, Modell menschlicher Bedürfnisse wurde von dem Psychotherapieforscher Klaus Grawe[17] 2004 vorgelegt. Wenn er schreibt: „Grundbedürfnisse beziehen sich auf Erfahrungen, die der Organismus in seiner Interaktion mit der Lebensumgebung macht“ (Grawe 2004, S.186), so liegt hier eine relationale Bestimmung von Grundbedürfnissen vor, da sie in ihren interaktiven Funktionen begriffen werden. Anhand seiner umfassenden Auseinandersetzung mit Bedürfnistheorien und neuronalen Grundlagen von Bedürfnissen postuliert Grawe vier universelle psychische Grundbedürfnisse: Das Bedürfnis nach Orientierung und Kontrolle, das Bedürfnis nach Lustgewinn und Unlustvermeidung, das

17 Zur Bedeutung neurowissenschaftlicher Erkenntnisse für die Beziehungsforschung vgl. z.B. auch Fuchs 2010.

Bindungsbedürfnis, das Bedürfnis nach Selbstwerterhöhung und -schutz. Die vier Grundbedürfnisse sind eng aufeinander bezogen und nach Grawe insgesamt überlagert vom Konsistenzprinzip, das einer innerorganismischen Regulation der gleichzeitig ablaufenden psychischen Prozesse entspricht. Das Bedürfnis nach Bindung wird anhand der Bindungsforschung begründet. Das „Kontrollbedürfnis“ genannte Bedürfnis bezieht sich auf Handlungsspielräume in möglichst vielen Bereichen (Grawe 2004, S. 232). „Das Kontrollbedürfnis ist also ein Bedürfnis, etwas tun zu können, was zur Herbeiführung und Aufrechterhaltung eigener Ziele wichtig ist“ (Grawe 2004, S. 232). Das Bedürfnis nach Selbstwerterhöhung und -schutz liegt dem Wunsch nach Anerkennung zugrunde und bringt es mit sich, dass Scham als schmerzhaft erlebt wird. Das Bedürfnis nach Lustgewinn und Unlustvermeidung begründet das Streben, Wohlergehen zu realisieren. Das Konsistenzprinzip entspricht der Notwendigkeit, sich selbst und das Umfeld zu verstehen, was nur über eine konsistente Wiedererkennbarkeit innerer und äußerer relationaler Prozesse möglich ist. Die Leere bei zu ausgeprägter Abwesenheit von Wahrnehmungsmöglichkeiten führt ebenso wie die Chaotisierung bei zu ausgeprägter Überfülle von Wahrnehmungen zum Kollabieren der Person.

Eine Brücke zwischen der Analyse menschlicher Grundbedürfnisse und politischer und pädagogischer Antwort darauf konzipiert Silvia Staub-Bernasconi (2008). Die menschenrechtlichen Prinzipien und ihre kinderrechtliche Konkretisierung reagieren auf menschliche Bedürfnisse und menschliche Verletzlichkeit, um ein unversehrtes und würdiges Leben rechtlich für alle zu sichern (vgl. Maywald 2012; Kirchschläger/Kirchschläger 2013). Eine solche Verbindung stellt auch Martha Nussbaum her, wenn sie, wie unter Punkt 2.2 erläutert, aus ihrer auf Fähigkeiten und Bedürfnissen beruhenden Zusammenstellung universeller menschlicher „Capabilities“ das Streben nach Würde im Sinne der Menschenrechte ableitet.

## 2.6 Zwischenbilanz: anerkennende, verletzende und ambivalente Tendenzen in menschlichen Beziehungen

Übereinstimmend wird in den interdisziplinären Zugängen zu menschlichen Beziehungen als Thema historischer, philosophischer, sozialphilosophischer, soziologischer und psychologischer Theorien belegt, dass Relationalität eine grundlegende Bedingung menschlichen Lebens ist. Mit dem Postulat der Anerkennungsforschung, dass die Qualität der Beziehungen persönlich und gesellschaftlich ausschlaggebend ist, stimmen die Erkenntnisse unterschiedlicher geistes- und humanwissenschaftlicher Fachgebiete bemerkenswert klar überein. Unsere Vulnerabilität – unsere Verletzlichkeit – bedingt, dass wir ein existenzielles Bedürfnis nach anerkennender Fürsorge haben, dass wir von ihr abhängig sind. Darum brauchen wir für unser Wohlergehen „gute" Beziehungen, als „schlecht" empfinden wir den Mangel an Beziehungen und Beziehungen, die uns schaden. Darum müssen wir zugleich auch fürsorglich sein und Anderen ihre Bedürfnisse nach Zuwendung erfüllen. In relationalen Situationen können wir solche guten und schlechten Beziehungserfahrungen teilweise eindeutig als gegensätzlich erkennen, teilweise mischen und überschneiden sie sich, sodass Uneindeutiges aufmerksam zu untersuchen ist. In der folgenden Zusammenfassung werden zentrale Einsichten zu Anerkennung und Verletzung aus den interdisziplinären Diskursen vor allem kontrastierend, aber auch mit ihren Ambivalenzen, gegenübergestellt.

In den einschlägigen Texten werden *anerkennende*, konstruktiv-unterstützende relationale Handlungsweisen mit „Feinfühligkeit", „Responsivität", „Fürsorge", „Empathie", „Wertschätzung", „Wohlwollen", „Achtung" umschrieben. Das Gefühl der „Liebe" wird bedürfnistheoretisch fundiert als zentrale persönlich *und* gesellschaftlich bedeutungsvolle Ressource interpretiert. Was der Austausch solcher anerkennender Intentionen auslöst, wird in den rezipierten Diskursen unter anderem als „Wohlbefinden", „Selbstachtung", „Gesundheit", „Glück", „Empowerment", „Selbstbestimmung" und auf der gesellschaftlichen Ebene als „Partizipation", „Inklusion" und „Fortschritt" gedeutet. Auch die teilweise schmerzlichen Herausforderungen, die damit einhergehen, dass wir in unserer gesamten Entwicklung die eigenen Grenzen und die Grenzen Anderer respektieren lernen müssen, gehören zu den positiven Potenzialen der Anerkennung, die angemessen nur als wechselseitige Anerkennung bestimmt werden kann.[18]

Als gegensätzlich dazu werden *verletzende*, aversive, destruktiv-zerstörerische Relationen gefasst, zu denen „Diskriminierung", „Missachtung", „Missbrauch", „Vernachlässigung", „Menschenfeindlichkeit", „Unterwerfung", „Beschämung", „Gewalt" gehören. Ihre Folgen werden als „Entbehrung", „Schmerz", „Leid", „Scham", „Isolation", „Exklusion", „Zerstörung" und „Pathologie" beschrieben. Beziehungen können schädlich sein, wenn sie einengen und so Freiheit beeinträchtigen, wenn sie körperlich und seelisch verletzen und Integrität invasiv zerstören, wenn sie unterordnen und so die Person hierarchisch unterdrücken und wenn sie zu fern und ausgedünnt sind, sodass isolierende Einsamkeit entsteht. Darin zeigt sich unsere grundlegende Bedürftigkeit: Wir brauchen überhaupt Beziehungen zu Anderen, denn übermäßiges Getrenntsein schadet uns *und* wir brauchen Beziehungen, die eine freiheitliche und fürsorgliche Qualität aufweisen, also Beziehungen mit Spielräumen und mit Unterstützung, denn Übergriffe und Unterdrückung schaden uns.

18 Vgl. Benjamin 1985, S. 29; dies. 1990, S. 27, S. 39-52. Fritz Oser und Maria Spychiger (Oser 1994 und Oser/Spychiger 2005) gehen sogar davon aus, dass Lernprozesse per se darauf beruhen, dass wir die kränkende und schmerzliche Wahrheit unserer Unwissenheit realisieren. Sie blenden aus, dass Lernprozesse auch als lustvolle Aneignungen und Entgrenzungen erfahren werden können.

Die vielen in diesem Kapitel zusammengetragenen Befunde lassen sich in einer für das ganze Buch zentralen These bündeln: Die Unterscheidung zwischen anerkennenden und verletzenden Beziehungsqualitäten ist empirisch fundiert, demokratietheoretisch stichhaltig und existenziell gehaltvoll. Darüber hinaus können wir mit der Aufmerksamkeit für *Ambivalenzen* relationale Qualitäten noch differenzierter analysieren. Wie vor allem die anerkennungstheoretischen Überlegungen gezeigt haben, liefe eine ausschließliche Polarisierung zwischen prosozial versus aversiv Gefahr, unangemessen zwischen Extremen zu polarisieren und Uneindeutiges zu ignorieren. Hier kann zum Beispiel an Hartmut Rosas (2016) idealisierende Verwendung des Begriffs der „Resonanz“ als vollkommen geglückte Übereinstimmung, an Heinz Budes (2008) verwerfende Verwendung des Begriffs des „Ausschlusses“ als rigorose Exklusion oder an Wilhelm Heitmeyers (2012) begrifflich verabsolutierende Feststellung des „sozialen Todes“ als vernichtende Folge sexualisierter Gewalt gedacht werden. In dem Maße, in dem solche Extreme in Reinform entworfen werden, geben sie relationale Situationen nur verkürzend wieder, denn auch in den glückendsten Resonanzsituationen können Dissonanzen mitschwingen; und auch die Opfer von Ausschluss und sexueller Gewalt sind lebendig und leben keineswegs vollkommen beziehungslos.

Um die Gefahren der zu sehr idealisierenden oder der zu sehr negativ vereindeutigenden theoretischen Entwürfe zu vermeiden, ist es unerlässlich auch nach Mischformen zwischen anerkennenden und verletzenden Interaktionen zu fragen und die Ambivalenz in Relationen aufzuspüren und nachzuzeichnen. In einigen interdisziplinären Theorien finden sich dafür Beispiele: Anerkennungstheorien beachten auch die in sie eingelassenen Verkennungen und fesselnden Bindungen; salutogenetische Denkfiguren haben den Umgang mit erkrankten Anteilen außerordentlich fruchtbar integriert, z. B. in der Palliativmedizin. Dem Entwicklungspsychologen und Psychoanalytiker Donald Winnicott (1983) ist die Kategorie der *„genügend guten“* Beziehung zu verdanken, die von Perfektionsidealen befreit und die Existenz ambivalenter Bestrebungen anerkennt, ohne dabei einer normativen Gleichgültigkeit, Abstinenz oder Maßstablosigkeit Vorschub zu leisten.

Gerade weil wir existenziell auf Beziehungen zu anderen angewiesen sind, sind wir durch unsere Beziehungen verletzbar. Aversive Beziehungsereignisse, zu denen der aggressive Eingriff in die körperliche und seelische Integrität, der Zwang ihn bei anderen mitzuerleben, die übermäßige Unterordnung und der erzwungene Mangel an Beziehungen zu anderen gehören, traumatisieren und sind in ihren rigoroseren Formen als Gewalt zu verstehen. Während körperliche Aggressionen recht eindeutig festgestellt und sanktioniert werden können und in den Menschenrechtskatalogen eindeutig verboten werden (Walt/Menke 2007), sind psychische Aversionen schwerer zu erkennen und ambivalenter verstrickt.

Angesichts unserer Bedürfnisse und Abhängigkeiten ist der Schutz vor Verletzungen ein wichtiges Ziel. Dazu dienen „positive" Beziehungen. Für das menschliche Wohlergehen sind sie lebensnotwendig, ihr Fehlen beeinträchtigt die Lebensqualität und wirkt im Extremfall sogar lebensbedrohlich. Es ist, wie mit Christa Schnabl, Martha Nussbaum und Micha Brumlik gezeigt werden konnte, unsere Fähigkeit zu Mitgefühl und Fürsorge („care"), im Grunde zu Liebe, die uns drängt, uns im persönlichen und im politischen Leben für eine Verminderung von Verletzungen, vor allem auch von Gewalt gegen die besonders vulnerablen Kinder, einzusetzen.

Studien zu prosozialen Relationen, die eine anthropologisch gegebene und früh in der kindlichen Entwicklung sichtbar werdende Fähigkeit zur Empathie untersuchen, nehmen zu.[19] In solchen Studien wird herausgearbeitet, wie sehr sich die Fähigkeit zur Empathie kontinuierlich ontogenetisch und phylogenetisch nachweisen lässt und wie undenkbar menschliches Leben und menschliche Kulturleistungen von Anfang an ohne eine ausgeprägte Zusammengehörigkeit und Kooperation waren und sind. Nach Aleida Assmann (2006a, 2006b) brauchen wir Empathie mit den Opfern historischer Gewaltereignisse, darum ist Empathie ein Bildungsziel der Erinnerungskultur.

Angesichts der Gleichzeitigkeit von „gut" und „böse"[20] in menschlichen Beziehungen, die – trotz situativ unterschiedlichen Gewichts der beiden qualitativen Dimensionen – ubiquitär zu sein scheint, also angesichts der Ambivalenzen und ihrer in der aktuellen spätmodernen Phase typischen Figurationen, kann die Konzeption der Menschenrechte als Versuch gelesen werden, mit den Mitteln unserer historischen Epoche anerkennende Tendenzen zu bekräftigen und verletzende Tendenzen zu schwächen. Dazu dienen die menschenrechtlichen Prinzipien der Freiheit, Gleichheit und Solidarität in ihrem Zusammenhang.

In der Sicht der Philosophie der Menschenrechte ist die Anerkennung des Grundbedürfnisses, dass wir unser Leben in Freiheit nach eigenen Wünschen genießen können, zentral. Darin, dass das Freiheitsrecht universell für alle gleichermaßen anerkannt werden soll, liegt der Sinn der menschenrechtlichen Gleichheit. Aus dem Zusammenhang von Gleichheit und Freiheit folgt, dass wir das eigene Freiheitsrecht und das Freiheitsrecht der Anderen anerkennen und dass wir bei Beeinträchtigungen für Gleichheit gewährleistenden Nachteilsausgleich sorgen sollen. Darin zeigt sich, wie das Prinzip der Solidarität

19 Vgl. z. B. Sennett 2012; Rifkin 2010; de Waal 2011; Nowak/Highfield 2011; Fuchs 2010; und populärwissenschaftlich Bauer 2006; Hüther 2012. Als frühes Beispiel eines solchen Erkenntnisinteresses kann das zuerst 1902 erschienene Buch „Gegenseitige Hilfe in der Tier- und Menschenwelt" des kommunistischen Anarchisten Fürst Pjotr Alexejewitsch Kropotkin (1975) genannt werden.

20 Vgl. als gegensätzlich argumentierende Autoren Michel Foucault (1994), der die Gewalt unter der Oberfläche sozialer Strukturen der Moderne herausstellt und Steven Pinker (2011), der eine Entwicklung zur Verminderung von Gewalt in der Entwicklung der Menschheit bis hin zur Moderne postuliert.

mit den Prinzipien der Gleichheit und Freiheit verknüpft ist (Bielefeldt 1998, 2008; Pauer-Studer 2000; Wildt 1995).

Solidarität ist per se explizit als relational zu verstehen. Gleichheit bezeichnet immer ein – in jeweils zu klärenden Hinsichten – egalitäres Verhältnis zwischen Verschiedenen. Freiheit hingegen wird häufig als zu einem isolierten, egozentrischen, konkurrierenden, teilweise sogar antisozialen Subjekt gehörig gedacht. Demgegenüber ist anknüpfend an demokratische und menschenrechtliche Traditionen des Freiheitsbegriffs zu fragen, wie eine relational konzipierte Freiheit aussehen könnte. Indem das Recht auf Freiheit jeder Person zugesprochen wird, zeigt sich die Verbindung von Gleichheit und Freiheit. Darin ist enthalten, und das ist der Sinn des Solidaritätsprinzips, dass wir uns um die Freiheit von uns selbst und von Anderen sorgen sollen, ja dass wir eigene Freiheit nur in der Anerkennung der Freiheit Anderer gewinnen können. Freiheit ist darum als intersubjektive Freiheit zu verstehen. Sie ist durch historisch und kulturell konkrete Gestaltungen anzustreben. (Honneth 2011).

Die Allgemeine Erklärung der Menschenrechte und ihre Konkretisierungen in gruppenbezogenen Menschenrechtskatalogen bilden einen zeitgemäßen internationalen Ansatz, gute soziale Beziehungen in der Sprache der Moderne auszuformulieren. Wenn wir uns den Menschenrechten verpflichtet fühlen, weil sie uns den Weg zu guten Beziehungen zwischen Menschen weisen, sind wir gleichzeitig in tief greifende Ambivalenzen verstrickt, weil wir auch niemals losgelöst von existenziellen Begrenzungen, Ungewissheiten, Ungleichheiten, Unfreiheiten und Solidaritätsmängeln leben. Auch wurden historisch und werden aktuell Imaginationen und Konzepte des Guten und Gerechten immer wieder benutzt, um andere, verborgene Interessen durchzusetzen.[21] Diese Gefahr wird real, wenn eine manipulative Rhetorik der Menschenrechte eingesetzt wird. In der Situation, in der wir uns persönlich und gesellschaftlich vorfinden, können wir diese Verstrickung in Ambivalenzen und Ideologien eingestehen und wir können danach fragen, wie wir im Kontext der „unendlichen Aufgabe“[22] der Demokratisierung Schritte erfinden können, die genügend gut sind, um die Tendenz zu Anerkennung zu stärken und die Tendenz zu Verletzung zu schwächen. Dabei vertrauen wir darauf, dass Anerkennung ein wertvolles, aber kein knappes, sondern ein sich vervielfältigendes Gut ist und dass mit ihrer Ausbreitung dem Interesse aller gedient ist. Darum, wie diese Einsichten hinsichtlich pädagogischer Beziehungen interpretiert werden könnten, geht es im nächsten Kapitel.

---

21 Berühmt ist die Auseinandersetzung von Friedrich Nietzsche (1844-1900) mit diesen Problemen in seiner Genealogie der Moral (1877/1988). Gegenwärtig weiterführend ist Stephan Moebius', auf der Basis der Gedanken u.a. von E. Levinas, Z. Baumann und M. Nussbaum gewonnener, Beitrag zu einer „soziologischen Theorie der Moral“ als postmoderner Ethik (Moebius 2001).

22 Vgl. Heil/Hetzel 2006; Prengel 2011a.

# 3. Untersuchungen in erziehungswissenschaftlicher Perspektive

Anhand von ausgewählten explizit in erziehungswissenschaftlicher und pädagogischer Perspektive relevanten Untersuchungen[23] und im Horizont der im vorangehenden Kapitel erarbeiteten interdisziplinären Beiträge sollen in diesem Kapitel Einsichten über anerkennende, verletzende und ambivalente Beziehungsqualitäten in pädagogischen Feldern gewonnen werden.

Nach einer historischen Betrachtung, vor allem zur Geschichte des Nachdenkens über pädagogische Beziehungen, wird zunächst über bildungstheoretische Studien berichtet, die eine grundlegende relationentheoretische Einführung bieten und sie erziehungswissenschaftlich ausdifferenzieren. Daraufhin wird der relationale Gehalt ausgewählter erziehungswissenschaftlicher und pädagogisch-praktischer Beiträge herausgearbeitet. Das Generationenverhältnis wird in seiner Bedeutung für Anerkennungskonzeptionen in der Sphäre pädagogischer Arbeitsfelder problematisiert. Gefragt wird danach, wie die von Axel Honneth zunächst für andere gesellschaftliche Sphären konzipierten Anerkennungsformen der Liebe, der Achtung und der Wertschätzung in die Sphäre der Pädagogik übertragen werden können. Dazu werden die Anerkennungsformen auf die menschenrechtlichen Prinzipien der Solidarität sowie der Freiheit und Gleichheit bezogen und in ihrer Bedeutung für das Generationenverhältnis und für die professionelle Pädagogik durchdacht.

---

23 Erziehungswissenschaftliche Untersuchungen, einschließlich solcher Studien aus anderen Disziplinen, die unmittelbar eine erziehungswissenschaftliche Perspektive auf pädagogische Beziehungen einnehmen, werden in diesem Kapitel betrachtet. Dazu gehören erziehungswissenschaftliche Ansätze, in denen eine Reihe der in Kapitel 2 erwähnten interdisziplinären Erkenntnisse intensiv aufgegriffen wurden, ebenso wie Studien aus weiteren bildungswissenschaftlich relevanten Teildisziplinen, wie Pädagogische Psychologie, Bildungssoziologie und Fachdidaktik sowie bildungsphilosophische Perspektiven, die Beiträge zur pädagogischen Beziehungstheorie leisten und in denen in besonderem Maße sozialphilosophische Einsichten mit dem Ziel der Theoriebildung verhandelt werden. In dieser Situation verbreiteten fächerübergreifenden Denkens dient die in diesem Buch vorgenommene Aufteilung in verschiedene Kapitel vor allem der Übersichtlichkeit der Argumentation. Die eingefügten Querverweise machen Anknüpfungspunkte leichter auffindbar.

## 3.1 Bildungshistorische Anknüpfungspunkte

Die Geschichte der pädagogischen Beziehungen ist noch nicht geschrieben. Ein solcher Rückblick könnte ideengeschichtlich, sozialgeschichtlich, mentalitätsgeschichtlich und institutionengeschichtlich sehr gehaltvoll sein. Zeigen lässt sich, dass die Geschichte wechselhaft und ungleichzeitig verlaufen ist. Ein für die Qualität pädagogischer Beziehungen in menschenrechtlichem Horizont zentrales historisches Thema ist die Unversehrtheit des Körpers (Walt/Menke 2007). So wurden Prügelstrafe und fixierendes Stillstellen in modernen Bildungssystemen bis weit ins 20. Jahrhundert hinein, teilweise sogar bis heute, praktiziert und legitimiert; gleichzeitig waren sie früh verpönt und wurden, zum Beispiel in philanthropischen Einrichtungen des 18. Jahrhunderts, nachweislich nicht oder äußerst selten angewendet (Schmitt 2007; Tenorth 2011). Der Philanthropismus entwirft eine pädagogische Beziehung, die, wie ihr Name sagt, von Menschenliebe bestimmt ist und im Sinne der Aufklärung den Verstand und die Lernfreude der Kinder anerkennt. Eine wahrhaft relationale Einsicht wurde von dem Philanthropen Christian Gotthilf Salzmann vor mehr als 200 Jahren formuliert, als er seinen berühmten „Symbolum", das heißt seinen Wahlspruch, schrieb: „Von allen Fehlern und Untugenden seiner Zöglinge muss der Erzieher den Grund in sich selbst suchen" (Salzmann 1805/1886, S. 521, zitiert nach Herrmann 2003, S. 7f).

Nach der (weitgehenden) Abschaffung von Körperstrafen im Prozess der Zivilisation hat sich, inspiriert von Michel Foucault (1994), die Aufmerksamkeit auf subtile Machttechniken, von denen die institutionellen und kommunikativen Strukturen durchzogen sind, zu richten. Wegen der wichtigen Einsicht in die allgegenwärtigen Machtmechanismen ist es, wie in Kapitel 2 gezeigt wurde, notwendig auf Ambivalenzen in allen pädagogischen Interaktionen zu achten. Zugleich ist es unbedingt erforderlich, zwischen menschenfeindlichen und menschenfreundlichen Tendenzen zu unterscheiden, weil sie zwar kaum widerspruchsfrei, aber in ihren unterschiedlichen Praktiken und unterschiedlichen Wirkungen empirisch deutlich nachweisbar und persönlich wie auch gesellschaftlich überaus folgenreich sind.

In den ihren *Handbuchartikel* einleitenden kurzen Anmerkungen zu einigen historischen Grundlagen lassen Werner Helsper und Merle Hummrich (2009, S. 605-607) das Nachdenken über pädagogische Beziehungen mit Johann Amos Comenius (1592-1670) beginnen. Nach einer Reihe bedeutender Klassiker des 18. und 19. Jahrhunderts, Rousseau, Campe, Herbart, Hegel, streifen sie kurz die Reformpädagogik und fahren fort bis hin zu Wolfgang Klafki, um schließlich bei der Antipädagogik zu enden, die das hierarchische Element in pädagogischen Beziehungen negiert.

Ein bildungshistorisch einzigartiges Beispiel einer pädagogischen Beziehung eines Heimleiters zu seinen kindlichen Heimbewohnern bilden das Lebenswerk und die Biografie des Arztes und Schriftstellers *Janusz Korczak* (1878/1879?-1942). Diese außerordentliche Beziehung schlug sich nieder in Kinderbüchern, pädagogischen Schriften, politischem Engagement und einer überaus liebevollen Verantwortung für die Heimkinder, die dazu führte, dass er sie 1942 freiwillig bei ihrem erzwungenen Weg in ein nationalsozialistisches Lager begleitete, wo er mit den Kindern umgebracht wurde (Kerber-Ganse 2009). Janusz Korczak bringt, wie die Autorin darlegt, mit seiner Fassung des „Rechts des Kindes auf Achtung" bis heute für die Generationenbeziehungen und für die Kinderrechte herausfordernde Gedanken zum Ausdruck (vgl. Korczak 1928/1999).

Eine weitere Traditionslinie des Erforschens pädagogischer Beziehungen lässt sich, ausgehend von der Psychoanalyse, in der von Anna Freud (1885-1982) begründeten *psychoanalytischen Pädagogik* aufspüren (siehe Punkt 2.4). Als ein Meilenstein relationalen Denkens in der Geschichte der Pädagogik muss in diesem Zusammenhang Sigfried Bernfelds (1892-1953) Werk „Sisyphos oder die Grenzen der Erziehung" von 1928 hervorgehoben werden. Er vermag es, in den zwanziger Jahren des 20. Jahrhunderts zu formulieren: „Es ist wunderbar leicht, Kinder und Jugendliche noch zu beeinflußen und die erstaunlichsten Veränderungen an ihnen zu erreichen. Selbst tief verwahrloste, verbrecherische und verwilderte Kinder wandeln sich in wenigen Monaten von Grund auf. Man muss sie nur ihrem Milieu entreißen, sie in eine wohlgeführte Kindergemeinschaft einreihen, in ihnen durch geduldiges Liebe-Erweisen Gegenliebe wecken und sie durch konsequentes Versagen, das ihren primitiven, so erwachenden Liebeszielen auferlegt wird, nötigen, sich mit dem Lehrer, den Kameraden, der Gemeinschaft zu identifizieren. (…) Uns hat Freud gelehrt, solche Umwandlung der Kinder zu verstehen" (Bernfeld 1928/1970, S. 154f). Was Bernfeld in der Sprache seiner Zeit auf dem Hintergrund der damals neuen psychoanalytischen Einsichten sagt, entspricht in wesentlichen Punkten heutigen Ansätzen der Traumapädagogik (Bausum u.a. 2013) und der inklusiven Pädagogik, wie sie von Reinhard Stähling (2013) und Ulrike Becker (2008) praktiziert werden (siehe Punkt 3.4.2). Jenseits aller Details einzelner strittiger psychoanalytischen Theoreme haben die psychoanalytisch beeinflusste Entwicklungsforschung und Pädagogik fundamentale Beiträge zum heutigen Erkenntnisstand über pädagogische Beziehungen geleistet, indem sie auch so bedeutende Strömungen wie die *Hospitalismusforschung* (René A. Spitz 1887-1974) oder die *Bindungsforschung* erst ermöglichten. Ohne die Psychoanalyse sind auch die Humanistische Psychologie mit den aus ihr hervorgegangenen pädagogischen Konzepten der *Themenzentrierten Interaktion* (TZI; vgl. Cohn 1975; Reiser 2006), der *Gestaltpädagogik* (Fuhr/Srekovic 1999) und des *Personzentrierten Ansatzes* (Weinberger 2013) in der Pädagogik nicht denkbar.[24] In den Diskursen der Jugendhilfe, der Sozialarbeit und der Sozialpädagogik

24 Vgl. auch Gudjons 1987.

werden psychoanalytische Erkenntnisse zur Relevanz von familiären und pädagogischen Beziehungen seit der Entstehungszeit der Psychoanalyse rezipiert und für eine relational orientierte Soziale Arbeit fruchtbar gemacht.[25] In der Sonderpädagogik, in der Integrationspädagogik, vor allem in der Pädagogik mit Kindern mit Förderschwerpunkt emotional-soziale Entwicklung, hat die Psychoanalytische Pädagogik wohl ihren nachhaltigsten Einfluss hinterlassen und überaus materialreich die grundlegende Bedeutung von Relationalität bei Erziehungsschwierigkeiten verhandelt.[26] Auch in den Bereichen der Teamarbeit, Supervision und Beratung sind auf psychoanalytische Erkenntnisse zurückgehende Konzepte allenthalben zu finden.[27] Während Ergebnisse der Bindungsforschung in der Frühpädagogik eine große Rolle spielen[28] sind erst wenige Studien entstanden, die die Bindungsforschung über die Sonderpädagogik und den Elementarbereich sowie über die Analyse von Bindungstypen hinaus auch für schulpädagogische Handlungskonzeptionen fruchtbar werden lassen (Julius 2009; Geddes 2006, 2009).

Andere Referenzpunkte aus dem 20. Jahrhundert[29] wählt Klaus Bartels aus, wenn er seinem Überblickstext[30] den Titel gibt: „Neure Beiträge zum Lehrer-Schüler-Verhältnis. Auf dem Hintergrund der traditionellen Theorie des pädagogischen Bezuges". Klaus Bartels leistet es, einige wichtige Strömungen des 20. Jahrhunderts zur Erforschung pädagogischer Beziehungen zusammenzufassen und kritisch zu würdigen. Neben und nach Herman Nohls (1879-1960) während der Weimarer Republik entstandener Theorie des „pädagogischen Bezuges", hat eine ganze Generation „Geisteswissenschaftlicher Pädagogen" über pädagogische Beziehungen geschrieben[31]. Bartels hält fest, dass in diesen pädagogischen Theorien, zu denen er auch Martin Bubers Arbeiten zum dialogischen Verhältnis zählt, der pädagogische Bezug „als eine enge persönliche Beziehung zwischen Eltern und Kind oder Lehrer und Schüler" und das Erziehungs- und Unterrichtsgeschehen primär „als ein personal-dialogischer Bezug" beschrieben werden (Bartels 1978, S. 121). Der Autor würdigt als Leistung dieser Strömung, dass sie die „Unverzichtbarkeit des Personalen in Erziehung und Unterricht" in ihrer „überzeitlichen Gültigkeit" (ebd., S. 121) sowie „Liebe, Vertrauen, pädagogischen Takt und Vorbild" als wesentliche

25 Vgl. z. B. Leber/Reiser 1973; Müller 2001; Müller/Schwabe 2009; Müller u.a. 2005; Körner/Ludwig-Körner 1997; Schröder 2002: Bimschas/Schröder 2003; Fröhlich/Göppel 1992.

26 Vgl. z. B.Gerspach 2009; Reiser 2006; Becker 2008.

27 Vgl. z. B. West-Leuer 2002; Dlugosch 2006; Schnoor 2013; Erbring 2007.

28 Vgl. z. B. Ludwig-Körner 2007; Kuhl u.a. 2011; Griebel/Niesel 2004; Becker-Stoll 2018.

29 Vgl. auch die Überblicke bei Peggy Richert 2005, S. 11-32, und bei Ittel/Raufelder 2008.

30 Der wegen der zeitlichen Nähe des Autors zum Geschehen aufschlussreiche Aufsatz erschien zuerst 1968. Er wurde 1978 im Sammelband von Norbert Kluge „Das Lehrer-Schüler-Verhältnis" ein weiteres Mal herausgegeben und mit einem, rückblickend kommentierenden Nachtrag versehen.

31 Vgl. zu Nohl auch die umfassende, Quellen erschließende Studie von Dorle Klika 2000; sowie Giesecke 1997, Künkler 2011.

Faktoren des erzieherischen Verhältnisses (ebd., S. 122) herausgestellt habe. Zwei Kritikpunkte führt Bartels (1978, S. 122) an: Die traditionelle Theorie des pädagogischen Bezuges betrachte nur einzelne Schüler und vernachlässige die Klasse[32], und sie untersuche noch nicht empirisch die Auswirkungen des Lehrerhandelns auf die Schülerinnen und Schüler.

Wenn man versucht so etwas wie Meilensteine der Untersuchung pädagogischer Beziehungen im Rückblick aufzustellen, dann sind auch die Erziehungsstilforschungen zu nennen, mit denen der in die USA emigrierte deutsche Gestaltpsychologe Kurt Lewin und sein Team um 1940 anhand von Feldstudien begannen und die dann hierzulande seit den sechziger Jahren von Annemarie und Reinhard Tausch auf veränderte Weise fortgeführt wurden (siehe auch Punkt 2.4). Nach Lewin (1948) können „autokratischer", „demokratischer" und „laissez faire" Führungsstil unterschieden werden. Tausch/Tausch unterscheiden zwischen den Erziehungsstilen „sehr autokratisch", „autokratisch", „sozial-integrativ" und „laissez faire" (1965). In dieser Forschungsrichtung, die vielseitige Unterströmungen aufweist, wurde umfassend belegt, dass die Handlungsmuster der Lehrpersonen sich förderlich oder hinderlich auf die Schülerinnen und Schüler auswirken.

Auf die als „autokratisch" bezeichneten Verhaltensweisen, wie „Tadel – Drohung – Kritik – scharfe Zurechtweisung – Vorwurf – Beschämung, – aber auch Treffen von Entscheidungen, die die Kinder selber hätten treffen können", folgten bei den Kindern „ein erhöhtes Maß an Widersetzlichkeit, darüber hinaus die Neigung zum Herrschen über andere Kinder und Fortfall spontaner Mitarbeit" (Bartels 1978, S. 125). Bartels fasst die Befunde zusammen, indem er konstatiert, dass das demokratische Lehrerverhalten in erzieherischer Hinsicht eine deutliche Überlegenheit aufweist. Demgegenüber wurden hinsichtlich der Auswirkungen der Erziehungsstile auf die Schulleistungen uneindeutige und umstrittene Erfahrungen gemacht (ebd. 1978, S. 129). Untersucht und diskutiert wurden auch weitere Fragen, z. B. wie weit der Einfluss des Lehrerhandelns angesichts anderer Einflussfaktoren reichen kann, wie Erziehungsstile verursacht sind, ob eine Lehrperson durchgängig den gleichen Stil realisiert und ob man seinen Stil verändern kann.

In seinem acht Jahre nach dem Erscheinen seines Originaltextes, 1978, erschienenen Nachtrag, stellt der Autor Klaus Bartels klar, dass inzwischen neue Strömungen – der kritischen Gesellschaftstheorie, der Curriculumtheorie, der kybernetischen Didaktik, der Lernzieltheorie – aufgekommen sind, die die traditionelle Theorie des pädagogischen Bezugs und die Führungsstilkonzeptionen „obsolet erscheinen" ließen. Er schreibt: „Stärker noch als 1968 ist uns heute bewusst: das Lehrer-Schüler-Verhältnis als Interaktionsgeschehen ist *nur eine Dimension des Unterrichts*. (…) *Weder mit einer reinen Theorie der*

32 Daran, dass in der Reformpädagogik, z.B. bei Peter Petersen, die Gruppierung der Kinder beachtet wurde, erinnert ein aktueller Beitrag von Frank Tosch (2013) zur Praxis der Jenaplanpädagogik.

*Interaktionsprozesse* von Lehrer und Schülern im Unterricht (die leicht die Inhalte ausklammert), *noch mit einer curricularen, didaktischen Theorie, die die Kommunikationsprozesse vernachlässigt, kann der Unterrichtsqualität auf Dauer gedient sein*“ (Bartels 1978, S. 135).

Außer den erwähnten Ansätzen, in denen es um eine Theorie pädagogischer Beziehungen geht, sei in aller Kürze an einige wenige weitere erziehungswissenschaftliche Zugänge erinnert, deren Relevanz für eine aktuelle pädagogische Beziehungstheorie erst wieder zu erschließen ist. *Horst Nickel* (1976) entwickelte die Erziehungsstilforschung im Hinblick auf sein „transaktionales Modell“, in dem berücksichtigt wird, wie auch die Schüler das Geschehen beeinflussen. *Klaus Mollenhauer* (1978) gehört zu den prominentesten erziehungswissenschaftlichen Rezipienten des „symbolischen Interaktionismus“ nach George Herbert Mead und formuliert die für eine aktuelle Theorie pädagogischer Beziehungen wesentliche Aussage: „Ohne ‚Zugehörigkeit‘ entschwindet dem Individuum auch sein ‚Selbst‘, als das es sich bestimmen kann (…). ‚Zugehörigkeit‘ kann aber auch – gleichsam am anderen Ende der Scala – ‚Überangepasstheit‘ bedeuten, völliges Aufgehen des Selbst in sozialer Identität (…)“ (Mollenhauer 1978, S. 281). Eine für die Analyse pädagogischer Beziehungen bedeutende Forschungsrichtung befasst sich spätestens seit dem Erscheinen des Buches von *Robert Rosenthal und Leonore Jacobsen* (1968) mit dem Phänomen, welches „Pygmalion im Klassenzimmer“ genannt wird. Trotz kritischer Diskussionen um Details der Studie wurden zentrale Befunde in zahlreichen Folgeuntersuchungen bestätigt und ausdifferenziert: Vorurteile von Lehrpersonen wirken sich auf die Entwicklungen der Schülerinnen und Schüler aus. Norbert Erlemeiers 1973 zuerst publizierte und ebenfalls 1978 in Norbert Kluges Sammelband wieder aufgelegter Überblicksartikel gibt Einblick in die damaligen Debatten. Als Beispiel aus diesem Forschungszusammenhang sind auch Untersuchungen von *Jere E. Brophy* und *Thomas L. Good* (1974) wichtig. Es gelingt ihnen detailliert aufzuzeigen, wie die sich „selbst erfüllenden Prophezeiungen“ zustande kommen: Die Lehrer-Schüler-Interaktionen sind von Vorurteilen beeinflusst, denn Lehrer behandeln Kinder ihren Erwartungen gemäß unterschiedlich, und darauf reagieren wiederum die Kinder unterschiedlich, sodass die Schulleistungen tendenziell den Lehrererwartungen entsprechen. Vielleicht können die der Lehrerarbeit gewidmeten Arbeiten von *Arno Combe* (Combe 1971, Combe/Gebhard 2012, Combe/Helsper 1996) als die älteren und die aktuellen Forschungsansätze verbindend interpretiert werden. Sie führen von den kritischen Analysen der „Lehrerrolle“ zu aktuellen professionstheoretischen Untersuchungen. Schließlich ist die „kommunikative Didaktik“, u.a. nach *Dieter Baake* (1973) zu nennen, in der interaktive Unterrichtsprozesse[33] entworfenwerden.

33 Daran knüpft auch die Erhebung von Peggy Richert (2005) an, in der kommunikative Muster der Lehrer-Schüler-Interaktion untersucht werden. Zu erinnern ist auch an weitere frühe Studien aus den sechziger und siebziger Jahren, z.B. von Nel A. Flanders (1966); David

An der Schwelle zwischen den Traditionen geisteswissenschaftlicher Pädagogik, psychoanalytischer Pädagogik, kritischer Theorie und empirischer Forschung ist das Werk von *Wolfgang Klafki* angesiedelt. Das unter seiner Ägide herausgegebene, in einer Gesamtauflage von über 400.000 Exemplaren[34] seit dem Jahr 1970 immer wieder gedruckte und ins Japanische übersetzte, „Funkkolleg Erziehungswissenschaft" bietet unter dem Titel „Das pädagogische Verhältnis und die Gruppenprozesse im Erziehungsprozess" eine fast vergessene, aber bis heute lesenswerte, für 1 Cent im Internet beziehbare Einführung in wesentliche Erkenntnisse zur Bedeutung pädagogischer Beziehungen. Wolfgang Klafki weiß den Erkenntnisgewinn des geisteswissenschaftlichen „pädagogischen Bezugs" so zu würdigen, dass man sich an heutige Manifeste der Kindheitsforschung erinnert fühlen könnte. Er weiß die Entdeckungen der damaligen Säuglingsforschung und der Erziehungsstilforschung im Hinblick auf pädagogisches Handeln produktiv zu rezipieren und schließlich auch die Relevanz der Gruppe der Lernenden, zum Beispiel der Schulklasse, einzubeziehen. In seiner didaktischen Analyse und in seinem Ansatz der kritisch-konstruktiven Didaktik kommen die Erkenntnisse zum pädagogischen Verhältnis in der Auseinandersetzung mit den lernrelevanten Themen und gesellschaftlichen Bedingungen zum Tragen.

## 3.2 Relationentheoretische erziehungswissenschaftliche Ansätze

Eine systematische allgemeinpädagogische Einführung in relationenphilosophische Grundlagen[35] wurde in der erziehungswissenschaftlichen Teildisziplin Erwachsenenbildung – seit einiger Zeit angestoßen von Ortfried Schäffter (2013a, 2013b; 2012; Ebner-von Eschenbach/Schäffter 2017) – entwickelt. Er bietet eine grundlegende Auseinandersetzung mit den Diskursen dieser (sozial-)philosophischen Forschungsrichtung, mit ihrem Ringen um die Bedeutung, die den Ralata und der Relation[36] zwischen ihnen (also Personen oder Dingen und den Beziehungen zwischen ihnen) zukommen soll und plädiert für eine undogmatische Position in der Debatte. In dieser Perspektive gilt: „Wissen und Erkennen sind soziale Produkte" (Schäffter 2013a, S. 121) und lebenslanges Lernen geschieht in relationalen Transformationsprozessen. Aus der

---

Hargreaves (1972) oder von Thomas Heinze (1976). Vgl. auch den Überblick bei Lüders 2014. Wichtige Forschungsbeiträge leistet Natalie Fischer (2017) an der Universität Kassel.

34 Hinrichs/Rubinich 2007, S. 11.

35 Siehe Punkte 2.1 und 2.3.

36 Zur Einführung in die grundlegenden philosophischen Kategorien der Relationentheorie *Relatum* (plural Relata) und *Relation* siehe Kapitel 2, Abschnitt 2.1., zur relationalen Soziologie Abschnitt 2.3.

Berliner Forschungsgruppe um Ortfried Schäffter ist die Studie „Eine relationale Perspektive auf Lernen. Ontologische Hintergrundsannahmen in lerntheoretischen Konzeptualisierungen des Menschen und von Sozialität" von Franz Schaller (2012) hervorgegangen. Auch Franz Schaller will, unter Berufung vor allem auf die Figurationstheorie von Norbert Elias, Lernen nicht mehr auf individuelles Verhalten reduzieren und es nicht mehr „in" den Individuen verorten. Er fordert, „Lernen als soziales Beziehungsereignis zu begreifen, das in unterschiedlichen Praktiken realisiert werden kann und in institutionalisierten sozialen Praktiken gesellschaftlich auf Dauer gestellt werden konnte" (Schaller 2012, S. 411). Ebenfalls im Bereich der Erwachsenenbildung arbeitet Wiltrud Giesecke (2007) die Bedeutung von Emotionalität in beziehungstheoretischer Perspektive heraus.

Diese relationalen erziehungswissenschaftlichen Ansätze leben auch von früheren bildungsphilosophischen Studien; dazu gehören u.a. Käte Meyer-Drawe (2002), mit ihrem phänomenologisch fundierten, tiefgründigen Einblick in das philosophische Denken der Intersubjektivität, Krassimir Stojanov (2006) der eine anerkennungstheoretisch fundierte Fassung des Bildungsbegriffs unter besonderer Berücksichtigung von Interkulturalität vorgelegt hat und Tobias Künklers (2011) vielseitige Fundierung eines relationalen Lernbegriffs. Darüber hinaus sind weitere einschlägige Monografien und Sammelbände entstanden: Reinhold Millers praxisbezogene „Beziehungsdidaktik" (2011), die aus einer internationalen Potsdamer Konferenz hervorgegangenen, Praxis- und Forschungszugänge anbietenden Editionen zum Thema „Kinderrechte in pädagogischen Beziehungen" (Prengel/Winklhofer 2014), die drei von einer Kasseler Wissenschaftlergruppe herausgegebenen Bände "Beziehungen in Schule und Unterricht" (Tillack u.a. 2014), Ludwig Liegles Begründung seiner „Beziehungspädagogik" (2017) und Ulrich Herrmanns Sammelband „Pädagogische Beziehungen" (2018).[37] Frühpädagogische Studien widmen sich intensiv – vor allem bindungstheoretisch begründet – der Relevanz der Erzieher-Kind-Beziehungen (vgl. Becker-Stoll/Textor 2007; Weltzien/Schmitt 2016; König 2010; Fröhlich-Gildhoff u.a. 2013; Kalicki 2014). Aber nicht nur auf interpersoneller, sondern auch auf institutioneller Ebene ist von relationalen Prozessen die Rede. So zum Beispiel, wenn Differenzen nicht als zu Schülern gehörig, sondern als durch diskriminierende schulische Strukturen erst hervorgebracht analysiert werden (vgl. für ethnische Differenzen Gomolla/Radtke 2009; vgl. auch 3.6).

Als herausragendes Beispiel für relationales Denken ist ein neues Verständnis von Behinderung, wie es in einigen sonderpädagogischen Strömungen und in den internationalen Disability-Studies ausgearbeitet wurde, zu

---

37 Vgl. auch Joachim Ludwigs (2011; 2012) wichtige theoretische Grundlegungen für die Erwachsenenbildung sowie die interessanten ethnografischen Studien zu Körperlichkeit und Schule, die in der Frankfurter Forschungsgruppe um Barbara Friebertshäuser entstanden sind (Langer/Richter/Friebertshäuser 2010).

nennen (vgl. Dederich 2007). Behinderung wird nicht als feststehend im Sinne einer gegebenen Substanz aufgefasst, sie ist vielmehr ein relationales Phänomen, also das Ergebnis von dynamischen Beziehungen. Populär wurde der relationale Behinderungsbegriff in dem Slogan „Behindert ist man nicht – behindert wird man“ oder in dem Buchtitel „Ich war behindert anhand der Lehrer und Ärzte“ (Fingerhut/Manske 1988). Beide bringen zum Ausdruck, dass Behinderung nicht als eine Eigenschaft einer Person, sondern als Charakteristikum der Interaktionen zwischen einer Person und ihrem personalen oder materiellen Umfeld zu verstehen ist, ja dass Behinderung erst aus dieser Relation hervorgeht. In den Disability-Studies werden anhand des Themas Ability Einsichten zur relationalen Bedingtheit von Heterogenität (Prengel 2013a; 2015a) beispielhaft für alle anderen Differenzlinien, wie zum Beispiel Geschlecht oder Kultur/Ethnie, ausgearbeitet, sodass die hier gewonnenen Einsichten für die Diversity-Studies insgesamt grundlegend sind.

Dezidiert relationales Denken, wie es hier vorgeschlagen wird, ist für die Pädagogik folgenreich. Die Anwendung dieses Ansatzes steht erst am Anfang. Sie ist vielversprechend, weil die Potenziale einer Aufmerksamkeit für relationales Geschehen und seine Wirkungen in pädagogischen Verhältnissen erst noch auszuschöpfen sind. Zugleich existieren vielseitige erziehungswissenschaftliche und pädagogisch-praktische Entwürfe, in denen es in unterschiedlicher Weise explizit oder auch implizit um Relationen geht; einige davon versammelt dieses Kapitel, um ihren relationalen Gehalt und ihren Beitrag zum Verständnis menschenrechtlich orientierter pädagogischer Beziehungen herauszuarbeiten.

## 3.3 Generationenbeziehungen, Anerkennungsformen und Menschenrechte

Pädagogische Beziehungen sind Beziehungen im Generationenverhältnis, in dem die Angehörigen der älteren Generation den Angehörigen der jüngeren Generation Bildung vermitteln. Sie beruhen auf der anthropologisch gegebenen Generativität menschlichen Lebens, die die Notwendigkeit der Erziehung jeder neuen Generation durch jede ältere Generation mit sich bringt. Dabei bringen die unterschiedlichen Altersstufen von Kleinstkindern über große Kinder bis hin zu Jugendlichen und jungen Menschen an der Schwelle zum Erwachsenenalter unterschiedliche Anforderungen an pädagogische Beziehungen mit sich, zugleich weisen sie Gemeinsamkeiten auf. Stets gibt die ältere Generation kulturelle Errungenschaften weiter und stets übernimmt und verändert die jüngere Generation das Bestehende. Durch das Generationenverhältnis ereignen sich – von der älteren Generation ausgehend kulturelle Reproduktion ebenso wie von der jüngeren Generation ausgehend – kulturelle Transformation. Maßgeblich für diese Vermitteltheit[38] der Generationen sind Macht und Verantwortung der „Großen" und „die fundamentale Angewiesenheit der „Kleinen" auf Erwachsene und Ältere, für die Sicherstellung der leiblichen Integrität, der basalen Versorgung, der emotionalen und psychischen Stabilisierung und Entwicklung sowie der Entfaltung kulturell spezifischer Fähigkeiten in Bildungsprozessen" (Helsper u.a. 2009, S. 53 f)[39]. Darin liegen die Widersprüche des Pädagogischen, von denen pädagogische Beziehungen nicht loskommen. Auch wenn für Bildungsarbeit mit Erwachsenen, einschließlich alter Menschen, die Situation des Aufwachsens keine Rolle spielt, entstehen – sicher mit ganz anderen Gewichtungen – auch hier widersprüchliche pädagogische Beziehungen, da die Lernenden sich von Anderen etwas beibringen lassen wollen, denen sie eine Autorität als Lehrende zusprechen.

In Bildungseinrichtungen ist die erwachsene Generation dafür verantwortlich, über curriculare, institutionelle und materielle Vorkehrungen sowie über Beziehungshandeln zu entscheiden. Wie lassen sich nun Konzepte möglichst guter pädagogischer Beziehungen im gegenwärtigen Bildungswesen begründen? Im zweiten Kapitel wurde deutlich, dass die Prinzipien der Menschenrechte in der Sprache moderner Gesellschaften grundlegende Maßstäbe für humanes Zusammenleben formulieren. Nun wird versucht, anhand dieser Maßstäbe begründete Konzepte der Anerkennung für Generationenbeziehungen im Bildungswesen zu erarbeiten. Es geht also in den nächsten Schritten darum zu klären, was im Horizont der menschenrechtlichen Prinzipien aus bedürfnis- und anerkennungstheoretischen Einsichten folgt.

Für die Frage nach den feldangemessenen Anerkennungsqualitäten pädagogischer Beziehungen in der professionellen Sphäre der Bildung können die drei von Axel Honneth für andere Sphären entwickelten Anerkennungsformen der familiär orientierten Liebe, der ökonomisch orientierten Wertschätzung und der rechtlich orientierten Achtung[40] genutzt und ausdifferenziert werden. Sie seien hier noch einmal in aller Kürze holzschnittartig voneinander unterschieden:

- persönliche Anerkennung durch anerkennende Zuwendung von nahen Bezugspersonen im persönlichen Lebensumfeld
- rechtliche Anerkennung durch Achtung und Respekt in rechtlich verbriefter Gleichheit und Freiheit
- soziale Anerkennung durch Wertschätzung von Fähigkeiten und Leistungen

Professionelle pädagogische Verhältnisse weisen Aspekte einer jeden der drei Orientierungen auf: Für die Arbeit mit den Kindern und Jugendlichen werden eine professionsgerechte Form der Liebe, eine bildungs-, kind- und jugendgerechte Form der rechtlichen Achtung gleicher Freiheit im Generationenver-

38 Vgl. den Vorschlag zur schulischen „Generationenvermittlung" von Friederike Heinzel (2011).
39 Vgl. auch Leu/Krappmann 1999; Winterhager-Schmid 2000, Casale 2011.
40 Vgl. dazu die anerkennungstheoretischen Ausführungen, Punkt 2.2.

hältnis und eine kind- und jugendgerechte Form der arbeits- und leistungsbezogenen Wertschätzung gebraucht. Die folgenden Abschnitte enthalten den Versuch, die Anerkennungsformen der persönlichen Liebe, der rechtlichen Achtung und der leistungsbezogenen Wertschätzung im Hinblick auf ihre konkrete Gestaltung im Kontext pädagogischer Beziehungen und Institutionen zu interpretieren.

Das Nachdenken über Anerkennung im Horizont der Menschenrechte kann an dieser Stelle noch einmal mit dem Hinweis auf die Verletzlichkeit aller Menschen und auf das Partizipationsverständnis der französischen Autoren Julia Kristeva und Charles Gardou[41] vertieft werden. Sie plädieren dafür, sowohl die universelle Verletzlichkeit als auch die universelle Fähigkeit zur Beteiligung anzuerkennen. Es geht darum, jenseits gesellschaftlicher Hierarchien jeder einzelnen Person zu ermöglichen, dass sie ihre einzigartige Biografie beisteuern kann und sie mit ihren einzigartigen Beiträgen zur Gemeinschaft anzuerkennen, um so das soziale Band zu stärken.

## 3.4 Solidarität in pädagogischen Beziehungen

Zunächst soll die Bedeutung von *Anerkennung als Liebe,* die anerkennungstheoretisch ursprünglich für Familien- und Freundschaftsbeziehungen gilt, im Hinblick auf die Rolle, die sie in der Sphäre der Erziehung spielen könnte, reflektiert werden. Die Relevanz von Solidarität in anerkennenden Interaktionen und der Mangel an Solidarität in verletzenden Interaktionen werden hinsichtlich wesentlicher pädagogischer Aspekte, auf der Basis theoretischer und empirischer Studien, durchdacht. Dabei wird auch danach gefragt, welche Konsequenzen für schwierige Erziehungssituationen hinsichtlich der Arbeit mit Gleichaltrigen und hinsichtlich der Didaktik zu ziehen sind.

### *3.4.1 „Solidarität mit Fremden" als professionelle pädagogische Anerkennungsform*

Die Hallenser Forschungsgruppe „Politische Orientierungen von Schülerinnen und Schülern im Rahmen schulischer Anerkennungsbeziehungen" setzt sich mit Honneths Formen der Anerkennung auseinander und macht sie für Bildungsprozesse fruchtbar. „Das Problem der Verwiesenheit des Kindes auf Andere für den eigenen Individuierungsprozess bedeutet (…), dass das Kind – auch über den Rahmen der Familie hinaus – konkreter Anderer bedarf, mit

41 Vgl. Kristeva 2005; Kristeva/Gardou 2012; Prengel 2016b, S. 22. Siehe auch 2.2.

denen es in eine kontinuierliche Interaktionsstruktur eingebunden ist" (Helsper u.a. 2005, S. 188). Wie lässt sich die persönliche Zuwendung und Fürsorge, deren Heranwachsende in jeweils angemessenen Formen in allen Bildungsstufen unbedingt bedürfen, für eine Theorie professionellen Handelns fassen? Mit Micha Brumlick, Martha Nussbaum und Christa Schnabl[42] kann nach einem der außerfamilialen Arbeit angemessenen Verständnis des Begriffs der Liebe gesucht werden, denn nach Nussbaum kann es sich keine gesellschaftliche Sphäre leisten, auf liebevolle Haltungen zu verzichten. Helsper u.a. gehören zu jenen Erziehungswissenschaftlern, die dafür plädieren, in pädagogischen Kontexten nicht von Liebe zu sprechen und diesen Begriff den diffundierenden und intimisierten privat-familiären Kontexten vorzubehalten. Aber auch sie gehen davon aus, dass die professionelle emotionale Anerkennung durch Pädagoginnen und Pädagogen für Kinder und Jugendliche hoch bedeutsam ist und darum systematisch bestimmt werden muss (2005, S. 188f).

Mit dem emotionalen Merkmal professionellen Handelns im Bildungswesen, für das ein zutreffender Begriff gesucht wird, ist das menschenrechtliche Prinzip der Solidarität, das ohnehin wegen des universalistischen Anspruchs der Menschenrechte für alle Sphären gültig ist, in ganz besonders starkem Maße gefordert. Anerkennende pädagogische Beziehungen brauchen eine solidarische Motivation seitens der Lehrenden. Die Heranwachsenden brauchen auch außerhalb der Familie Erwachsene, die zu ihnen halten.

Diese Einsicht wird professionstheoretisch bestätigt: Zum Lehrerberuf gehört, wie zum Arztberuf und anderen vergleichbaren Professionen, das, was im Anschluss an Parsons von Hauke Brunkhorst (1997) „Solidarität unter Fremden" genannt und als „höherstufige Solidarität" von traditionell familialer Solidarität unterschieden wird. Sowohl die universelle Verletzlichkeit als auch die Individualisierung in modernen Gesellschaften begründet die Einsicht, dass alle darauf angewiesen sind, dass sie als fremde Personen miteinander solidarisch sind. „Lehrer sind konkrete Personen, die für eine Zeitlang an die Stelle der Eltern treten, emotionale Unterstützung nicht verweigern dürfen und ein Klima des Vertrauens und der wechselseitigen Akzeptanz zu schaffen versuchen. Das erlaubt den Kindern die *Identifikation* mit den Lehrern" (Brunkhorst 1997, S. 363).

Während solidaritätstheoretisch in der Regel von „Solidarität *unter* Fremden" die Rede ist und damit die Wechselseitigkeit der sich solidarisch anerkennenden Menschen betont wird, kann die Formulierung „Solidarität *mit* Fremden" der Hierarchie zwischen Erwachsenen und Heranwachsenden Rechnung tragen.[43] Um erziehen zu können, brauchen die Großen zwar die Anerkennung der Kleinen und von klein auf geht es immer auch um die Erziehung

---

42 Vgl. dazu die Ausführungen in Kapitel 2.2.

43 Vgl. die im Anschluss an Levinas, Baumann und Nussbaum entworfene, Fremde einbeziehende postmoderne Ethik bei Moebius (2001, S. 133); vgl. auch Wildt 1995 und Deppe-Wolfinger 2002.

der neuen Generation zur Solidarität, aber primär haben die verantwortlichen Älteren aus pädagogisch-professioneller Sicht die Verpflichtung zur Solidarität mit den Kindern, die hier „fremd“ genannt werden, weil es nicht die „eigenen“ Kinder sind, denen in den ursprünglichen anerkennungstheoretischen Entwürfen per se die Anerkennungsform der „Liebe“ zukommt.

Brunkhorst betont die Fremdheit in der pädagogischen Beziehung, indem er weiter klarstellt: „Aber Lehrer treten im Plural auf und treten als Agenten einer abstrakten Chancengleichheit und des Leistungsprinzips den Kindern entgegen“ (Brunkhorst 1997, S. 363). Damit spricht er die leistungsbezogene Anerkennung, die Wertschätzung an, die später wieder aufgegriffen wird (siehe Punkt 3.6), während zunächst weiter betrachtet werden soll, wie Solidarität als pädagogische Anerkennungsform zu verstehen ist.

Solidarität der Pädagoginnen und Pädagogen ist nicht mit verwöhnender, überbordender Anerkennung zu verwechseln, die auf verleugneter Verantwortung und Macht, unerfüllten Verschmelzungswünschen oder verdeckter Bequemlichkeit erwachsener Personen beruht. Gerade entwicklungsförderliche Abgrenzungen und Zumutungen (Reiser 2006; Oser 1994; Oser/Spychiger 2005; Göppel u.a. 2011) gehören zu solidarischer Anerkennung, weil sie das Kind in seinen Kompetenzen, Potenzialen und in seiner zunehmenden Unabhängigkeit anerkennen. Damit wird mit Jessica Benjamin (1985; 1990) in die anerkennende pädagogische Beziehung von Anfang an eine jeweils altersangemessene Erziehung zu Wechselseitigkeit als Erziehung zur Solidarität eingeschrieben. Sie korrespondiert mit den empathischen Fähigkeiten schon kleiner Kinder und ihrem Wunsch liebevoll zu sein. Daraus folgt: Mit der liebevollen, fürsorglichen, solidarischen Anerkennung durch die Älteren geht die Erziehung der Jüngeren zur Solidarität einher. Jede ältere Generation hat zu klären, worin angesichts der jeweiligen historischen Gegebenheiten Solidarität mit der jüngeren Generation bestehen könnte. So wurden Prügel einst mit Vaterliebe begründet und oft genug sogar als heilsam akzeptiert. Selbst Albert Camus war seinem prügelnden Lehrer gegenüber tolerant[44]. Nachdem die Körperstrafen in den meisten modernen Staaten verboten wurden[45], und auch psychische Verletzungen unzulässig sind, bleibt weiter zu klären, welche Erziehungspraktiken angemessen sind, denn mit neuen Befunden aus der Säuglingsforschung und aus der Kindheitsforschung kommen immer wieder ungeahnte Kompetenzen und Potenziale der kleinen Menschen zum Vorschein, die auch heute noch als begründet geltende Zumutungen infragestellen. Lernen wird zunehmend als lustvoll, Mitbestimmung zunehmend als lernförderlich erkannt. Zu unterscheiden zwischen liebevoller professioneller Zuwendung und Verwöhnung ist folglich eine dauerhafte Aufgabe erziehungswissenschaftlicher und pädagogischer Suche, deren Lösungsvorschläge immer riskant und vor-

44 Zu Albert Camus' Schulerfahrungen siehe Punkt 1.5.
45 Zur Aktualität von Körperstrafen vgl. Hyman/Perone 1998; Imbrogno (2000).

läufig sein müssen, aber dennoch anhand des zeitgemäßen Erkenntnisstandes zu begründen und zu verantworten sind.

Dass liebevolle Zuwendung für Bildungsprozesse zentral ist, wird in einer Fülle von Forschungsrichtungen zu den unterschiedlichsten Fragestellungen anhand ganz verschiedener Begriffe und Theoreme belegt. Mit „*Feinfühligkeit*" wird eine zentrale Einsicht der Bindungsforschung für Krippen, Kindergärten und Übergänge in der Frühpädagogik rezipiert. Kinder brauchen aufmerksame Wahrnehmung ihrer Bedürfnisse (Ludwig-Körner 2007; Griebel/Niesel 2004). Mit „*Unterstützung*" wird auch in den Ergebnissen der quantitativ ausgerichteten Schulleistungsforschung ein zugewandtes schülerfreundliches Lehrerhandeln charakterisiert, das für gute Schulleistungen förderlich ist (Hattie 2009; Baumert u.a. 2009)[46]. Ein „*positives soziales Klima*" und „*Wohlbefinden*" gelten in der Schulklima- und Schulgesundheitsforschung als Resultat von Lehrerhandeln und Schulentwicklung (Hascher 2004; Fend 1991). Selbst das Streben nach „*Glück*" (Zirfas 2011) kommt, wenn auch leider nur selten, in einer Pädagogik der Glücksgefühle zu seinem Recht und kann sich auf jahrhundertelange philanthropische Traditionen berufen. „*Vertrauen*" – so Befunde der Vertrauensforschung – ist ein Qualitätskriterium der Lehrer-Schüler-Beziehung, denn es mildert Angst und fördert Leistung (Schweer 2008). Mit „*Takt*" wird in pädagogischen Diskursen eine rücksichts- und respektvolle erzieherische Zuwendung beschrieben (Blochmann 1950; Gödde/Zirfas 2012). „*Anteilnahme*" wird in der Selbstbestimmungstheorie wegen des Grundbedürfnisses nach Eingebundenheit als eine Bedingung von Motivation (Deci/Ryan 1993; Looser 2011) herausgearbeitet. „*Einfühlung und Achtung*" sind (neben „Echtheit") Prinzipien der von Carl Rogers begründeten personenzentrierten Psychotherapie, die auch pädagogisch einflussreich wurde (Rogers 2009; Weinberger 2013; Tausch 2008). Mit „*Empathie*" und „*Responsivität*" werden Theoreme benannt, die in der Pädiatrie und weiteren pädagogisch relevanten Disziplinen vorkommen, wenn es darum geht, die Fähigkeit Andere wahrzunehmen und zugewandt zu antworten, zu thematisieren (z. B. Neuner 2012; Deci/Ryan 1993). „*Akzeptanz von Schwächen*" nennt Fritz Bohnsack (2013) seinen auf John Dewey fußenden Beitrag zur Stärkung depravierter Kinder und Jugendlicher und setzt damit einen besonderen Akzent im Spektrum solidarischer Intentionen. Mit „*Fürsorge*" wird u.a. von Werner Helsper und Christine Wiezorek (2006) ein Kennzeichen der Arbeit engagierter Lehrer umschrieben. „*Halt geben*" wird als ein wesentliches Merkmal guter pädagogischer Beziehungen genannt (Reiser 2006; Helsper/Wiezorek 2006; Stähling 2012, 2013; Becker 2008). „*Supportive relationship*", „*sustaining relationship*", „*emotional valence and engagement*" und „*enhancing of relationship*" sind Qualitätskriterien, die von Robert C. Pianta in seinem ausgefeilten Ansatz der Beziehungsforschung, auch mit weiteren Autoren[47], herausgearbeitet

46 Vgl. auch Klieme/Rakoczy 2008 und Klieme/Warwas 2011.

47 Vgl. Pianta 1992; Pianta 1996; Pianta 2000; Hamre/Pianta 2006; Pianta 2014.

wurden. Diese Kennzeichen benennen eine *unterstützende* Beziehung, die sich als *nachhaltig*, sich *engagierend*, sich *aufwertend* und sich *steigernd* versteht. Diese zuletzt genannten Merkmale verweisen auf eine dynamische Intentionalität der pädagogischen Beziehungen, die durch Engagement andauern und aufblühen. (Die englischsprachige Literatur, so auch Pianta, arbeitet mit dem Ausdruck „children at risk", der häufig mit „Risikokinder" übersetzt wird. In relationentheoretischer Sicht verschiebt sich mit einer solchen Übersetzung der Gehalt des Begriffs unmerklich von einer eher relationalen hin zu einer eher substanziierenden Auffassung von Risiko, darum bringen Redewendungen, wie zum Beispiel Kinder in riskanten Lebenslagen eher den Einfluss des komplexen Beziehungsgefüges, in dem sich ein Kind befindet, auf den Begriff.)

Angesichts der in zahlreichen Forschungsrichtungen übereinstimmenden Erkenntnisse, dass Kinder und Jugendliche – in jeweils entwicklungsangemessenen Formen – nachhaltige liebevolle Zuwendung brauchen, lässt sich *Solidarität* als in der Sphäre pädagogischer Arbeitsfelder angemessene Anerkennungsform benennen. Wenn solche „Solidarität mit Fremden" ausbleibt, ist die Funktion, die der Pädagogik in modernen Gesellschaften zukommt, gefährdet, weil Entwicklung, Lernen und demokratische Sozialisation behindert werden. Ein drastischer Vergleich kann verdeutlichen, worum es geht: So wie mangelnde Hygiene im Krankenhaus ein gefährlicher, teilweise tödlicher Kunstfehler ist, ist mangelnde solidariche Anerkennung in Schulen und anderen Bildungseinrichtungen ein gefährlicher, teilweise biografisch zerstörerischer Kunstfehler (siehe Punkt 3.4.5). So wie im Bereich der Medizin ausreichende Hygiene eine notwendige, aber nicht hinreichende Bedingung für Heilung ist, ist ausreichende professionelle Solidarität im Bereich der Pädagogik eine notwendige, aber nicht hinreichende Bedingung von Bildung. Auch Eltern von Schulkindern sind sich, wie die Elternbefragung von Frank J. Müller (2013) belegt, der Bedeutung, die der Zuwendungsfähigkeit von Lehrpersonen zukommt, bewusst.

### 3.4.2 Solidarisches Engagement bei Erziehungsschwierigkeiten

Die Befragungen und Fallstudien von Werner Helpser und Christine Wiezorek (2006) in Nordrhein-Westfalen belegen, dass Lehrerhandeln zu beobachten und an zahlreichen Hauptschulen nachzuweisen ist, das den genannten Merkmalen einer hochengagierten und kontinuierlich nachhaltigen professionellen Zuwendung entspricht. In beeindruckenden Dokumenten werden Lehrerpersönlichkeiten sichtbar, die sich von aversiven Schüleräußerungen nicht irritieren lassen, die mit professioneller Hingabe intensiv erklären und zur Auseinandersetzung mit dem Gegenstand ermutigen. Besonders aufmerksam versuchen sie zu vermeiden, die Jugendlichen, deren Biografien von Kränkungserfahrungen aller Art belastet sind, aufs Neue der Gefahr einer Beschämung auszusetzen und so das Lernen zu blockieren. Auch wird nach Lernangeboten gesucht, die die Schülerinnen und Schüler interessieren. Die Falldarstellungen lassen in den Lehrerhandlungen unablässig einen passionierten Willen zur persönlichen Stärkung der depravierten Jugendlichen und zur Vermittlung des Gegenstandes erkennen. Anknüpfend an Nussbaum und Brumlik entsteht der Eindruck, dass ein solcher professioneller Wille einer entschiedenen und unbeirrbaren Form der Liebe zum Beruf und zu den Schülerpersönlichkeiten, und zwar gerade zu den unerträglich agierenden, bedarf.

Die Autoren tragen weitere Studien[48] zusammen, die belegen, dass sich die Schülerinnen und Schüler an vielen Hauptschulen – nicht an allen und nicht in allen Bundesländern gleichermaßen – im Vergleich zu anderen Schulformen deutlich stärker von ihren Lehrern persönlich anerkannt fühlen. „Die Ergebnisse aus sehr unterschiedlichen zentralen Schulforschungsstudien der letzten 10 Jahre können verdeutlichen, dass in der durch Strukturprobleme belasteten Hauptschule pädagogische Anerkennungsbeziehungen zwischen Lehrern und Schülern entstanden sind, die viele Hauptschulen für die Schüler auch zu einer stützenden und fördernden Schulkultur werden lassen" (Helsper/Wiezorek 2006, S. 448).

Die Herausforderungen, die mit Erziehungsschwierigkeiten einhergehen, ereignen sich in pädagogisch relevanten Beziehungsräumen zwischen Eltern, Pädagogen und Peers. Angesichts der übereinstimmenden Forschungsbefunde und Fallberichte[49] lässt sich pointiert herauskristallisieren, was so schwierig ist: Einige der Kinder, die durch Trennungen, Gewalt und Entbehrungen psychisch und oft auch physisch traumatisiert aus der Familie in Bildungseinrichtungen kommen, treten dort als störend in Erscheinung, weil sie mit ihrem erlernten, subjektiv sinnvollen Verhalten den Rahmen sowie die ausgesprochenen und unausgesprochenen Rituale in Kindertagesstätten und Schulen sprengen (Reiser 1993; Leuzinger-Bohleber u.a. 2006). Wenn die bedürfnis- und bindungstheoretisch als lebenswichtig erwiesenen Beziehungserfahrungen in frühen Jahren entbehrt wurden, konnten die betroffenen Kinder nie lernen, auf in anderen Kontexten passende Weise zu kommunizieren. Sie provozieren, dass sie von Gleichaltrigen (Kron 2008) und Erwachsenen abgelehnt, ja als unerträglich empfunden und weggeschickt werden in eine vorgeblich passendere Institution. Schüler und Schülerinnen in Haupt- und Sonderschulen, Kinder und Jugendliche in Heimen und Psychiatrien haben wiederholt, teilweise unerträglich häufig (Urieta 2011), die Erfahrung der Separation gemacht. Insgesamt, so Tillmann (2006, S. 32) sind fast 40 % der Schülerinnen und Schüler im deutschen Schulsystem von Zurückstellungen, Abstufungen und Ausschlüssen betroffen. Helsper und Wiezorek fordern zu Recht, dass in allen Schulformen „verstärkt Initiativen zur Entfaltung einer pädagogischen Kultur

48 Vgl. die von Helsper/Wiezorek (2006) genannten Studien von Tillmann 1999; Prenzel 2004, Schümer 2004.

49 Bausum u.a. 2013; Heinzel 2004; Leuzinger-Bohleber u.a. 2006, Pianta 2000.

der Achtung und Anerkennung ergriffen werden“ (2006, S. 452), um Nichtaussonderung pädagogisch angemessen zu ermöglichen.

Zahlreiche Einzelschulen und Einrichtungen haben sich einem solchen Vorhaben engagierter, solidarischer Pädagogik verpflichtet. Der Erziehungswissenschaftler Tobias Leonhard (2013) sucht für seine Studie „*Wie Lehrer_innen und Schüler_innen miteinander umgehen. Rekonstruktion der pädagogischen Beziehung bei Preisträgern des Deutschen Lehrerpreises*“ nach Lehrpersonen, die von Schülerinnen und Schülern für die Auszeichnung vorgeschlagen wurden, um gelingende Lehrer-Schüler-Beziehungen zu untersuchen. Viele der in Haupt- und Sonderschulen Lernenden haben schon einen langen, aus einer Verkettung von Kränkungen zusammengesetzten, Weg zurückgelegt, der zwar – eingedenk der Relevanz des Relationalen – nicht zu dauerhaft unumstößlichen Festlegungen, aber doch zu gewissen Verhärtungen geführt hat (siehe auch Punkt 2.3.5). Demgegenüber ist anzunehmen, dass bei den jüngeren Kindern, die Kindergärten und Grundschulen besuchen, negative Kreisläufe außerordentlich schädlich sind, sich jedoch noch nicht dermaßen versteinert haben.

Exemplarisch sei hier in einem längeren Zitat ein Bericht von Reinhard Stähling (2013) zur Nachsozialisation des Grundschulkindes *Roberto* wiedergegeben. Der Bericht ist geeignet wesentliche Elemente des Gelingens der Arbeit in erschwerten Erziehungssituationen zu veranschaulichen:

*„Roberto wurde von seinen drogenabhängigen Eltern vernachlässigt und als Kleinkind zu Verwandten gegeben, die ihn nun erziehen. Er ist der „Neue“ in der Grundschule Berg Fidel und macht ständig auf sich aufmerksam. In unbeobachteten Momenten verletzt er andere Kinder ‚brutal und eiskalt'. Äußerlich gelassen erklärt er dies mit dem Verhalten des Anderen, der ihn gereizt hätte. Der Psychotherapeut hält den zehnjährigen Jungen für so bedürftig, dass er nur mit Langzeittherapie veränderbar sei. In einer integrativen Schule sei der Junge nicht erfolgreich zu fördern. Er müsse zu einer „Schule für Erziehungshilfe“. Wegen mehrfacher „Fremdgefährdung“ anderer Kinder, die teilweise ärztlich behandelt werden müssen, ordnet die Schulleitung zunächst einen mehrtägigen Ausschluss vom Unterricht an. Um die Gefahr einer Verletzung Anderer auszuschließen, beschließt das Pädagogenteam, die Unterrichtszeit auf täglich zwei Stunden zu reduzieren; in dieser Zeit soll Roberto möglichst nur Erfolge erleben können und möglichst vor sozialen Konflikten verschont werden. Dazu braucht er eine Person für sich alleine, die an seiner Seite ist und sein Vertrauen gewinnt. Dies finanziert wegen der Eile der Förderverein aus Spendengeldern, bis das Amt einen „Integrationshelfer“ bewilligt, der in der Lage ist, sein Verhalten durch ständige Begleitung auch an längeren Schultagen zu stabilisieren. Bis zur Genehmigung eines Integrationshelfers und des notwendigen Platzes in einer heilpädagogischen Tagesstätte (HTG) vergeht viel Zeit. Papierkrieg, Zuständigkeitsgerangel und viele Gespräche*

*halten auf. Der Kampf um einen sofortigen HTG-Platz und um den Integrationshelfer würden wertvolle Kräfte der Schule verschlingen, die jetzt für die Stabilisierung des Jungen gebraucht werden, sodass darauf angesichts langer Amtswege verzichtet wird. Das vorhandene Geld für dieses „verlorene Kellerkind" kommt nicht dort an, wo es gebraucht wird (vgl. Stähling 2005a)*[50]*. Die Schule steht alleine und muss aus eigenen Kräften diese Arbeit leisten. Die Erfahrung zeigt, dass zuständige Ämter erst ein „Kind in den Brunnen fallen" lassen, bevor sie dann ihre teuren Maßnahmen ergreifen. „Angemessene Vorkehrungen" wie die UN-Behindertenrechtskonventionen in Artikel 24 fordert, werden unzureichend getroffen. Prävention ist leider nicht das Hauptgeschäft der Mitarbeiter der Jugendhilfe. Aus Sicht einer Sozialarbeiterin, die in der Verantwortung steht, ist es ein Fehler der Schule, das Kind nicht auf die Sonderschule zu überweisen.*

*In der Klasse sind weitere fünf Kinder mit sonderpädagogischem Förderbedarf. Die Pädagogen fühlen sich belastet, weil die notwendige Routine der Tagesabläufe durch Robertos auffälliges Verhalten, aber auch durch andere bedürftige Kinder oft unterbrochen wird. Aber nach mehreren Wochen ändert sich die Situation. Es geschieht das, was erfahrene Lehrerinnen schon vorausgesagt hatten: Die Regelverstöße von Roberto lassen nach. Er beginnt allmählich, in der Klasse zu arbeiten. Niemand wird mehr gefährdet. Im Kontakt mit der ständigen Bezugspersonen (einem Studenten) findet er Unterstützung – dank der Spenden des Fördervereins. Die Arbeitsfähigkeit der Klasse ist hergestellt, auch wenn das „Integrationskind" noch schwierig ist.*

*Nachdem die äußeren Rahmenbedingungen stabil sind, verstärkt sich die positive Haltekraft (...): Ein geregelter Tagesablauf in der Schule sorgt für Klarheit, positive Gespräche zu Roberto gelingen erstmalig, auch einzelne Kinder wollen mit ihm spielen. Roberto hat Erfolge und sieht auch beim Lernen seine Fortschritte. Nicht zuletzt sinkt die Beanspruchung der Pädagogen, und die Freude an der gelungenen Veränderung überwiegt.*

*Um Roberto zu helfen, seinen Weg fortzusetzen, überlegt nun das Pädagogenteam, gegen die Vorschriften zu verstoßen. Wichtigstes Ziel ist, den Jungen zu stabilisieren und seine neue, hart erarbeitete Haltung nicht durch den nun eigentlich anstehenden Schulwechsel zur „weiterführenden Schule" wieder ins Wanken zu bringen. Das Team legt den Erziehungsberechtigten nahe, eine Klassenwiederholung zu beantragen. Indem Roberto ein Jahr länger als verwaltungsmäßig vorgesehen an der Schule bleibt, hat er die Chance, eine optimistische Arbeitshaltung zu erwerben. Damit Roberto durch die Klassenwiederholung nicht seinen festen sozialen Bezugsrahmen verliert, verbleibt er in der altersgemischten Klasse und wechselt nicht den Klassenlehrer. Die ganze Klasse erlebt, wie Integration gelingt. Bisher stand die Veränderung seines*

---

50 Der Autor verweist hier auf seinen Aufsatz: Stähling, Reinhard (2005): Der aufhaltsame Abstieg des „schwachen" Schülers in Deutschland. Bildungsbenachteiligung im Schnittpunkt von Schule und Jugendhilfe. In: Die Deutsche Schule 1/2005, S. 67-77.

*Sozialverhaltens im Vordergrund aller pädagogischen Mühen. Im „Wiederholungsjahr" wird er lernen können, dass Anstrengung sich lohnt. Solange er dazu in den ersten Grundschuljahren keine Möglichkeit hatte, ist jede Zensierung in den Lernbereichen extrem „kontraindiziert". Ihm für mathematische Leistungen „befriedigend" und für Rechtschreibung „ausreichend" zu geben, weil er trotz Abwesenheit in vielen Unterrichtsstunden einige Grundlagen nebenbei aufschnappen konnte, wäre ein falsches Signal. Er würde schlussfolgern, dass es ohne Mühe möglich ist, eine zufriedenstellende Zensur zu bekommen. Mit der Notengebung kann erst verantwortlich begonnen werden, wenn sich Roberto zuvor im Schonraum ohne Noten auf die Gemeinschaft eingelassen hat"* (Stähling 2013, S. 260-262).

Das solidarische und kreative Engagement des Kollegiums der Grundschule Berg Fidel ermöglicht es, unverzüglich ein für Roberto passendes Setting zu schaffen und im Laufe seiner Entwicklung auch das Setting weiter zu entwickeln. Roberto erlebt zum ersten Mal das zuverlässige Zusammensein mit Bindungsperson und eine für ihn verständliche Welt, in der Regeln gelten. Er erlernt die Regeln, weil alle beteiligten Erwachsenen und Kinder um ihn herum sich daran halten und ihm auch immer wieder zeigen, wie es geht und wie es ist, sich daran zu halten.

In einer Reihe psychoanalytisch, bindungstheoretisch und traumapädagogisch fundierter pädagogischer Modelle wurden – die engagierte Zuwendung der einzelnen Lehrerin oder des einzelnen Erziehers ergänzend und stützend – Elemente eines pädagogischen Settings für eine gelingende inklusive Pädagogik mit schwierigen Kindern entwickelt. Als grundlegend sind hier noch einmal die umfassenden Studien von Pianta (2014) zu nennen, die belegen, dass vor allem die gute Beziehung eines Pädagogen zu dem betroffenen Kind Besserung ermöglicht, aber auch weitere Gestaltungsaspekte kommen hinzu. Die Modelle „Projekt Übergang"[51], „Berg Fidel"[52], „Bindungsgeleitete Erziehungshilfe"[53], „Social-Emotional Learning"[54], „Attachment in the Classroom"[55] und „restorative practice"[56] weisen – in je projektspezifischen Varian-

51 Becker 2008; Becker/Prengel 2010.

52 Stähling 2006, 2012, 2013.

53 Julius 2009.

54 Durlak u.a. 2015. Vgl. auch „sozial-emotionales Lernen" nach Malti u.a. 2009

55 Geddes 2006, 2009.

56 Wachtel 2016

ten[57] – eine Reihe wesentlicher Gemeinsamkeiten auf. In den folgenden Punkten[58] werden zentrale Aspekte aus den genannten Modellen knapp gebündelt:

- Auf der Ebene der institutionellen Entwicklung wird eine Einstellung aller Beteiligten angestrebt, die von Anerkennung, Zuwendung und Ressourcenorientierung bestimmt ist. Die Einrichtung oder Schule insgesamt ist geprägt von einer gemeinsam verantworteten *Kultur der Freundlichkeit*, die jedes Kind, jeden Jugendlichen dauerhaft willkommen heißt[59].
- Halt bietet eine demokratische Schul- bzw. Einrichtungsordnung mit einem konsistenten *Setting an förderlichen Ritualen, Regeln und Vereinbarungen* (Student u.a. 2014; Winklhofer 2014).
- Halt bietet die *verlässliche Beziehung* der einzelnen Kinder und Jugendlichen zu einer Bindungsperson.
- Verbale oder körperliche Übergriffe werden in ihrem subjektiven Sinn entschlüsselt. Bei Fehlverhalten ermöglichen die Reaktionen *Wiedergutmachung*[60]; sie grenzen nicht aus, sondern stärken Zugehörigkeit. Integration in die Peergruppe und *angemessene Handlungsweisen*[61] werden bewusst gefördert, symbolisiert und inszeniert.
- Erziehende achten auf Prozesse in der Peergruppe und fördern in der heterogenen Lerngruppe die Fähigkeit zu *Selbstachtung und solidarischer Anerkennung der Anderen* (siehe Punkt 3.2.3).
- Der Bezug der Kinder und Jugendlichen zur Welt, ihre Auseinandersetzung mit eigenen Themen und persönlichen Interessen wird ebenso unterstützt, wie die von individuellen Lernausgangslagen ausgehende Aneignung von wichtigen Elementen eines von Erwachsenen verantworteten, adaptiven *stufenförmig aufgefächerten Kerncurriculums* (siehe auch Punkt 3.6).
- In Krisenzeiten können von erheblichen Schwierigkeiten betroffene Kinder *temporäre Lerngruppen*[62] besuchen oder wenn nötig temporär 1:1-Betreuung erhalten.
- Die *Zusammenarbeit mit Eltern* findet kontinuierlich, anerkennend, ressourcenorientiert und – wenn nötig – aufsuchend statt.

---

57 Einblicke in weitere internationale pädagogische Konzepte der Arbeit mit Kindern in extrem riskanten Lebenslagen bietet das Buch von Lutz van Dijk „African Kids" (2012) und der in Brasilien entstandene Film von Monika Treut (2001): „Kriegerin des Lichts". Yvonne Bezerra de Mello und ihre Arbeit mit den Straßenkindern von Rio". In beiden Vorhaben in ganz verschiedenen Teilen der Welt wird es den Kindern ermöglicht, emotionale Beziehungen zu Bezugspersonen einzugehen und emotionalen Halt zu finden.

58 Die Punkte hätten nicht zusammengestellt werden können ohne die Anregungen von Ulrike Becker, Tina Hehn-Oldiges, Reinhard Stähling und Klaus Kokemoor.

59 Der internationale Index für Inklusion bietet Anleitungen zur Entwicklung einer Schule, die jedes Kind akzeptiert (Boban/Hinz 2003).

60 Vgl. Spiewak/Becker 2014, Wettstein/Scherzinger 2018

61 Zur Anleitung zu angemessenem Handeln vgl. Hehn-Oldiges 2018 und Kokemoor 2018.

62 Becker 2008; Becker/Prengel 2010.

- *Schule und Jugendhilfe* kooperieren kontinuierlich und eng. Bei Bedarf besuchen Kinder ein Tagesheim, Heimunterbringung wird so möglichst vermieden.
- Pädagoginnen und Pädagogen erfahren ihrerseits *Unterstützung und Halt in ihrem Team* durch geregelte kontinuierlich stattfindende Teamsitzungen, gegebenenfalls ergänzt um externe *Supervision.*[63] Weil die genannten elementaren Bedingungen nicht von Einzelpersonen individuell gewährleistet werden können, gehören als weiteres wesentliches Element solche regelmäßigen Teambesprechungen dazu, sie bieten den Erwachsenen erst das Beziehungsnetzwerk, das sie befähigt, die schwierigen Situationen mit traumatisierten Kindern zu ertragen und sie durch die Krisen, die sie provozieren, psychisch und manchmal auch physisch hindurchzutragen.

Die aufgeführten Punkte sind, um realisiert werden zu können, eng aufeinander bezogen, weitgehend voneinander abhängig und stützen sich wechselseitig. Wie ein roter Faden durchziehen förderliche anerkennende Beziehungen alle Details der Vorschläge.

### 3.4.3 Solidarität in pädagogischen Beziehungen und Peerbeziehungen

Wie im historischen Rückblick deutlich wurde, lautete eine Kritik an der Theorie des pädagogischen Bezugs, dass sie zu sehr auf ein dialogisch-dyadisches Erzieher-Zögling-Verhältnis reduziert sei. Später wurden, vor allem in der Gruppenpädagogik und im Ansatz der Themenzentrierten Interaktion, Geschehnisse in Kinder- und Jugendgruppen und Schulklassen bewusst einbezogen (siehe Punkt 3.1).

Inzwischen geben zahlreiche Beobachtungsstudien darüber Auskunft, dass in pädagogischen Kontexten die Ereignisse in der Peergruppe von wechselseitiger Anerkennung ebenso bestimmt sein können, wie von verletzenden Ausgrenzungen, Diskriminierungen und Unterdrückungen. Vielfältige Untersuchungen geben Grund zur Annahme, dass von erwachsenen Erziehenden geschaffene Settings und Vorgaben ebenso wie ihr Vorbild die Qualität der Peer-Beziehungen maßgeblich beeinflussen, sodass es völlig falsch wäre anzunehmen, gute Beziehungen zwischen Peers würden sich quasi naturwüchsig herstellen, wenn man nur genug Freiheiten zuließe oder ein kinderfreundliches pädagogisches Konzept verfolge.

Beobachtungsstudien in der Grundschule erlaubten Einblicke in die Interaktionen der Kinder beim Lernen in Gruppen. Dabei wurde entdeckt, dass sie

63 Vgl. zu Teamarbeit und Supervision auch Keim 1996; West-Leuer 2002; Dlugosch 2006; Erbring 2007; Reiser 2006.

von anerkennendem und ablehnendem Sprechen durchzogen sind, so zum Beispiel in der Untersuchung von Eckermann und Heinzel über den Umgang mit Heterogenität beim kooperativen Lernen (Eckermann/Heinzel 2013; vgl. auch Krappmann 1994; Oswald/Krappmann 2006; Oswald 2009 sowie die Schweizer Untersuchung von Eckhart 2005).

Beobachtungsstudien im Elementarbereich machen Interaktionsformen zwischen Kindern sichtbar, die weit über den Kindergarten hinaus typische Muster der problematischen Peer-Interaktionen erkennen lassen (vgl. z. B. Fritzsche 2007). Beobachtungen, über die im Folgenden berichtet wird, stammen aus integrativen, heterogenen Kindergruppen, in denen Kinder mit und ohne Behinderung gemeinsam spielen und lernen.

Zunächst ist allerdings festzuhalten, dass eine Fülle spontaner, kreativer positiver Interaktionen zwischen allen Kindern in der heterogenen Gruppe zu beobachten war. In diesem positiven Beziehungsgeschehen kamen Störungen vor, die zusammenfassend wie folgt charakterisiert wurden (Kron 2008; Kreuzer/Ytterhus 2008):

- Verbale und körperliche Übergriffe durch dominierende Kinder, die teilweise zu dauerhaften Hierarchien in der Gruppe führen
- Übergriffiges Helfen durch vermeintlich stärkere, vermutlich aber bedürftige Kinder, die dazu neigen vermeintlich Schwächere zu dominieren
- Zurückweisung von Kindern, die auf der körperlichen Ebene abgelehnt werden, zum Beispiel wenn die Kontrolle von Speichelfluss, Blase und Darm bei Kindern mit Behinderungen beeinträchtigt ist.
- Zurückweisungen von Kindern, die wegen ihrer Art der Kommunikation abgelehnt werden, zum Beispiel wenn sie nicht über ausreichende Selbststeuerungsfähigkeit verfügen, sodass sie sich Anderen ungewollt ungeschickt annähern und als störend empfunden werden.

In den Kinderbefragungen, die Hanns Petillon (1993) und sein Team während und nach zwei Schuljahren Anfangsunterricht durchführten, kam zum Vorschein, dass in den in die Untersuchung einbezogenen Klassen, ein erheblicher Teil der Kinder (ca. 15%) dauerhaft abgelehnt wurde. Diese Zurückweisungen durch Peers betreffen Kinder, die tendenziell zugleich mit dem gleichschrittigen Lehrplan nicht mitkommen und auch Gefahr laufen, von den Lehrpersonen abgelehnt zu werden (vgl. auch Petillon 2011a).[64]

In anderen Berichten wird darüber informiert, wie freundliche Beziehungen der Peers untereinander entstehen. So zeigt der Fallbericht von Marion Hemme-Kreutter (in Prengel 1999) wie die Lehrerin in ihrer Grundschulklasse durch Ritualisierungen gute Beziehungen zwischen den Kindern absichtsvoll

64 Vgl. auch die aufschlussreichen Einzelfallstudien von Ulrike Beate Müller (2013), in denen ersichtlich wird, wie sehr Kinder unter schlechten Peerbeziehungen leiden, wenn das Problem von Erwachsenen ignoriert wird.

und nachhaltig fördert. Sie hört auf die Stimmen der Kinder bei der Ausgestaltung und Weiterentwicklung der Rituale zur Konfliktbearbeitung.

In Grundschulen mit fürsorglichen Kollegien kann unter den Kindern ein liebevolles Klima entstehen, in dem sie die Möglichkeit nutzen, sich auch wechselseitig grundlegende Bedürfnisse nach Nähe und Zärtlichkeit zu erfüllen. Ein weiteres Zitat aus dem Bericht von Reinhard Stähling erlaubt einen Blick in eine erstaunlich liebevoll handelnde Kindergruppe.

*„Wenn Leo morgens die Klasse betritt, sieht man, dass er wieder erst um Mitternacht ins Bett gekommen ist. Er hat mit Vater zusammen vor dem Computer gesessen. Mutter hat es nicht geschafft, ihn ins Bett zu bringen. Er erzählt seiner Lehrerin alles. Auf sie kann er sich verlassen. Erst einmal will er in die „Leseoase", um sich auszuruhen. Ein 45-Minuten-Takt wäre undenkbar, eine Behinderung des Lernens. Wir sind mitten in „Berg Fidel", einem sozialen Brennpunkt in Münster.*

*Leo ist 9 Jahre alt und lernt langsamer als viele seines Alters, aber er ist kein „Schlusslicht". Denn in seiner Klasse lernen alle zusammen. Erstklässler bis hin zu Viertklässlern. Und sitzen bleiben kann er deshalb auch nicht. Er betreut Ibrahim, sein Patenkind, das gerade in die Klasse gekommen ist. Schon im Kindergarten war er mit dem kleinen Ibrahim in derselben Gruppe und hatte sich gut mit ihm verstanden. Ibrahim war bereits im Mai zu einem Schulbesuchstag in Leos Klasse gekommen.*

*Als Leo selbst noch Erstklässler war, hatte er noch viel Angst. Inzwischen ist er besonders eifrig, wenn es darum geht, Ibrahim die Furcht vor dem Wald zu nehmen. Ibrahim war nämlich noch nie im Wald und glaubt dort auf Tiger und Schlangen zu stoßen.*

*Für Leo und seine Mitschüler zwischen 5 und 12 Jahren ist ein festes „multiprofessionelles Team" zuständig. Die Klassenlehrerin, eine Sonderpädagogin mit 17 Wochenstunden, eine Erzieherin mit halber Stelle und drei studentische Mitarbeiter sind für die Kinder zwischen 7:45 Uhr und 15:30 Uhr verantwortlich. Jeder Erwachsene hat eine eigene Beziehung zu jedem Kind. Doch kein Erwachsener steht mit seiner Aufgabe alleine. Die Arbeit wird in wöchentlichen Teamsitzungen koordiniert. Alle sechs Wochen nutzen die Mitarbeiter die Teamsupervision.*

*In Leos Klasse leben und lernen 6 Kinder mit amtlich „verfügtem sonderpädagogischen Förderbedarf": zwei so genannte „lernbehinderte" Kinder, zwei Kinder mit starken Verhaltensstörungen, ein Kind mit Hörbehinderung und ein „geistig behindertes" Kind.*

*Leo kennt die Regeln seiner Klasse genau. Klassenregeln und Konsequenzen wurden mit den Kindern gemeinsam im Klassenrat festgelegt. Wenn er gegen Schulhofregeln verstößt, kann er mit einer konsequenten Reaktion rechnen, denn die Schulklasse hat dies mit ihm verabredet. Darüber wird nicht lange diskutiert, weil vorab die Folgen klar sind. Oft hat Leo Streit mit anderen*

*Kindern. Dann geht er wutschnaubend zum Klassenratbuch, trägt ein, was ihm der Andere getan hat – und sein Ärger verfliegt schnell. Einige Tage später ist Zeit für ein ausführliches Gespräch im Klassenrat. Mit großen Augen verfolgt auch Ibrahim, wie sein Pate sich wieder mit dem Widersacher verträgt.*

*Oft bringen unsere Kinder Besucher zum Staunen, weil – trotz oder gerade wegen der „freien Arbeit" – eine auffallend stille Arbeitsatmosphäre herrscht. Ibrahim, das Patenkind von Leo, kann nach zwei Monaten lesen.*

*Alle sitzen nach einer anstrengenden Arbeitsphase im Sitzkreis. Ibrahim legt ermüdet seinen Kopf auf die Schulter eines gleichaltrigen Mädchens und träumt vor sich hin. Sie streichelt wie nebenbei seinen Kopf – sehr liebevoll. Ein irakisches Mädchen aus dem 4. Jahrgang hat einen 7-Jährigen auf dem Schoß. Ein polnischer Drittklässler sitzt neben einem Mädchen aus dem ersten Schuljahr, für das er Pate ist, und legt seinen Arm um ihren Rücken.*

*Ich habe in 30 Jahren Unterrichtserfahrung noch nie so viele Kinder gesehen, die liebevoll miteinander umgingen, wie in den letzten zehn Jahren seit Einführung der Altersmischung. Kinder erfahren, dass sie einander brauchen. Faszinierend ist für mich auch der Umgang der Geschlechter untereinander. Gerade die Jungen mit Migrationshintergrund aus armen Familien erlebe ich in einer neuen Rolle: Das Zeigen von Gefühlen, die Fürsorge und soziale Verantwortung für Andere wachsen bei Ihnen täglich. Diese sozial-emotionalen Qualitäten können den Schulerfolg positiv beeinflussen. Eine Atmosphäre von Zuwendung und Freundlichkeit nimmt zu. In altersgemischten Klassen ist die Chance für ein liebevolles Miteinander von Jungen und Mädchen größer als in Jahrgangsklassen. Der natürliche Umgang kann sich wie bei Geschwistern entwickeln"* (Stähling 2013, S. 252f).[65]

Grundschulkinder können außerordentlich liebevoll und solidarisch miteinander umgehen, wenn Erwachsene ein fürsorgliches Klima ermöglichen. Die hier erwähnten Studien und Berichte zeigen exemplarisch, was für Peer-Beziehungen in allen pädagogischen Arbeitsfeldern gilt, zum Beispiel für integrative Gymnasien, in denen auch Schülerinnen und Schüler mit geistiger Behinderung lernen. Auch hier können solidarische Beziehungen zwischen sehr ungleichen Jugendlichen in heterogenen Lerngruppen entstehen (Schöler 2009; 2010). Als ein spannendes sozialpädagogisches Beispiel kann die Jungenarbeit angeführt werden, da hier – wie die Beobachtungsstudie von Thomas Rieske (2013) zeigt – dezidiert kognitiv und erlebnispädagogisch an der Fähigkeit der Jungen, gute, im Grunde solidarische, Beziehungen zu sich selbst, zu anderen Jungen und zu Angehörigen des anderen Geschlechts zu gestalten, gearbeitet

65 Zärtliche Zuwendung unter Kindern kommt nicht nur in dieser Schule vor. Von Erwachsenen verlassene Straßenkinder gewähren sie einander (Treut 2001; van Dijk 2012; Maloni 2011) und sie findet sich als künstlerisches Motiv zum Beispiel im Jugendstil (vgl. die Porzellanskulptur zweier gemeinsam lesender Kinder der Unterweißbacher Werkstätten von 1902, Abbildung in Prengel 2013c).

wird. Darin zeigt sich, dass all die verschiedenen Konzepte der Gender-Pädagogik, der antirassistischen Erziehung, der Diversity-Education Konzepte einer relationalen Pädagogik sind, in der es darum geht, Solidarität zu fördern und menschenfeindliche Tendenzen, auch zwischen Peers zu vermindern. Auch in Romanen und Autobiografien werden immer wieder Beziehungen der Kinder und Jugendlichen untereinander thematisiert, sowohl mit ihren grausamen als auch mit ihren beglückenden Seiten. Sie bewegen sich, so lassen sich solche Texte interpretieren, in den Koordinaten von Egalität und Hierarchie und sind erheblich beeinflusst von der Qualität der pädagogischen Beziehungen, auch wenn sie sich durch Wegsehen auszeichnet.

In diesem Buch stehen die pädagogischen Beziehungen und nicht die Peer-Beziehungen im Mittelpunkt. Auf Peer-Beziehungen wurde hier eingegangen, um darauf hinzuweisen, dass sie erheblich vom professionellen Handeln der Erwachsenen abhängen und in das komplexe relationale Gefüge pädagogischer Settings eingebettet sind (vgl. Leddin u.a. 2018). Die Beispiele belegen, dass es möglich und notwendig ist, zu Solidarität als Fähigkeit zu Selbstachtung und Anerkennung der Anderen zu erziehen.

### *3.4.4 Solidarität und didaktische Triangulierung*

Für Kinder und Jugendliche in Bildungseinrichtungen geht es stets auch um Aneignung kultureller Errungenschaften. Es wäre verfehlt, die kulturell vermittelte Auseinandersetzung mit Objekten der Welt in einer Theorie pädagogischer Beziehungen auszublenden. Im Gegenteil, sie ist unverzichtbar beim Nachdenken darüber, was Anerkennung als professionelle Solidarität mit Fremden im Generationenverhältnis bedeuten könnte. In der Didaktik und in so unterschiedlichen Denkrichtungen wie in der Psychoanalyse, in der Kommunikationstheorie und in der Evolutionsforschung wird in diesem Zusammenhang mit Begriffen wie Triade, Triangulierung und Dreieck gearbeitet.

Jürgen Habermas hat den grundlegenden evolutionären und entwicklungspsychologischen Zusammenhang, die Studien von Michael Tomasello (2011) kommentierend, eindrucksvoll erläutert. Er erklärt, was geschieht, wenn Menschen sich gegenseitig etwas zeigen: „Auf der horizontalen Ebene übernehmen die Beteiligten mit der Blickrichtung auch die Intention des jeweils anderen, sodass eine soziale Perspektive entsteht, aus der beide in vertikaler Richtung ihre Aufmerksamkeit zugleich auf das angezeigte Objekt richten. Auf diese Weise gewinnen sie von dem gemeinsam identifizierten und wahrgenommenen Gegenstand ein intersubjektiv geteiltes Wissen" (Habermas 2009, S. 45). In der triadischen Beziehung gewinnt nach Habermas die „Gleichursprünglichkeit von Intersubjektivität und Objektivität" Gestalt. Kinder und Erwachsene benutzen „den Zeigefinger, um mit anderen ihre Wahrnehmung zu teilen" (Habermas 2009, S. 45). An dieser Stelle möchte ich noch einmal auf die Skulptur

„Unterweisung Mariens“, die für die Abbildung auf dem Buchumschlag[66] ausgewählt wurde, zurückkommen. Die Tatsache, dass es schon vor der europäischen Erfindung des Buchdrucks in spätmittelalterlicher Zeit um 1430 möglich war, eine solche Lernsituation in triadisch angelegter Form zu gestalten, bestätigt die epochenübergreifende Geltung der Überlegungen zum Zusammenhang von Subjekt-Subjekt-Beziehung und Subjekt-Welt-Beziehung von Habermas. In relationentheoretischer Sicht zeigt sich hier, dass auch die „generationenübergreifende Weitergabe symbolisch gespeicherten Wissens“ (Habermas 2009, S. 45) und seine Revidierung und Erweiterung auf mehrdimensionalen relationalen Prozessen beruht.[67]

Für die Weitergabe von Wissen in schulischen und außerschulischen Kontexten ist die triadische Struktur grundlegend. Schon die oben mit Helsper/Wiezorek (2006) und Stähling (2013) vorgestellten gelingenden pädagogischen Beziehungen in Grund- und Hauptschulen wären ohne den Bezug zu Lerngegenständen gar nicht darstellbar. Sichtbar wurde, dass das Lernen als Aneignung neuen Wissens und Könnens den Kontext gelingender Beziehungen braucht. Heather Geddes (2006, 2009) und Helmut Reiser (2006) sind Autoren, die auf dem Hintergrund von Psychoanalyse, Bindungstheorie[68] und Themenzentrierter Interaktion[69] herausarbeiten, wie sehr die Beziehungen des Kindes zur Welt und zur Person zusammenhängen, wie sehr eine Störung der intersubjektiven Beziehung die Subjekt-Objekt-Beziehung beeinträchtigt und wie das Bemühen um Förderung der Beziehungsfähigkeit beide Richtungen, die Beziehung zur Sache und die Beziehung zur Person, berücksichtigen muss.[70]

---

66 Vgl. auch Punkt 1.2 in der Einleitung zu diesem Buch.

67 Vgl. auch die symboltheoretischen Untersuchungen von Dirk Hülst 1999.

68 Siehe Kapitel 2; vgl. auch die frühpädagogischen Video-Studien von Anke König (2009, 2010; 2014) sowie von Andreas Wildgruber (2010), die den Zusammenhang von Interaktion und Didaktik herausarbeiten. Vgl. auch den Zusammenhang von Adressieren und Zeigen in den empirischen und theoretischen Studien von Reh/Rabenstein (2013).

69 Ruth Cohn (1912-2010) gehörte zur Generation der wegen des Nationalsozialismus zur Auswanderung gezwungenen Psychoanalytiker, die in der Nachkriegszeit in den USA die Ansätze der Humanistischen Psychologie erarbeiteten. Die von ihr entwickelte TZI (Themenzentrierte Interaktion) ist ein einzigartiges Konzept der Arbeit im relationalen Feld, bestehend aus Person, Gruppe und Thema im Kontext von Globe, dem größeren institutionellen und gesellschaftlichen Umfeld, vgl. Reiser 2006 mit weiterführenden Literaturangaben zum Werk von Ruth Cohn und zur TZI.

70 Darum wäre es nicht angemessen in der Arbeit mit Kindern in schwierigen Lern- und Beziehungssituationen zuerst die personale und anschließend die sachbezogene Relation verbessern zu wollen, denn die personalen Beziehungen sind mit Weltbezügen verbunden. Im schon erwähnten, von der Berliner Wissenschaftlerin und Schulleiterin Ulrike Becker (2008) konzipierten und langjährig an vielen Schulen erfolgreich realisierten und umfassend evaluierten „Projekt Übergang“ wird den Kindern mit sehr schweren Verhaltensstörungen eine Halt gebende Beziehung und ein Halt gebendes Setting ermöglicht, zugleich wird von Anfang an alles dafür getan, dass sie an für sie attraktiven Vorhaben, zum Beispiel des Holzschnitzens oder des Experimentierens, sachbezogen arbeiten und lernen können.

In dieser Perspektive können wir erkennen, dass es problematisch wäre, im Rahmen einer Theorie von Nähe und Distanz den Sachbezug als zur Distanz gehörig zu verorten. Es kann vielmehr eine außerordentlich empathische Wahrnehmung durch Lehrer oder Erzieher erforderlich sein, wenn es darum geht, herauszufinden, in welcher Form, mit welchen Medien und auf welcher Kompetenzstufe ein Kind oder Jugendlicher sachlich ansprechbar ist und seine Zugänge zur Welt des Wissens und Könnens ausbauen kann. Darin liegt der Zusammenhang von diagnostischer und didaktischer Perspektive[71].

Und darin, dass Lehrerinnen und Lehrer feinfühlig erspüren, an welchen Themen und mit welchen Methoden eine Gruppe oder ein einzelnes Kind oder ein einzelner Jugendlicher gut lernen kann, zeigt sich die didaktisch relevante Solidarität der Lehrenden mit den Lernenden, für die sie eine geeignete pädagogische Umgebung mit passenden räumlichen, materiellen, medialen und methodischen Lerngelegenheiten vorbereiten. Bei diesen didaktisch-curricularen Fragen spielen – über die Anerkennungsform der Solidarität mit Fremden hinaus – auch die beiden anderen Anerkennungsformen, die rechtliche Achtung und die leistungsbezogene Wertschätzung eine Rolle (siehe die Punkte 3.5 und 3.6).

### 3.4.5 *Verletzungen in pädagogischen Beziehungen: Mangel an Solidarität als Kunstfehler*

Kontrastierend zu den im vorangehenden Abschnitt dargestellten hochprofessionellen pädagogischen Beziehungen, die auf einer Anerkennung in Form von engagierter Solidarität der Erwachsenen mit den Adressaten von Bildung beruhen, lassen sich verletzende pädagogische Beziehungsqualitäten als Mangel an Solidarität beschreiben und analysieren. Verletzende Interaktionen reichen von einfachen alltäglichen Kränkungen bis hin zur Gewalt, bei der psychische Gewalt, physische Gewalt, sexualisierte Gewalt, Zwang, Zeuge von Gewalt zu sein und Vernachlässigung unterschieden werden (Neuner 2012, S. 36f). Im Gegensatz zu Untersuchungen über Eltern- und Jugendgewalt sind Vorhaben, die dezidiert verletzendes Handeln durch Pädagoginnen und Pädagogen untersuchen, außerordentlich rar. Eine bedeutende Ausnahme bilden die Forschungen von Volker Krumm, der sich seit vielen Jahren problematischem Lehrerhandeln widmet. Auch die Untersuchungen von Stephan Marks (2010), Benno Hafeneger (2013), Wassilis Kassis (2003), Rüdiger-Philipp Rackwitz (2005) sind Beispiele für Arbeiten, die über verletzendes pädagogisches Handeln, vor allem in der Schule, aufklären. In einer Reihe von Untersuchungen zu Gewalt

71 Die detaillierte deutsch-schweizerische Studie von Isabell Hugener (2008) verweist darauf, wie wichtig auch in Phasen des eigenständigen Lernens die Passung der zu bewältigenden Aufgaben, die auf pädagogisch-diagnostischer Zuwendung beruht, ist.

an Schulen kommen kurze Abschnitte zu problematischem Lehrerhandeln vor.[72]

Krumm/Eckstein (2001) kommen anhand von nachträglichen Schülerbefragungen zu zwölf Formen pädagogischen Fehlverhaltens in der Schule: „1) Zuschreibung unerwünschter Eigenschaften (blöd, faul), 2) Bloßstellen, Vorwürfe vor der Klasse, 3) Ausgrenzung (vor die Tür stellen), 4) Einschüchterung, Demotivieren, 5) Körperverletzungen, 6) Schreien, Beschimpfen, Beleidigen (Arschloch, Trottel), 7) Lächerlich machen, Beschämen (über Fehler lustig machen), 8) Ignorieren, Missachten, 9) ungerechtes Verhalten (Ungleichbehandlungen, Bevorzugung von Lieblingen), 10) Verletzung von Rechten (Eingriff ins Privatleben), 11) Weitergabe von Informationen (im Lehrerkollegium) und 12) Unterstellung von Fehlhandlungen oder Straftaten (Beschuldigungen)“ (zitiert nach Schubarth/Winter 2012, S. 4).

Schubarth und Winter wenden für „problematisches“ Lehrerverhalten auch den Gewaltbegriff an (vgl. Schubarth/Winter 2012, S. 4; Schubarth 2010). Sie fassen den Forschungsstand wie folgt zusammen: „Lehrergewalt“ ist demnach die von Schülerinnen und Schülern wahrgenommene Schädigung oder Verletzung durch Lehrpersonen. Diese Schädigung kann in physischer Form (durch Körperkraft oder Gegenstände) oder in psychischer Form (durch Abwertung und Ablehnung, durch Vorenthalten von Zuwendung und Vertrauen, durch seelisches Quälen und emotionales Erpressen) erfolgen. Unterformen der psychischen Gewalt sind die verbale Gewalt (Schädigung und Verletzung durch beleidigende, erniedrigende und entwürdigende Worte), die nonverbale Gewalt (durch Gesten, Mimiken, Blicke u.ä.) und die indirekte psychische Gewalt (durch Ignorieren, Ausgrenzen, Schlechtmachen u.ä.). Hinzu kommen lehrerspezifische psychische Gewaltformen wie Bloßstellen vor der Klasse, Demotivieren, Noten als Disziplinierungsmittel anwenden, ungerechte Strafen verhängen u.ä. Eine besondere Form ist die sexuelle Lehrergewalt in verbaler oder körperlicher Form[73]. Darüber hinaus wird mit Blick auf die gesamte Institution Schule auch von institutioneller Gewalt gesprochen, wobei unterschieden wird zwischen legitimer „Ordnungsgewalt“ (Verfügungsmacht der Lehrkräfte zur Erfüllung der gesellschaftlichen Funktionen der Schule, vorgegebene Schüler- und Lehrerrollen, asymmetrische Struktur schulischer Kommunikation u.ä.) und illegitimer „struktureller“ Gewalt (Beeinträchtigung der Selbstentfaltung und Selbstbestimmung der Schüler) (Schubarth/Winter 2012, S. 4f).

---

72 Auch international wird in der Gewaltforschung meist familiäre Gewalt beachtet. Ausnahmen, die sich auf pädagogische Einrichtungen beziehen sind: Aluede 2004; Shumba 2002; Benebnishty u.a. 2002; Krugman/Krugman 1984; Imbrogno 2000; Nesbit/Philpott 2002; Eckhart 2005; Geffner u.a. 2004.

73 Zur sexualisierten Gewalt an Schulen vgl. Schubarth/Ulbricht 2012, Retkowski u.a. 2018; zu Problemen ihrer Thematisierung in den letzten Jahren vgl. Baader 2012.

Anhand der Befragungsstudien, welche die Autoren referieren, lassen sich zusammenfassend bestimmte Tendenzen festhalten: Tendenziell hat annähernd ein Drittel der Schülerinnen und Schüler von psychischen Verletzungen durch Lehrerinnen und Lehrer berichtet, während sich für körperliche und sexualisierte Übergriffe festhalten lässt, dass die Anzahl der Schülerinnen und Schüler, die davon Mitteilung machen, tendenziell im einstelligen Bereich zwischen 1% und ca. 5% liegt.

Für die Theorie pädagogischer Beziehungen ist ein Befund von besonderer Bedeutung: Die Gewaltforscher fanden einen Zusammenhang zwischen gewaltförmigem Lehrerhandeln und gewaltförmigem Schülerhandeln. „Sowohl subtiles (z.B. abwertendes) als auch manifestes gewaltförmiges Verhalten der Lehrpersonen (z.B. Anschreien, Handgreiflichkeiten) korrespondieren mit Schülergewalt“ (Schubarth/Winter 2012, S. 5; vgl. auch Melzer u.a. 2011; Holtappels u.a. 2009). Damit wird einmal mehr auf den in ganz verschiedenen Forschungsrichtungen stets wiederkehrenden Zusammenhang des Kreislaufs der Gewalt oder der Problemaufschichtung (Helsper/Wiezorek 2006; Sutterlüty 2003; Helsper 1995) hingewiesen. Bindungs- und Beziehungsprobleme in der familiären Sozialisation müssen, wenn nicht bewusst gegengesteuert wird, in Kindergarten und Schule dazu führen, dass die betroffenen Kinder dort dazu tendieren, Peers und Erzieher in problematische Situationen zu verstricken und abgelehnt zu werden. Kinder lehnen vor allem aggressive, aber wie die Studien von Kron (2008) belegen, auch sozial unbeholfene Kinder, die es nicht vermögen sich sensibel anzunähern, ab. Lehrer kommen leicht in einen Sog, Kinder mit aggressivem, abweisendem, belastendem und stressigem Lern- und Sozialverhalten zu stigmatisieren, vor allem wenn sie zu jenen Pädagoginnen und Pädagogen gehören, die nicht begriffen haben, dass professionelles Handeln bedeutet, bewusst aus den destruktiven Kreisläufen auszusteigen.

Der pädagogische Verzicht auf solidarische Anerkennung, einschließlich solidarischer Grenzsetzung gerade von Kindern und Jugendlichen, die als schwierig erlebt werden (siehe Punkt 3.4.2), kommt einem professionellen Kunstfehler mit gravierenden langfristigen Folgen gleich. Wie an mehreren Stellen erläutert, gehört zum problematischen, teilweise sogar gewaltförmigen pädagogischen Handeln auch die Vernachlässigung. Sie zeigt sich zum einen in Formen der mangelnden Grenzsetzung, durch die versäumt wird, Kinder ihrem Entwicklungsstand gemäß zu fordern und so in ihrer Entwicklungsfähigkeit anzuerkennen. Zu Vernachlässigung gehört auch, wenn Verletzungen in der Peergruppe oder in pädagogischen Beziehungen, vor allem durch Mobbing (Schäfer/Herpell 2010), geduldet werden, sodass es vorkommt, dass darin unterlassene Hilfeleistung erkannt werden muss. Die schädlichen Auswirkungen dieses Kunstfehlers belegen nachdrücklich die Jugendgewaltforschung und die erwachsenenpädagogische Alphabetisierungsforschung (Ludwig 2010).

Schließlich sind noch Erfahrungen zu berücksichtigen, die zunehmend beachtet werden: die traumatisierenden Folgen, die es haben kann, Gewalt mit ansehen zu müssen. Während dieser Zusammenhang im Bereich familiärer Gewalt und in der Jugendhilfe bereits vielfach beachtet wird (vgl. Kavemann/Kreyssing 2006), ist er in anderen pädagogischen Arbeitsfeldern, besonders in der Schulpädagogik noch wenig bewusst. Wenn einzelne in pädagogischen Kontexten gewaltförmig behandelt werden, so wirkt es sich nicht nur auf diese, sondern auch auf die das Geschehen miterlebenden anderen Personen verletzend aus.

In der Gewaltforschung werden Ursachen von Gewalttätigkeit untersucht, die für das Verständnis der Auswirkungen von Verletzungen in pädagogischen Beziehungen wichtig sind. Gewalttätige Jugendliche sind dabei nicht schlicht als Reagierende zu verstehen, sondern als „produktive Realitätsverarbeiter, (…) die ihrer sozialen und dinglich-materiellen Umwelt nicht bloß ausgeliefert sind, sondern sich aktiv aneignen und verändern können“ (Sitzer 2009, S. 225; ders. 2014). In seiner anerkennungstheoretisch fundierten biografieanalytischen Studie zum subjektiven Sinn jugendlicher Gewalt arbeitet Peter Sitzer heraus, wie jahrelange Misshandlungen, Demütigungen, Ablehnungen und Vernachlässigungen dazu führen, dass Jugendliche Wege, ihr negatives Selbstbild aufzuwerten, darin suchten, dass sie andere gewaltsam erniedrigten (S. 229). Charakteristisch für die Lebenserfahrungen dieser Jugendlichen ist, dass in ihnen Missachtungen durch Eltern, Gleichaltrige und Lehrer kumulieren. „Bloßstellend wurde vor allem das Versagen in mündlichen oder schriftlichen Leistungstests erlebt, wobei ironische, zynische, oder sarkastische Kommentare von Lehrern oder Mitschülern besonders kränkend waren. Insofern insbesondere die stigmatisierten Schüler öffentlich herabgewürdigt wurden, könnten diese Erfahrungen den Etikettierungsprozess beschleunigt haben“ (Sitzer 2009, S. 161). Detailliert kann der Autor nachzeichnen, wie verschiedene Muster gewaltsam zu handeln, im Lebenszusammenhang von Familie, Peers und Schule entstehen. Wiederholte Erfahrungen der Missachtung von Anerkennungsbedürfnissen können ganz verschiedene Tiefengrade und Verletzungscharakteristika aufweisen, sodass verschiedene Typen erkennbar werden. Sitzer unterscheidet „defensive“, „spät startende“ Jugendliche, die eher situativ gewalttätig werden und dabei die Anerkennung durch Andere anstreben, von „offensiven“, „früh startenden“ Jugendlichen, die von tiefen inneren Anerkennungsentbehrungen getrieben sind und sie auf verfehlte Weise in der Gewalthandlung selbst zu bewältigen trachten.

Den Kreislauf der Gewalt zwischen den Generationen und zwischen Kindheitserfahrungen und jugendlichem Agieren untersucht auch Ferdinand Sutterlüty in einer Interviewstudie mit gewalttätigen Jugendlichen. „Gewalttätige Jugendliche haben“, fasst der Autor zusammen, „durchgehend Erfahrungen in der Familie gemacht, die subjektiv als Ohnmachts- und Missachtungserfahrungen zu Buche schlagen und zu Gewaltdispositionen führen“ (Sutterlüty 2003, S. 207). Die Interaktionen zwischen Eltern und Kindern waren von einer „rohen Gewaltsamkeit und Verachtung“ sowie von einer „Inkonsistenz und Willkür“ so geprägt, dass die üblichen Beschreibungen von Erziehungsstilen, zum Beispiel als „punitiv“ oder „vernachlässigend“ schon fast verharmlosend klingen, und dass schon der Begriff „Erziehungsstil“ eine gar nicht vorhandene Konsistenz anklingen ließe, und darum verfehlt sei (ebd., S. 207). Leider ergründet Sutterlüty in seiner sorgfältigen und hochdifferenzierten Studie nach der Darstellung der familiären Gewalttätigkeiten im wichtigen Kapitel zu „Entwicklung und Wendepunkten von Gewaltkarrieren“ die mögliche Ohnmacht oder Einflussmöglichkeit von Bildungsinstitutionen oder Lehrern nicht. Damit werden ganze Sozialisationskontexte von der Frühpädagogik über den Primar- und die Sekundarbereiche bis hin zur Jugendhilfe und Sozialpädagogik außer Acht gelassen. Diese blinden Flecken sind bedauerlich, sie schmälern aber selbstverständlich nicht die Bedeutung der Untersuchung mit ihrer materialreich und konkret belegten Erkenntnis, dass die jugendlichen Gewalttäter schwerst traumatisierte Menschen sind.

In Bereichen der Erwachsenenbildung, vornehmlich in Projekten zur Alphabetisierung, werden, wie schon betont, langfristige biografischen Folgen verletzenden pädagogischen Handelns in der Kindheit auf ganz eigene Weise greifbar. Aus dem Bericht von Joachim Ludwig zur SYLBE-Studie über Aneignungs- und Exklusionsprozesse stammt die folgende Schulerinnerung:

*„Also sie hätten mir eher geholfen, wenn sie ähm ja, mich mehr einbezogen hätten. Zwar war ich langsamer, aber ick war ja nicht so – ich war nicht äh äh AUFFALLEND äh oder böse oder ick habe keinen Quatsch gemacht, im Gegenteil, ick wurde immer stiller, immer leiser und habe mich immer weiter weg gesetzt und det war dann auch anscheinend angenehm, ja.“* (Ludwig 2010, S. 257f).

Durch Beobachtungen während der Alphabetisierungskurse konnte belegt werden, dass von außen selbst als minimal einzustufende Kränkungen in der Kommunikation zwischen Teilnehmenden oder mit Lehrenden teilweise sofort zu Lernblockaden führten. Über ähnliche Lernbeeinträchtigungen, die manche Lehrer achtsam zu verhindern wissen, wird in der bereits erwähnten Hauptschulstudie von Helsper/Wiezorck (2006) berichtet (siehe Punkt 3.4.2). Auch ist hier an die erwähnten Ergebnisse der psychologischen Studien zum „dynamischen Selbst“ (Hannover 1997), zum „stereotype threat“ (Steele/Aronson 1995) und zum „Pygmalion Effekt“ (Rosenthal/Jacobson 1968; Bartels 1978) zu erinnern, da es auch in diesen Ansätzen um die Auswirkungen pädagogischen Handelns geht (siehe Punkt 2.4).

In diesem Abschnitt wurden überwiegend Beeinträchtigungen solidarischer Anerkennung in pädagogischen Arbeitsfeldern behandelt, die vor allem leichten und schweren Formen psychischer Gewalt durch aktive Übergriffe und durch Vernachlässigung, einschließlich mangelnder Grenzsetzung, gleichkommen; gestreift wurden auch weitere Formen der Gewalt gegen Kinder und Jugendliche, wie physische Gewalt, sexualisierte Gewalt, Zwang Zeuge von Gewalt zu sein. Alle diese verletzenden Interaktionen sind Teil relationaler

Prozesse, die als schädlich oder „maligne" (Bastian-Becker 2007) zu charakterisieren sind und welche die Befriedigung der elementaren Bedürfnisse, die übereinstimmend in den verschiedensten Ansätzen der erziehungswissenschaftlichen, der psychologischen und der soziologischen Forschung benannt werden, verhindern. Verletzendes pädagogisches Handeln kommt einer Verweigerung der professionellen Anerkennungsform der Solidarität der älteren Generation mit der jüngeren Generation als „Solidarität mit Fremden" gleich und ist als professioneller Kunstfehler zu erkennen.

Leider ist in wichtigen Handlungsfeldern, vor allem in der Schulpädagogik, die professionelle Klärung des pädagogischen Kunstfehlers ein Desideratum. Fehlverhalten kommt – wie in allen Bereichen der Gesellschaft – vor, aber es gibt wenig geeignete Formen es zu ahnden und zu verhindern. Auch sind unprofessionelle Umgangsweisen mit problematischem Verhalten von Kindern und Jugendlichen an der Tagesordnung. Verfehlte, schädliche Formen von Strafe[74] sowie der Einsatz von Noten, Sitzenbleiben und Abstufungen als Disziplinierungsmittel verhindern gelingende Sozialisation und eine Unterbrechung des Kreislaufs der Gewalt. Das ist umso problematischer als, wie die vorgestellten Konzeptionen zeigen, fachlich klar ist, welche Pädagogik[75] den Jugendlichen hilft und zum Abbau der Gewalt führt.

## 3.5 Gleiche Freiheit in pädagogischen Beziehungen

In den vorangehenden Abschnitten haben wir das menschenrechtliche Prinzip der Solidarität im Hinblick auf Anerkennungsformen in der Sphäre pädagogischer Arbeitsfelder durchdacht. Dazu haben wir Bildungssituationen aus dem Blickwinkel der persönlichen Form der Anerkennung betrachtet, die im Bereich der Familie mit „Liebe" bezeichnet wird und wir haben für sie – wegen der absichtsvollen liebevollen Zuwendung, die unverzichtbar zu pädagogischen Berufen gehört – die Anerkennungsform der „Solidarität mit Fremden" begründet. Nun sollen Bildungssituationen in der Perspektive der *rechtlichen Anerkennung,* nach Honneth der *Achtung,* betrachtet werden. Zu fragen ist, wie die Lernenden oder Betreuten als Träger von Rechten in den Genuss der menschenrechtlichen Prinzipien der Freiheit und Gleichheit kommen.

Die Sphäre der Bildung hat mit allen anderen gesellschaftlichen Sphären (Walzer 1992) gemeinsam, dass sie auf komplexe Weise von auch hierarchisch strukturierten Differenzlinien und Machtverhältnissen, die auch das Genera-

74 Zur theoretisch ausgewiesenen Reflexion des Problems der Strafe vgl. den Aufsatz von Reinhard Hörster 2012 und die Studie von Sophia Richter 2018.

75 Für eine angemessene Pädagogik mit traumatisierten und darum problematisch handelnden Kindern siehe u.a. die Konzepte der Traumapädagogik (Bausum/Besser/Weiß 2013) und der restorative practice (Wachtel 2016) sowie Punkt 3.4.2.

tionenverhältnis betreffen, durchzogen ist. Aus einer menschenrechtlichen Orientierung folgt in allen gesellschaftlichen Sphären, auch im Bildungswesen, dass es darum geht, die „gleiche Freiheit“ (Bielefeldt 1998) zu stärken. Wie sind Gleichheits- und Freiheitsrechte im Kontext pädagogischer Beziehungen anerkennungstheoretisch zu fassen?

Zunächst müssen Hinsichten erarbeitet werden, in denen die Angehörigen beider Generationen als gleich gelten können, denn es ist unerlässlich Kriterien der Gleichheit zu benennen, wenn sinnvoll von Gleichheit die Rede sein soll (Dann 1975, Prengel 2019/1993). Gleich sind sich Angehörige beider Generationen bei aller Unterschiedlichkeit darin, dass sie geborene und sterbliche Menschen sind und darin, dass sie grundlegende menschliche Bedürfnisse haben. Außerdem sind beide, und das heben Helsper, Sandring und Wiezorek (2005, S. 184f) hervor, im Hinblick darauf, *dass* sie Träger von Rechten sind, gleichgestellt. Schülerinnen und Schüler können dem Lehrer gegenüber bestimmte Rechte geltend machen und umgekehrt, das heißt, jeder und jedem steht es zu, rechtliche Regelungen in Anspruch zu nehmen, unabhängig davon, zu welcher Generation sie oder er gehört; und das gilt entsprechend in allen pädagogischen Feldern.

Zugleich verfügt die erwachsene Seite über einen Wissensvorsprung und hat eine übergeordnete Machtposition inne. Die im Generationenverhältnis gegebene Überlegenheit befugt sie dazu, aber verpflichtet sie auch darauf, die noch heranwachsende Seite zu betreuen, zu erziehen, zu bilden und dafür geeignete Vorkehrungen zu treffen (siehe Punkt 3.3). Die pädagogische Beziehung weist also immer auch hierarchische[76] Züge auf. Aber, um stichhaltig von Gleichheiten und damit auch von Ungleichheiten reden zu können, ist, wie gesagt, zu bestimmen, in welchen Hinsichten Über- und Unterordnungen gelten sollen. Aus dem Zusammenspiel von Gleichheits- und Ungleichheitshinsichten im Generationenverhältnis folgt, dass partielle Gleichheiten beider gelten, ebenso wie, dass auch die Machtbefugnisse nur partiell gelten (Prengel 2011a, 2005). In der Regel, und das spiegelt auch die Kinderrechtskonvention wider, nehmen die Machtbefugnisse der Erwachsenen im Laufe des Älterwerdens und der wachsenden Kompetenzen der Kinder ab, die Gleichheiten hingegen nehmen zu. Für eine demokratische Sozialisation und für die Menschenrechtsbildung sind die Aspekte, in denen „horizontale“ Gleichheiten und „vertikale“

76 In zahlreichen einschlägigen Texten wird übl0icherweise an Stellen wie dieser, wenn es um Über- und Unterordnungen geht, die Metapher „asymmetrisch“ eingesetzt. Aus differenztheoretischer Sicht ruft das metaphorische Gegensatzpaar symmetrisch – asymmetrisch aber keine geeigneten Gedankenbilder hervor, um den Unterschied zwischen Gleichheit und Ungleichheit zu veranschaulichen. Denn heterogene, asymmetrische Gebilde können egalitär gleichgestellt sein und symmetrische Gebilde können, wie zum Beispiel im Yin-Yang-Symbol, hierarchisch aufgeladen sein. Darum bevorzuge ich es, in diesem Kontext Begriffe wie horizontal, egalitär, gleich auf der einen, Begriffe wie vertikal, hierarchisch, ungleich auf der anderen Seite gegenüberzustellen. Für die aus der feministischen Philosophie stammende Begründung dieser Begriffsverwendung vgl. Prengel 2014.

Hierarchien zwischen Lehrenden und Lernenden konzipiert und praktiziert werden, wichtig.

Empirisch zeigt sich, dass in alltäglichen Interaktionen sowohl egalitäre als auch hierarchische Verhältnisse nachzuweisen sind. In der Erziehungsstilforschung wurde mit der Kategorie der „Reversibilität" ein Modus der Gleichheit für die Sphäre des Pädagogischen entdeckt. Der Grad des eher autokratischen oder eher demokratischen Erziehungsstils wird daran gemessen, in welchem Maße pädagogisches Handeln reversible Möglichkeiten zulässt (Tausch/Tausch 1965; Bartels 1978, S. 125f). Zu welchen Teilen sprechen Lehrpersonen in einem Modus, der auch den Schülerinnen und Schülern zukommt oder äußern sich Lehrpersonen vorwiegend so, dass es undenkbar ist, dass Kinder sich mit ähnlichen Äußerungen und im gleichen Ton mitteilen? Und kann der Stil der Lehrperson zumindest teilweise als vorbildlich für einen demokratischen Umgang der Kinder miteinander gelten? Zu antipädagogischen Strömungen gehört eine annähernd vollständige Reversibilität, zu autokratischen Ansätzen gehört eine weitgehende Abwesenheit von Reversibilität. Im demokratischen oder sozial-integrativen Stil versucht man möglichst viel Reversibilität in der Kommunikation zu realisieren, ohne die Komponente der partiell als notwendig erachteten nicht reversiblen Führung zu vernachlässigen.

In partizipativen demokratiepädagogischen Modellen (Edelstein 2010; Bruner u.a. 2002) geht es darum, die konkreten Hinsichten von Gleichheit und Freiheit, also die Gleichheits- und Freiheitsrechte, die für Kinder und Jugendliche gelten sollen, zu klären und in einem für alle geltenden Regelwerk verbindlich zu machen. Damit wird auch transparent, in welchen Hinsichten Erwachsene das Sagen haben und in welchen nicht. In einem demokratischen Schulleben, in demokratischen Kindertagesstätten, in demokratisch verfassten Jugendzentren wird an Regelwerken gearbeitet, die sowohl gleiche Rechte benennen, als auch jene Hinsichten transparent machen, in denen Kinder und Jugendliche nicht gleichberechtigt mitreden können, weil sie von Erwachsenen zu verantworten sind.

Diese Einsichten zur Relevanz von Gleichheit in pädagogischen Arbeitsfeldern sind für Auseinandersetzungen über Fragen des Curriculums folgenreich. Sollen selbstbestimmte Themenwahlen der Lernenden möglich sein oder sollen in der Bildungsplanung vorbestimmte Curricula mit festgelegten Kompetenzen gelten? Auch an dieser Stelle wird deutlich, dass im Sinne einer Vermittlung (Heinzel 2011) zwischen der Achtung altersangemessener Gleichheitsrechte mit der verantwortlichen Überlegenheit der Erwachsenen beides gewährleistet werden sollte: Dass die junge Generation lernt, was die ältere Generation im Interesse ihrer Chancengleichheit für wesentlich erachtet und dass die Älteren verbindliche Freiräume gewährleisten, in denen die Jüngeren nicht daran gehindert werden, zu spielen und zu lernen, was sie interessiert[77].

77 Petillon 2011b; Kammermeyer 2011; Knauf 2001.

Auf diese Weise können horizontal-egalitäre und vertikal-hierarchische Hinsichten der Gleichheit und der Ungleichheit zuverlässig geklärt werden (Prengel 2011b). Die Frage der verbindlichen Kerncurricula und der Kompetenzstandards stellt sich auch für die Anerkennungsform der leistungsbezogenen Wertschätzung (siehe Punkt 3.6).

An dieser Stelle wird einmal mehr der Zusammenhang von Gleichheit und Freiheit deutlich.[78] In den Hinsichten, in denen zwischen Pädagogen und Heranwachsenden egalitäre Relationen gelten, sind die Jüngeren nicht den Entscheidungen der Älteren untergeordnet, sondern frei. Das heißt mit den partiellen Gleichheiten gehen auch partielle Freiheiten einher, die sich darin zeigen, dass es neben den verpflichtenden Kerncurricula auch Freiheitsspielräume für nicht von den Erwachsenen antizipierte, selbst gewählte Themen gibt und dass Freiheit für Vielfalt möglich ist (Prengel 2013a).

Daraus folgt, dass die Anerkennungsform der rechtlichen Achtung in der Sphäre des Pädagogischen, Gleichheiten und Freiheiten für die „Kleinen" sichern und begrenzen sollte. Die Erwachsenen haben altersgerecht begrenzte und darum wachsende Bereiche der Gleichberechtigung und Freiräume für Eigenständigkeit vorzusehen und zu sichern. Für die pädagogische Beziehung folgt daraus, dass sie eine Machtbeziehung ist, die sich nicht in der Hierarchie erschöpft, sondern auch Hinsichten der Gleichheit und Freiheit enthält. Es ist eine Kunst, in der generationenvermittelnden professionellen Beziehung zu klären und transparent zu machen, welche Machtbefugnisse, welche Gleichheiten und welche Freiheiten jeweils anerkannt werden sollen. In jedem Fall werden die egalitären und freiheitlichen Aspekte in den pädagogischen Beziehungen in verschiedenen pädagogischen Arbeitsfeldern sehr unterschiedlich berücksichtigt. Kinder in vielen Einrichtungen des Elementarbereichs genießen eine Pädagogik mit großer Offenheit für ihre Themen und Interessen[79], während in weiten Bereichen – keineswegs in allen – des Schulunterrichts und des Schullebens sowie in schulpädagogischen Diskursen der für Menschenrechte, Demokratie und politische Theorie in der Moderne zentrale Wert der Freiheit kaum beachtet wird. Einrichtungen der Sozialpädagogik und der Jugendhilfe können Orte für Kinderfreiheit sein; sie verpflichten sich in höchst unterschiedlichem, geradezu gegensätzlichem Maße zur Anerkennung ihrer Zielgruppen hinsichtlich der demokratischen Grundwerte von Gleichheit und Freiheit (Friebertshäuser 2007).

Fragen von Segregation und Inklusion sind zentrale Fragen der rechtlichen Anerkennung im Bildungssystem. Mit der Behindertenrechtskonvention (Bielefeldt 2009) wird ein Modell rechtsverbindlich, das Gleichheit auf der institutionellen Ebene vorsieht. Alle Kinder und Jugendlichen eines Wohngebiets sollen einen gemeinsamen Kindergarten und eine gemeinsame Schule

78 Siehe auch die Punkte 1.3 und 2.5.

79 Vgl. dazu das Konzept der Bildungs- und Lerngeschichten, das in Neuseeland entwickelt wurde und weltweit rezipiert wird (Kleeberger u.a. 2009; vgl. auch König 2010).

besuchen und gemeinsam die außerschulischen Angebote wahrnehmen können. In dem alle Lernenden in einer Institution ihre Bildungsansprüche einlösen, werden sie auf der institutionellen Ebene als Gleiche anerkannt. Je segregierender ein Bildungssystem strukturiert ist, und Deutschland scheint weltweit führend im Hinblick auf Segregation zu sein, umso brüchiger ist die egalitäre Anerkennung auf der institutionellen Ebene (vgl. ausführlich dazu Prengel 2013a).

In diesem Abschnitt zeigt sich, dass sich die persönliche Anerkennung als „Solidarität mit Fremden“ mit der Anerkennung als rechtliche Achtung teilweise überschneidet. Die fürsorglich-solidarische Anerkennung wandert in Gestalt des juristisch verbrieften Rechts auf Bildung und der Jugendhilfe in rechtliche Anerkennung ein. Darüber hinaus ist mit Honig (1996) und Helsper u.a. (2005) zu fragen, ob nicht „Rechte auf soziale Beziehungen“ wegen der existenziellen kindlichen Abhängigkeit von kontinuierlicher Zuwendung gewährleistet werden müssten.

## 3.6 Wertschätzen von Leistung in pädagogischen Beziehungen

Die dritte Form der Anerkennung, die hier vor allem als soziale Wertschätzung von Lernleistungen betrachtet werden soll, ist im Bildungswesen von Ambivalenzen geprägt und für die Gestaltung pädagogischer Beziehungen folgenreich.

Die Bedeutung der Wertschätzung von Leistungen in modernen Demokratien wird auf dem Hintergrund des Anerkennungsverständnisses der feudalen Gesellschaften, aus denen die Moderne hervorgegangen ist, deutlich. Im Modell der traditionellen Ständegesellschaft war die von Geburt an gegebene und durch standesbezogene Bildung ausgeformte Standeszugehörigkeit eine Quelle von Anerkennung (Kuhlemann 1992; Lundgreen 1980). Im Zuge der Modernisierung wurde das Modell der Meritokratie leitend, in dem die persönliche Leistung als Quelle von materieller und symbolischer Anerkennung gilt. Unser Gerechtigkeitsempfinden wird verletzt, wenn das meritokratische Prinzip durchkreuzt wird, indem ständische Ungleichheiten fortdauern oder neue spätkapitalistische Ungleichheiten sich ausbreiten, da mit beidem leistungsunabhängige Benachteiligungen und Bevorteilungen einhergehen. Darüber hinaus würde die Vorherrschaft einer rein meritokratisch fundierten Wertschätzung von Leistung so sehr in Widerspruch zu solidarischen und rechtlichen Prinzipien geraten, dass sowohl freiwillige als auch rechtlich verbriefte Vorkehrungen getroffen werden, um Benachteiligte zu schützen. Die die Gesellschaft spaltenden negativen Auswirkungen der Meritokratie werden – in verschiedenen modernen Gesellschaften freilich in völlig unterschiedlichen Formen und Ausmaßen – abgemildert durch rechtliche Formen der Anerkennung, die materielle und symbolische Aspekte betreffen. Dazu gehören Grundrechte, Minderheitenschutz und Grundversorgung für Bedürftige, die in der Leistungskonkurrenz nicht mithalten können, sowie höhere Besteuerung für Privilegierte (Tonkens/Swierstra 2011). Aus der Kritik an den schädlichen Folgen einer überbetonten meritokratischen Orientierung geht eine neue zukunftsweisende Wertschätzung sowohl pluraler Lebensformen als auch der Kategorie des „Caring" hervor. Entworfen wird das Modell einer „Caring Democracy" (Tronto 2013), in der Kindergärten und Schulen zu „Caring Communities" werden (Noddings 2005). Julia Kristeva und Charles Gardou bereichern mit ihrer Forderung, jedem zu gewähren seinen ureigensten Beitrag zur Gemeinschaft zu leisten, die Konzeption der „Caring Community" (Kristeva/Gardou 2012, S. 47). Es geht hier darum, dass jenseits üblicher Hierarchien eine *jede* Person zu dem Beitrag, der gerade ihr möglich ist, befähigt wird und so Anerkennung erfährt (Prengel 2015a).

Mit der Behindertenrechtskonvention (Bielefeldt 2009) werden diese solidarischen und egalitären Tendenzen gestützt und radikal weiterentwickelt. Das Geben von Wertschätzung wird weniger leistungsabhängig, Wertschätzung soll vielmehr jeder und jedem zukommen und unabhängiger werden von Positionierungen in der Leistungshierarchie. Daraus folgt, dass in den hierarchischen Sphären der Arbeit und der Bildung die Dominanz der Wertschätzung aufgrund der Hierarchisierung von Leistung zugunsten der rechtlich fundierten Anerkennungsform der Achtung angezweifelt werden kann. Eine solche Vorstellung steht in Einklang mit internationalen epidemologischen und erziehungswissenschaftlichen Forschungsrichtungen. So konnten Pickett und Wilkinson (2010)[80] anhand vergleichender Analysen von Gesundheitsstatistiken nachweisen, dass Gesellschaften mit geringer Spaltung zwischen arm und reich Bedürfnisse *aller* Schichten, einschließlich der privilegierten, besser erfüllen und bei *allen* Schichten zu gesünderen Lebensperspektiven beitragen. So zeigen international vergleichende Studien immer deutlicher, dass das segregierende deutsche Bildungssystem international nach wie vor einen Sonderweg beschreitet (Powell 2013; Pfahl 2014), hohe, psychische, soziale und kognitive Kosten verursacht, während integrativere Bildungssysteme bessere Schulleistungen und soziale Integration ermöglichen.

Alle die „selektiven" Maßnahmen, die im deutschen Schulsystem immer noch vorherrschen, die Zurückstellungen nach einer selektiven Diagnostik bei der Einschulung, die Zuweisung in verschiedene Sekundarstufen-Schulen nach der vierten (in Brandenburg und Berlin nach der sechsten) Klasse, die nach wie vor verbreitete Zuweisung der Kinder mit Beeinträchtigungen in ca. zehn verschiedene Sonderschularten, das Sitzenbleiben, die Abschulungen haben allesamt gemeinsam, dass sie mit Beziehungsabbrüchen einhergehen. Diese Abbrüche und die Bewertung der Leistungen der Lernenden mit Zensuren in

80 Ihr Buch trägt in deutscher Sprache den Titel „Gleichheit ist Glück" (englisch: „The Spirit Level: Why More Equal Societies Almost Always Do Better", 2009).

diesem Land können keineswegs mit der „Selektionsfunktion“ der Schule begründet werden. Denn in den anderen spätmodernen Leistungsgesellschaften, in denen auf diese Art der Segregation und der Hierarchisierung von Schülerleistungen verzichtet wird, müssen die Bildungssysteme die gleichen gesellschaftlichen Funktionen erfüllen, wie bei uns. Daraus ist zu schließen: Die segregierende Gestaltung des deutschen Bildungswesens ist dysfunktional, sie behindert verlässliche, halt gebende Beziehungen und gelingende Leistungsentwicklung (Allmendinger 2012; Solga 2005; Prengel 2017a).

Das selektive Schulmodell produziert durch seine institutionell-separativen Strukturen und seine alltäglichen sozial-vergleichenden Leistungsbewertungen mit Ziffernnoten eine Dominanz von Hierarchisierungen, welche die eigentlichen Bildungsaufgaben der Qualifikation und Sozialisation behindert und in den Hintergrund treten lässt. Dieses System bringt unvermeidlich Lernende hervor, für die es sich eingebürgert hat, von „schlechten“ Schülern[81] zu sprechen und sie durch solche Stereotypisierung beim Lernen zu blockieren (siehe Punkt 2.4). Das selektive Schulsystem muss von den in ihm weniger erfolgreichen Schülerinnen und Schülern als feindselig erlebt werden, weil es für sie keine Form der Anerkennung vorsieht.

Während in einem erheblichen Teil der Schulen die selektive Hierarchisierung ungebrochen praktiziert und dramatisiert wird, stellen andere Schulen die Sozialisations- und Qualifikationsaufgaben in den Vordergrund.[82] Sie inszenieren bewusst ritualisiert die Mitgliedschaft aller ihrer Schülerinnen und Schüler, unabhängig von Leistungsständen und individualisieren im Unterricht; Schulen, die den Deutschen Schulpreis gewonnen haben, wurden mehrfach für solche Formen der Anerkennung individueller Leistungen ausgezeichnet. Am weitesten gehen dabei inklusive Schulen, die alle Schülerinnen und Schüler ihres Einzugsbereichs aufnehmen und ihre Didaktik bewusst auf die Heterogenität der Lernenden ausrichten (vgl. Prengel 2013a). Mit Helsper/Wiezorek (2006) lässt sich konstatieren, dass einzelne Schulen Schulkulturen entwickeln, in denen auf sehr unterschiedliche Weise die Wertschätzung von Schulleistungen im Hinblick auf jene Schülerinnen und Schüler, die keine „guten“ Noten erlangen, symbolisiert und praktiziert wird, manche entwerten vor allem, andere hingegen verleihen Wert. Darin zeigt sich, dass auch in Hierar-

81 Schon in den sechziger und siebziger Jahren des 20. Jahrhunderts wurde die Etikettierung als „schlechter Schüler“ aufgedeckt und kritisiert, als ein Beispiel ist die Studie von Elfriede Höhn (1967) zu nennen. Vgl. auch die Untersuchung von Hans-Jürgen Lambrich aus den achtziger Jahren.

82 Das Lebenswerk des Essener Erziehungswissenschaftlers Fritz Bohnsack (2003; 2009; 2013) stellt in immer wieder neuen Facetten die Akzeptanz von Schwächen als wichtigen Aspekt einer Pädagogik der Anerkennung heraus. Wolfgang Klafki (1991) hat historische und aktuelle Bedingungen für einen „pädagogischen Leistungsbegriff“ beschrieben. Eiko Jürgens (2013) kritisiert den problematischen Zusammenhang zwischen institutioneller Selektivität und unterrichtlichen Interaktionen.

chien institutionell überbetonenden Schulstrukturen erhebliche Spielräume für unterschiedliche Interpretationen von Schulleistungen gegeben sind.

Aber nicht nur auf der Ebene ganzer Institutionen, auch auf der Ebene der persönlichen Beziehungen werden Leistungen interpretiert. Den einzelnen Fach- und Lehrkräften kommt in segregierenden Bildungsstrukturen die Aufgabe zu, persönlich die hierarchisierende Bewertung und die Zuweisung zu den Segmenten im hierarchisch segregierenden System zu vermitteln und mit den negativen Auswirkungen auf Selbstkonzepte und Leistungsentwicklung umzugehen. Die einzelnen Lehr- und Fachkräfte haben dabei einen erheblichen persönlichen Spielraum, denn sie können Kinder und Jugendliche ermutigend oder entmutigend adressieren, wenn sie mit ihnen über Lernergebnisse sprechen.

Um allen Lernenden eine Wertschätzung ihrer Potentiale und ihrer Leistungen zukommen zu lassen und so auch Leistung zu steigern, können eine Reihe von angemessenen Vorkehrungen getroffen werden, die, wie die in den Kapiteln 2 und 3 genannten Studien belegen, empirisch fundiert und erfahrungserprobt sind:

- Grundlage jeder Leistungsbewertung ist die völlig leistungsunabhängige Achtung jedes Kindes als Mitglied der Gruppe sowie der Schul- und Klassengemeinschaft.
- Die Trennung von Situationen des Lernens und Situationen der Leistungsüberprüfung entlastet den Lernprozess, sodass eine Konzentration auf Potentialentfaltung, Entwicklung und Lernen möglich ist[83].
- Die didaktische Individualisierung erkennt an, dass hinsichtlich der Kompetenzen des Kerncurriculums jedes Kind auf seiner Stufe kompetent ist und bietet jedem passendes Material, um vom individuellen Leistungsstand aus, weiter zu lernen. Hier wird die maßgebliche Bedeutung, die Anerkennung in pädagogischen Beziehungen zukommt, auch für didaktische Diagnostik und Didaktik augenscheinlich. Dazu wird in Kitas und Schulen ein Modell individualisierender, gestufter Bildungsstandards benötigt, das von jedem Kompetenzstand aus Einstiegsmöglichkeiten bietet[84]. Eindimensionale Regel- oder Minimalstandards sind hingegen relevant für Zertifizierungen *nach* Bildungsprozessen, sie vermögen es, während des Unterrichts lediglich eine langfristige Zielsetzung anzugeben.[85]

83 Vgl. Brunner u.a. 2017

84 Ein solches Modell von Kompetenzstufen, das für alle Kinder in heterogenen inklusiven Gruppen und Klassen Einstiege und Lernangebote ausformuliert, wurde im ILEA-T-Projekt entwickelt und steht im Internet zur Verfügung (Geiling/Liebers/Prengel 2011, vgl. auch die Begründung in Prengel 2011b; Prengel 2015b, 2017).

85 Hermann Josef Abs fordert in seiner brillanten Würdigung und Analyse der „Standards schulischer Bildung“ die „Einführung alternativer Regimes, (...) die die Institution Standard in ihrer Geltung spezifizieren und begrenzen“ (Abs 2009, S. 830). Die „individuelle Kenntnis der Lernvoraussetzungen eines Schülers“ soll zu individuellen Förderprogrammen und binnendifferenzierendem Unterricht führen. Der Einsatz der „kriterialen Bezugsnorm“ soll

- Die Anwendung der kriterialen und der individuellen Bezugsnorm[86] ermöglicht die Würdigung des erreichten Kompetenzstandes und des individuellen Lernfortschritts und bewirkt weitere Motivation. Auch hier wird die große Bedeutung von Anerkennung für kognitive Entwicklungen deutlich.
- Diese Vorkehrungen entsprechen dem Modell des „formative Assessment"[87], das „Selfassessment" und „Peerassessment" einschließt. Sie sind leistungsförderlich, weil die Kinder selbst in jeder Unterrichtsphase ihre Teilziele kennen und die Lernschritte kontrollieren.
- An die Stelle von negativen Kommentaren tritt die Anerkennung des Erreichten, das diskursive Nachdenken über die nächsten Schritte und passende Lösungswege.
- Einer relationalen Denkweise entspricht diagnostisch das ökosystemisch begründete Modell der Kind-Umfeld-Analyse, in dem stets die relationalen Bedingungen des Lernens einbezogen werden (Carle 2008; Prengel 2006).
- Ein mehrperspektivischer Leistungsbegriff lässt auf der Basis der Perspektive universeller, leistungsunabhängiger, menschenrechtlich fundierter Anerkennung und unverbrüchlicher Zugehörigkeit zur Gruppe und der Perspektive individueller Anerkennung persönlicher Leistungen auch die Perspektive des hierarchisierenden Leistungsvergleichs mit anderen zur Geltung kommen. Es geht also nicht darum, den interpersonellen Vergleich auszublenden, aber es geht darum, ihm seine entwicklungs- und lernbehindernde Dominanz zu nehmen und ihn an passender Stelle im Bildungsprozess zu verorten und zu begrenzen (Prengel 2002a; 2005; 2013a).

Für die Wertschätzung von Leistung kann eine sachbezogene Kompetenzorientierung, eine Brücke zwischen Bildungssystem und Arbeitswelt herstellen, helfen. Je besser Menschen ihre jeweils besonderen Kompetenzen und Interessen in ihrer sachlichen Qualität entwickeln und kennen und darin anerkannt werden, desto besser können sie Wege in berufliche Ausbildungen und Tätigkeiten finden. Darin ist ein Verzicht auf die Entwertung bestimmter Leistungsstände und bestimmter Tätigkeiten in sozialen Vergleichsprozessen (Anhut/Heitmeyer 2005) enthalten. Damit ist selbstverständlich nicht verbunden, dass man sich über Über- und Unterordnungen hinwegtäuscht. Aber gerade in der für jedes Gesellschaftsmitglied unvermeidlichen Auseinandersetzung mit Hierarchisierungen wird solidarische Unterstützung gebraucht. Die Anerkennungsform der Wertschätzung von Leistung, die sich allererst auf individuelle

---

helfen, die „Zone des zunächst zu Lernenden" zu erkennen (Abs 2009, S. 825). An dieser Stelle treffen sich die Theorie der Bildungsstandards und die Theorie der inklusiven pädagogischen Diagnostik und der inklusiven Binnendifferenzierung.

86 Vgl. die Bezugsnormentheorie nach Falko Rheinberg 2001.

87 Prengel/Riegler/Wannack 2009.

Potentiale bezieht und dennoch die produktive Auseinandersetzung mit Leistungsvergleichen einschließt, beruht also auch auf der Anerkennungsform der Solidarität mit Fremden, wie sie in pädagogischen Beziehungen praktiziert werden kann.

## 3.7 Schlussfolgerungen

In diesem Kapitel wurden Erkenntnisse zu pädagogischen Beziehungen in erziehungswissenschaftlicher Perspektive gesucht. Dabei stellte sich heraus, dass aus einer langen, nicht aufgearbeiteten und heute verblassenden Geschichte, vor allem im 20. Jahrhundert, maßgebliche Erkenntnisse über Bedeutung und Gestaltung pädagogischer Interaktionen und Beziehungen vorliegen, aber auch, dass gegenwärtig relationentheoretische Denkweisen und empirisch gewonnene Einsichten das Thema neu beleben können.

Der Versuch, Anerkennung in den Theoremen der *Solidarität mit Fremden*, der *Achtung von altersgerechter gleicher Freiheit der Kinder* und der *Wertschätzung ihrer individuellen Leistung* zu deuten, erweist sich als geeignet, die vielseitig verflochtenen relationalen Dimensionen in der Sphäre des Pädagogischen zu berücksichtigen. Auch curriculare, didaktische, pädagogisch-diagnostische, peerkulturelle und leistungsbezogene Aspekte können anerkennungstheoretisch einbezogen werden. Forschungsbefunde und Fallberichte lassen sowohl überaus gelingende, beglückende als auch zerstörerische, schädliche Vorgänge, die sich in unserem Bildungswesen auf der Beziehungsebene ereignen, erkennen. Gerade Kinder, die von Haus aus traumatisiert sind, sind auch in pädagogischen Institutionen gefährdet und brauchen von früh an eine bewusste Anstrengung zur Unterbrechung des Kreislaufs der Gewalt. Das nach wie vor kulturell verfestigte Bild vom „schlechten Schüler" und vom auffälligen Kind wird für die Betroffenen zur Bildungsbarriere und bewirkt Entwicklungshemmungen, Leistungsfeindlichkeit und Diskriminierungen. An die Stelle dieses diffamierenden Bildes sollte eine weniger hierarchisierende Vorstellung von Lernenden treten, in der jedes Mädchen, jeder Junge in den je individuellen Kompetenzen und den je individuellen Beiträgen, die sie im gesellschaftlichen Leben zu leisten vermögen, anerkannt wird – dafür sprechen die vielen in diesem Kapitel gesammelten einschlägigen Erkenntnisse! Es gibt keine Legitimation dafür, jemanden, der im Vergleich zu anderen langsamer oder weniger oder anders lernt, als „schlecht" zu diskriminieren.

Alle hier zur Diskussion stehenden relationalen Prozesse ereignen sich im Kontext des Generationenverhältnisses, in dem auf komplexe Weise zugleich hierarchische, egalitäre und freiheitliche Relationen zwischen „groß und klein" auszubalancieren sind. Wenn man nun abschließend versucht, die vielen sich wechselseitig beeinflussenden relationalen Dimensionen im komplexen Beziehungsnetzwerk pädagogischer Arbeitsfelder zusammen anzuschauen, so ist das Werk der amerikanischen Philosophin und Erziehungstheoretikerin Nel Noddings (2005) wie wohl kaum ein anderer Ansatz tragfähig. Mit ihrem Theorem des „caring", das Geben und Nehmen von Fürsorge vielperspektivisch fasst, kreiert sie ein zentrales Prinzip, das die komplexen relationalen Bildungsprozesse und Bildungsziele bündelt. Der Vorschlag, pädagogische Insitutionen wie Schulen, Kindertagestätten, Heime, Jugendzentren und Volkshochschulen als „caring communities" zu konzipieren, ist außerordentlich wertvoll und mit ihm können Defizite des deutschen Bildungswesens aufgedeckt und verringert werden.

Zugleich möchte ich mit Aaron Schutz (1998) auch kritisch anmerken, dass es problematisch sein kann, ein einziges Prinzip als maßgeblich zu propagieren, weil andere wichtige Aspekte ausgeblendet werden. Daraus folgt: Wenn ich mit dem Theorem der „caring community" Vorgänge im Bildungswesen analysiere, eröffnet sich im Hinblick auf pädagogische Beziehungen eine außerordentlich ertragreiche Perspektive, zugleich spricht nichts dagegen, andere Perspektiven, die andere Akzente setzen, wie zum Beispiel den „just community"-Ansatz (Baader 2001), die „Anti-Bias Pädagogik" (Wagner 2008) oder viele andere zu nutzen. Es gibt angesichts der bereichernden Pluralität guter pädagogischer Konzeptionen in unserer historisch-gesellschaftlichen Situation einen Prüfstein, an dem alle pluralen Konzepte sich messen lassen müssen, wenn sie akzeptabel sein wollen. Dieser wurde in der auf den menschrechtlichen Prinzipien der Freiheit, Gleichheit und Solidarität beruhenden Menschenwürde für unsere Zeit gültig gefasst (Habermas 2010). Der dreiteilige Vorschlag, professionelle Anerkennung als Solidarität mit Fremden, Achtung von kindgerechter gleicher Freiheit und Wertschätzung von individueller Leistung zu interpretieren, der in diesem Kapitel erarbeitet wurde, bildet nur eine Stimme in einem vielstimmigen, polyphonen Chor menschenrechtlich und demokratisch orientierter Kompositionen von pädagogischen Beziehungen.

# 4. Anerkennendes, verletzendes und ambivalentes pädagogisches Handeln – Beobachtungsstudien im Projektnetz INTAKT[88]

Das folgende Kapitel berichtet aus einem Vorhaben, das sich den pädagogischen Beziehungen beobachtend annähert. Befunde aus dem Projektnetz „INTAKT" (Soziale Interaktionen in pädagogischen Arbeitsfeldern) erlauben Einblicke in alltägliche Interaktionen, die in großer Zahl, in Form von Feldvignetten erhoben und in anerkennungstheoretischer Perspektive interpretiert werden. Nach der Vorstellung des Projektnetzes mit seinen Zielen, Erhebungsverfahren und Auswertungsmethoden wird über Ergebnisse berichtet, die zu den Einsichten der vorangehenden Kapitel in Beziehung gesetzt werden.

## 4.1 Projektteam, Datensatz, Hintergrund

Eine interdisziplinäre Gruppe aus erziehungswissenschaftlich, soziologisch und fachdidaktisch ausgewiesenen Personen arbeitet im Projektnetz INTAKT zusammen, um einen Datensatz aus Beobachtungsprotokollen in Gestalt von Feldvignetten, die auf die Qualität pädagogischer Interaktionen fokussiert sind, zu sammeln, zu pflegen, zu erweitern und auszuwerten. Protokolle aus Kinder-

88 Das INTAKT-Vorhaben verdankt sich einer jahrelangen intensiven interdisziplinären Kooperation. Das engere INTAKT-Team wurde an der Universität Potsdam gegründet, ist im Arbeitskreis Menschenrechtsbildung in der Rochow-Akademie für bildungsgeschichtliche und zeitdiagnostische Forschung e.V. an der Universität Potsdam angesiedelt und hat sich bundesweit und international vernetzt. Das Projektnetz wurde von der Autorin initiiert. Zum Team gehörten zeitweilig Natalie Abraham, Denny Klauder, Annett Hedderich, Anne Leddin geb. Wohne und Katja Zschipke sowie eine Reihe von Studierenden aus Potsdamer, Frankfurter, Hallenser, Kasseler und Berliner Universitäten. Gegenwärtig sind v. a. Britta Ostermann, Janine Röschinger, Krystyna Stryzhakova, Christin Tellisch und Vivien Wysujack aktiv beteiligt. In dem mehrstufigen Auswertungsverfahren wurden insbesondere die qualitativ-quantitativen Instrumente der zweiten Auswertungsphase mit ihren statistischen Operationen von der Sozialwissenschaftlerin und Methodenspezialistin Antje Zapf entwickelt.

Externe Kooperationspartner sind u. a. Barbara Friebertshäuser/Frankfurt a. M., Friederike Heinzel und Natalie Fischer/Kassel, Lisa Pfahl/Innsbruck, Thomas und Peter Kirchschläger/Luzern.

tagesstätten ergänzen den Datensatz ebenso wie eine kleine Zahl von Protokollen aus dem europäischen Ausland. Die Sammlung wird fortlaufend weiter ergänzt und wird im von Friederike Heinzel an der Universität Kassel gegründeten Fallarchiv archiviert[89]. Den erhobenen Datensatz nutzen die einzelnen beteiligten Projekte auch, um eigenen Fragestellungen entsprechende Samples zu generieren.

Im Projektnetz INTAKT sammeln sich unterschiedliche theoretische und empirische Forschungsvorhaben. Den Anfang machten Lehr-Forschungsprojekte der letzten 15 Jahre, in denen weit über 100 Abschlussarbeiten in pädagogischen und sozialwissenschaftlichen Studiengängen mit individuell unterschiedlichen Themen und Fragestellungen bei gleicher empirischer Ausrichtung entstanden. Gemeinsam ist den Arbeiten, dass das gleiche Beobachtungsinstrument eingesetzt wurde und dass die Beobachtenden die gleiche Schulung erhielten, sodass die einzelnen Protokolle zu einem großen gemeinsamen Datensatz zusammengefügt werden konnten. Absolventinnen und Absolventen, die ihre Abschlussarbeiten in diesem Vorhaben verfassen, äußern sich immer wieder begeistert über die enormen Lernchancen, die ihnen die Beobachtungsstudien bieten[90]. Im Laufe der Zeit sind im Projektkontext mehrere Promotions- und Kooperationsvorhaben sowie weitere Lehrforschungsprojekte anderer Lehrender entstanden. Dazu gehören Vorhaben, die sich auf bestimmte Schulstufen, auf einzelne Schulfächer oder auch auf ausgewählte Probleme konzentrieren[91].

## 4.2 Fragestellung, Ziele, Feldzugang, Grenzen

*Wie und wie oft werden Kinder in pädagogischen Interaktionen anerkannt oder verletzt?* – So lautet die kürzeste Fassung der gemeinsamen Fragestellung, die verschiedene Vorhaben im Projektnetz INTAKT angehen. Diese einfache Fragestellung ist ebenso voraussetzungs- wie folgenreich. Sie beruht auf den in den vorangehenden Kapiteln erläuterten normativen Implikationen, anerkennungstheoretischen Grundlagen und empirischen Forschungsbefunden. Die Voraussetzungen, die zu dieser Fragestellung führten und ihre Folgen für die Anlage der Untersuchungen werden im Folgenden erläutert.

Für einige Untersuchungen zur Qualität von Lehrer-Schüler-Beziehungen ist typisch, dass sie sich auf problematische Aspekte konzentrieren und dass

89 Vgl. Heinzel/Krasemann 2015. Für weitere wissenschaftliche Analysen können die Quellen auf Antrag zur Verfügung gestellt werden.

90 Vgl. ausführlich dazu Prengel u.a. 2016a

91 Vgl. das abgeschlossene Promotionsvorhaben von Christin Tellisch zu Musikdidaktik (Tellisch 2015), im Promotionsvorhaben von Vivien Wysujack (2018) werden typische Handlungsmuster verschiedener Lehrpersonen ermittelt.

sie ihre Erkenntnisse vor allem über nachträgliche Befragungen von Schülerinnen und Schülern zu ihren Schulerfahrungen gewinnen (vgl. Krumm/Eckstein 2002). Die INTAKT-Studien nähern sich durch direkte Beobachtungen aus der Außenperspektive an das Interaktionsgeschehen an. Dabei richtet sich die Aufmerksamkeit auf die Qualität pädagogischer Beziehungen in ihrer ganzen Bandbreite des Anerkennens und des Missachtens sowie der ambivalenten Überschneidungen (Prengel 2012b).

Mit den Forschungsaktivitäten sind über die angestrebten Erkenntnisse zur Qualität pädagogischer Interaktionen hinaus pädagogische und bildungspolitische Ziele verbunden: „Die im Projektnetz INTAKT kooperierenden Vorhaben streben an, in Schulen, Kitas und anderen pädagogischen Arbeitsfeldern soziale Interaktionen zu erheben, sie im Hinblick auf ihre Relevanz für die Menschenrechtsbildung und demokratisch-inklusive Erziehung zu analysieren und Innovationskonzepte zu entwickeln“ (Prengel 2012a, S. 1). Diese zugleich wissenschaftliche und feldbezogene Zielsetzung beeinflusst die Methodenwahl. Für die Anlage der Untersuchungen wird eine Kombination von Erhebungen auf der qualitativen und auf der quantitativen Ebene gewählt. Dabei geht es zum einen darum, systematisch zu eruieren, wie Interaktionsszenen alltäglich beschaffen sind. Zum anderen wollen wir herausfinden, in welchen Ausmaßen – neben gelingenden oder neutralen Interaktionen – verletzendes pädagogisches Handeln vorkommt. Daraus folgt zweierlei: Wir beschreiben in qualitativer Perspektive Szenen als komplexe Situationen „narrativ“. Und wir zählen in quantitativer Perspektive „statistisch“ aus, wie oft und bei welchen Anlässen anerkennende und verletzende Interaktionen in jeweils zu definierenden zeitlichen und räumlichen Grenzen zu finden sind. Dabei bleiben, um Anonymität zu gewährleisten, die Beobachtungsorte grundsätzlich unbenannt, sodass beteiligte Personen nicht identifiziert werden können.

Angesichts dieser Ziele ist es eine Herausforderung, den breiten Feldzugang zu gewährleisten, der in großer Zahl so weit wie möglich alle Interaktionsqualitäten, einschließlich der selten vorkommenden, erschließt. Dazu werden sowohl einzelne Lehrpersonen und Erzieherinnen als auch Schulleiterinnen von am Projekt beteiligten Hochschullehrern, Studierenden, Absolventen und Doktoranden darum gebeten, Hospitanten zuzulassen, die soziale Interaktionen alltagsnah und realistisch erheben sollen. Diese Bitten werden teilweise abgeschlagen, teilweise befürwortet. In Einzelfällen wird es sogar möglich, in allen Klassen ganzer Jahrgänge ganztägig zu erheben, sodass ein weites Spektrum unterschiedlichster Ereignisse ins Blickfeld kommen kann.

Um möglichst wenige Absagen zu erhalten, werden im Forschungsdesign Vorkehrungen getroffen. Das im Projektnetz INTAKT entwickelte Beobachtungsinstrument ist, um in unterschiedlichen Forschungs- und Lehr-Forschungsprojekten den Zugang zu einer hohen Anzahl an Unterrichts- und Betreuungssituationen zu gewinnen, bewusst einfach gehalten. Die Erhebungen beschränken sich auf protokollierte Beobachtungen. Aufwändigere Erhebungsmöglichkeiten, wie Interviews mit Lehrkräften und Kindern, audiovisuelle Aufzeichnungen oder das Erfassen personenbezogener Daten hätten den Feldzugang erschwert, weil sie entweder zusätzliche zeitliche Ressourcen der Lehrpersonen oder Elternbewilligungen erfordert hätten. Durch die Beschränkung auf Erhebungen mit Mitschriften werden keinerlei Anforderungen an die in Beobachtungssituationen Beteiligten gestellt. In den alltäglichen Feldbesuchen kommt es nun immer wieder zu spontanen Gesprächen, die von den unterschiedlichsten Personengruppen selbst gesucht werden. Solche informellen Informationen aller Art werden, weil sie für die Auswertung wertvoll sein können, in Memos festgehalten. In einzelnen beteiligten Projekten werden verschiedene Erhebungsmodalitäten genutzt, z.B. auch Interviews und Dokumentenanalysen.

Die auf Beobachtungen reduzierte Form des Feldzugangs, die mit dem Verzicht auf jegliche Belastung von Personen im Feld verbunden ist, führt dazu, dass der Datensatz den oben genannten großen Umfang an Beobachtungsprotokollen erreichen konnte. Darin liegt eine Stärke des INTAKT-Vorhabens. Aber mit dieser im Hinblick auf den Feldzugang niederschwelligen Projektkonzeption werden auch Nachteile in Kauf genommen. Trotz der großen Zahl an Feldvignetten, die zur Verfügung stehen, ist die Erkenntnisreichweite der Ergebnisse – wie bei ausnahmslos jeder empirischen Erhebung – limitiert. Darum wird bei der Beschreibung von Ergebnissen in den Einzelprojekten im Projektnetz jeweils präzisiert, welche Geltungsbereiche begründet beansprucht werden können. Generalisierende Aussagen, zum Beispiel über die Qualität pädagogischer Beziehungen in „den deutschen Schulen" oder in einem bestimmten Unterrichtsfach, sind nicht sicher belegbar. Feldzugänge im Sinne repräsentativer Stichproben sind nicht vorgesehen, so dass ein Rückschluss auf eine Grundgesamtheit nicht möglich ist. Aber die Qualität, Größe und Vielfalt des Gesamtdatensatzes kann zu begründeten Hypothesen zur Qualität pädagogischer Beziehungen in ausgewählten Hinsichten führen. Es ist auf dieser Basis möglich, Tendenzen auszumachen, die Annahmen über allgemeine pädagogische Anerkennungs- und Verletzungsverhältnisse erlauben. Bei der Darstellung der Ergebnisse wird auch die Frage ihrer Erkenntnisreichweite immer wieder thematisiert (siehe Punkt 4.5). Diese vorsichtigen, eigene Grenzen reflektierenden Formulierungen zur Generalisierbarkeit der Befunde mögen dazu anregen, dass andere Forschende mit ihren methodischen Mitteln weitere Projekte zu diesem wichtigen Thema initiieren, um noch besser gesicherte Erkenntnisse zur Qualität pädagogischer Beziehungen zu gewinnen.

Im Projektnetz INTAKT werden Befunde angestrebt, die Aufschluss geben über sichtbare Anerkennungs- und Verletzungshandlungen von in pädagogischen Arbeitsfeldern tätigen Fachkräften und daraus folgenden beobachtbaren Reaktionen der Lernenden. Dabei werden Formen, Anlässe und unmittelbar sichtbare Wirkungen der Anerkennungspraktiken sowie ihre Häufigkeiten im beobachteten Unterricht und anderen pädagogischen Situationen untersucht. Während der mehrstufigen inhaltsanalytischen Auswertung dienen auch introspektive Selbstberichte der Beobachter als wichtige Indikatoren für die Qualität der pädagogischen Interaktion. Wir gehen davon aus, dass die Beobachtenden Resonanzen erleben, die etwas von der Emotionalität des pädagogischen Geschehens und seiner Intensität widerspiegeln.

Die hier gewählten Forschungsmethoden streben also explizit eine deskriptive Darstellung beobachtbarer Phänomene an; eine empirische Rekonstruktion der Gründe der beobachteten Handlungsmuster und der subjektiven Theorien der Akteure ist nicht Ziel dieser Untersuchungen. Allerdings konnten wir überraschenderweise die Erfahrung machen, dass schon die deskriptiven, an der Oberfläche der Ereignisse gewonnenen Befunde durchaus Rückschlüsse auf eine Reihe von Ursachen, die den pädagogischen Handlungsweisen zugrunde liegen, nahelegen (siehe Punkt 4.6).

## 4.3 Untersuchungsgegenstand und Erhebungsverfahren[92]

Im Fokus der Erhebungen stehen als Untersuchungsgegenstand soziale Interaktionsszenen in pädagogischen Arbeitsfeldern, sogenannte Feldvignetten[93] (FV). Diese Feldvignetten bilden die zentralen Untersuchungseinheiten der Studien im Projektnetz INTAKT. Erhoben werden situative Ereignisse (Leu 1999), die auf der Vorderbühne des pädagogischen Geschehens[94] als direkt sicht- und hörbare Lehrer-Schüler-Interaktionen oder Erzieher-Kind-Interaktionen stattfinden. In machen Fällen folgen unmittelbar auf eine Erwachsenen-Kind-Interaktion auch Reaktionen von weiteren Kindern, auch sie gehören zur Interaktionsszene und werden festgehalten. Da es unmöglich ist, alle sozialen Interaktionen in einer Schulklasse oder Kindergruppe zu erheben, sind solche engen Fokussierungen – hier auf das Kontinuum der Lehrer-Schüler-Interaktionen bzw. der Erzieher-Kind-Interaktionen und die ggf. erfolgenden unmittelbaren Resonanzen von Peers – unerlässlich. Dabei stehen stets die von der Lehr- oder Fachkraft ausgehenden Aktionen und in Abhängigkeit davon die Reaktionen der Lernenden im Zentrum der Aufmerksamkeit. Jede einzelne

92 Die Ausführungen zur Forschungsmethode im Projektnetz INTAKT gehen auf verschiedene Fassungen des Methodenmanuals für Erhebungen und Auswertungen im Projektnetz INTAKT sowie auf andere Arbeiten der Projektleiterinnen und des Teams zurück (siehe Prengel/Zapf 2012; Zapf u.a. 2012; Prengel 2013b; Prengel u.a. 2016a).

93 Marc Schulz (2010) hat den Begriff der Feldvignette (in Abgrenzung vom in Fallberichten üblichen Begriff der Fallvignette) im Hinblick auf das Erfassen kurzer Sequenzen im Beobachtungsfeld präzisiert.

94 Die Erläuterungen sind der Einfachheit halber teilweise so formuliert, dass sie sich manchmal explizit nur auf schulische Settings beziehen. Aber alle methodischen Vorschläge lassen sich leicht auf Erhebungen in anderen pädagogischen Feldern übertragen.

kurze, in sich als sinnvoll erkennbare intersubjektive Handlungsfolge bildet eine Feldvignette.

Da die von kompetenten Beobachtern als Sinneinheit erkennbaren kurzen Szenen als Untersuchungseinheiten von unterschiedlicher Dauer festgehalten werden, wird auf eine fixe zeitliche Sequenzierung, die die Sinneinheiten zerhacken würde, verzichtet.[95] Dabei werden immer wieder mehr oder weniger dichte, das heißt mehr oder weniger handlungsarme oder handlungsreiche Szenen vorgefunden. Weder eine zu kurze, die einzelne Sinneinheit fragmentierende noch eine zu lange, mehrere Interaktionsfolgen umfassende Form der Bildung von Feldvignetten ist angemessen. Daraus folgt, dass zum Beispiel bei längeren, von Passivität der Lehrperson dominierten Phasen nach Minimalimpulsen, die von der Lehrperson ausgehen, gesucht werden kann, um eine Folge sinnvoller Interaktionssequenzen zu protokollieren.

Für die Protokollierung sind folgende Aspekte wichtig: Alle von der Lehrperson ausgehenden interaktiven Ereignisse werden, so wie sie aufeinander folgen, als Feldvignetten notiert. Dabei werden, vor allem in wichtigen Szenen, die wörtlichen Aussagen der Lehrpersonen, ihr Gesichtsausdruck, Körpersprache und Klang der Stimme festgehalten. Die Reaktionen der unmittelbar angesprochenen Schüler, und ggf. auch in die Szene involvierter Peers, werden mit Mimik, Gestik und Körperhaltung notiert. Die Protokollierung der Feldvignetten orientiert sich an der methodischen Konzeption der Teilnehmenden Beobachtung, wie sie zum Beispiel von den Mitbegründern der Kindheitsforschung in Deutschland, Lothar Krappmann und Hans Oswald (1995), praktiziert wurde. Von Hans Oswald wird im Projektnetz INTAKT die Methode der Szenenprotokollierung übernommen, nicht aber der Untersuchungsgegenstand. Während die beiden Kinderforscher nur Interaktionen der Kinder untereinander in den Blick nehmen, fokussieren wir im Projektnetz INTAKT auf Lehrer-Schüler-Interaktionen (bzw. Erwachsenen-Kind-Interaktionen) und – wenn solche Resonanzen sichtbar werden – auch auf die direkt darauf folgenden Reaktionen von Kindern oder Jugendlichen. In seinem Leitfaden für Kinderbeobachtungen charakterisiert Hans Oswald die Aufgaben und Potenziale der Beobachter, die auch für unsere Erhebungen zum Handeln der Pädagoginnen und Pädagogen wesentlich sind: „Der Beobachter bemüht sich, den Sinn der Sequenzen aus der Sicht der interagierenden Kinder zu verstehen. Das Aufschreiben dieses Verstandenen ist zwar so nahe wie möglich an den faktischen Abläufen auszurichten. Jedoch ist die Verwendung von qualifizierenden Verben, Adverbien und Adjektiven, die sich auf die emotionalen Zustände bezie-

95 Vgl. andere Lösungen, die in verschiedenen Forschungsteams für die Bildung von Zeitintervallen bei Unterrichtsbeobachtungen gefunden wurden (Pianta u.a. 2008; Wildgruber u.a. 2014; Flanders 1966). Ein ethnografisches Beobachtungsverfahren, in dem Videoaufnahmen und Mitschriften kombiniert werden, nutzt Ingrid Kellermann (2008). Für weitere Beobachtungsverfahren vgl. auch Hugener 2008; Reh/Rabenstein 2013; Lotz/Gabriel/Lipowsky 2013; Naujok/Brandt/Krummheuer 2008.

hen, unumgänglich. Nur die physischen Abläufe zu beschreiben, genügt keineswegs. Der Beobachter hat die Fähigkeit zu Sinn entnehmender Wahrnehmung und, gestützt auf diese Fähigkeit, muss er den wahrgenommenen Sinn so präzise und ausführlich wie möglich wiedergeben" (Oswald 2008, S. 79f)[96].

Während der Erhebungen ist zunächst das Aufschreiben der Feldvignetten zentral. Sie werden beim Protokollieren und auch noch beim Transkribieren um weitere Aspekte ergänzt. Dazu gehören, über ganz kurze Angaben zu Ort, Zeit, Materialien und Methoden hinaus, zwei wichtige, die einzelnen Feldvignetten kommentierende, Ergänzungen. Zum einen werden *fachliche Erläuterungen* aus Beobachterperspektive gegeben, die, zusätzlich zum rein deskriptiven Text der Feldvignette selbst, dazu beitragen, das Geschehen zu verstehen. Zum anderen ist vorgesehen, dass die Beobachtenden ganz kurze *introspektive Selbstberichte* geben, indem sie den Blick auch nach innen richten und ihre emotionale Resonanz auf die jeweils beobachtete Interaktion notieren.

Die Wahrnehmung der persönlichen Reaktion auf das Miterlebte, die Introspektion, hat besondere Bedeutung. Es geht darum, in Form von Ich-Aussagen festzuhalten, was die Beobachtenden selbst während jeder beobachteten Szene empfinden (z.B. „ich freue mich", „ich fühle mich wohl", „ich bin ärgerlich", „ich bin unruhig" usw.). Die subjektiven Reaktionen (die „Gegenübertragungen") der Forschenden gelten hier in Anlehnung an neuere psychoanalytische Diskurse (z. B. Maroda 2004) nicht als Störung, sondern dienen als wertvolles Erkenntnisinstrument. Für die Erarbeitung unseres Beobachtungsverfahrens, das, wie hier beschrieben, intersubjektive Resonanzen als Erkenntnisinstrument nutzt, sind auch psychoanalytische Traditionen der Arbeit mit Gegenübertragungsprozessen in der Forschung (Devereux 1967) und mit dem Konzept des Szenischen Verstehens (Lorenzer 1970) sowie ihre Rezeption und Weiterentwicklung bei Friederike Heinzel (1997) und Regina Klein (2010) grundlegend. In den INTAKT-Studien kann die Anerkennungs- bzw. Verletzungsqualität der einzelnen pädagogischen Interaktionen während der späteren Auswertungsschritte, im Lichte der von den Zeugen der Szene introspektiv protokollierten Resonanzen, intersubjektiv fundiert interpretiert werden. Damit werden die Feldvignetten einschließlich der introspektiven Selbstberichte zum Gegenstand der Auswertung (vgl. Prengel u.a. 2012, S. 2f).

Um die hier vorgestellten Erhebungsperspektiven in eine handhabbare Form zu gießen, wurde ein Erhebungsbogen entwickelt, der in den verschiedenen Einzelprojekten verwendet wird. Dieser Bogen ist nach einer Methodenschulung einsetzbar, auch in Lern- und Betreuungssituationen jenseits schulischer Settings, da er leicht modifizierbar ist. Er enthält Spalten für die genannten, zu protokollierenden Aspekte sowie genaue Anleitungen zum Ausfüllen.

Um eine qualifizierte Erhebung so gut wie möglich zu sichern, werden die in den INTAKT-Projekten mitwirkenden Personen intensiv und wiederholt

96 Vgl. den Leitfaden für Kinderbeobachtungen von Hans Oswald (2008).

geschult. Dazu dient ein detailliertes Methodenmanual, das zahlreiche weitere Einzelheiten verständlich erläutert und mit vielen Beispielen konkretisiert. Besonders muss darauf geachtet werden, dass die Beobachtenden neben vielen anderen methodischen Schritten, zu denen Transkriptions- und Anonymisierungsregeln gehören, auch lernen, eine Haltung der Selbstbeobachtung einzunehmen und zu den einzelnen Feldvignetten einfache Selbstberichte in Form von Ich-Aussagen zu formulieren.[97]

Wichtig für die Auswertungen, um die es im nächsten Schritt geht, ist schließlich bei den Erhebungen noch, dass schon die Beobachtungen im Feld in der Regel zu zweit stattfinden.

## 4.4 Auswertungsverfahren

Die in den INTAKT-Projekten erhobenen Felddokumente werden einem mehrstufigen Auswertungsverfahren unterzogen, zu dem auch das „konsensuelle Codieren" (Schmidt 2010) im Team gehört. Im Prozess der konsensuellen Codierung wird diskursiv nach angemessenen Kategorisierungen gesucht. Dabei werden die Vignetten auch in ihren unhintergehbaren Ambivalenzen mehrfach reflektiert. Denn aus erkenntnistheoretischen Gründen ist eine objektiv und definitiv gültige Zuordnung nicht erreichbar, da kognitive Situationen grundsätzlich perspektivisch limitiert und damit stets auch weiter dezentrierbar sind (vgl. Graumann 1960). Das mehrstufige Auswertungsverfahren umfasst qualitative und quantitative Schritte:

*I. Erste Kategorisierung, Interpretation und Auszählung:*
Die protokollierten Feldvignetten werden anhand einer qualitativ-quantitativen Inhaltsanalysenach Mayring (2007) kategorisiert. Dabei arbeiten die beiden Beobachter, die gemeinsam im Feld waren, zusammen. Falls, was in seltenen Fällen vorkommt, allein beobachtet werden musste, wird eine erfahrene Person, die an anderem Ort beobachtet hat, für diesen Auswertungsschritt hinzugezogen. Dazu lesen die Forschenden die Protokolle wiederholt und versehen sie in einer dafür im Beobachtungsbogen vorgesehenen Spalte mit Kategorien zur Klassifizierung der interaktiven Qualität der einzelnen Feldvignetten. In den Anfangsjahren des Projekts kristallisierten sich anerkennungstheoretisch und empirisch begründet, sechs Kategorien heraus, die sich inzwischen seit langem als dauerhaft tragfähig erweisen: *sehr anerkennend, leicht anerken-*

97 Interessierte sind eingeladen, das Methodenmanual (Prengel/Zapf u. a. 2012) oder auch eine Schulung durch Team-Mitglieder beim INTAKT-Team anzufordern. Vgl. außerdem die Ausführungen zur Arbeit mit narrativen Texten und Introspektion in Lehr-Forschungsprojekten in Prengel 2013b; zur Relevanz für die Lehrerbildung Prengel u.a. 2016a.

*nend, neutral, leicht verletzend, sehr verletzend, schwer einzuordnen/ambivalent.*[98] Diese Kategorien benennen Anerkennungsgrade, auch Anerkennungsqualitäten genannt.[99] Wichtig ist für unsere Untersuchungen, dass zur Kategorisierung neben der Partnerarbeit auch Gruppenarbeit genutzt wird, um angemessene Zuordnungen zu den Kategorien durch „konsensuelles Codieren" immer wieder gemeinsam reflektieren zu können. Bei Dissens ist die Zuordnung zur Kategorie „schwer einzuordnen" vorgesehen. Das bedeutet, dass unverständlich erscheinende oder strittige Szenen nicht aus dem Datensatz entfernt, sondern als besonders interessant weiter analysiert werden. Die anhand der sechs genannten Merkmale kategorisierten Feldvignetten stehen sowohl für exemplarische Interpretationen einzelner Ankerbeispiele als auch für quantitative Auszählungen zur Verfügung, sodass die Ergebnisse im Hinblick auf Schulen und Einrichtungen, Klassen und Gruppen, Lehr- und Fachkräfte, Fächer und situative Anlässe usw. verglichen werden können. Nach der ersten Kategorisierung in den verschiedenen beteiligten Vorhaben werden die Beobachtungsprotokolle in den Gesamtdatensatz des Projektnetzes eingegeben.

---

98 Erläuterung der Auswertungskategorien (Ankerbeispiele dazu siehe unter 4.6):
*Sehr anerkennend:* deutlich und sehr angemessen anerkennend
*Leicht anerkennend:* ein wenig und eher beiläufig anerkennend
*Neutral:* explizites Anerkennungshandeln nicht beobachtbar bzw. nicht relevant
*Leicht verletzend:* einfach und beiläufig verletzend
*Sehr verletzend:* heftig und klar unzulässig verletzend
*Schwer einzuordnen:* stark ambivalent, nicht zuordenbar, strittig

Wichtig sind für die Kategorisierungen folgende generationentheoretisch fundierten Vereinbarungen zum Umgang mit pädagogischen Grenzsetzungen: Die Kategorien *sehr anerkennend* und *leicht anerkennend* können auch Kritik und Grenzsetzungen beinhalten, wenn diese „Zumutungen" auf einer respektvollen Grundlage basieren und die Heranwachsenden nicht entmutigen. Dabei ist jeweils fallbezogen zu klären, ob möglicherweise Formen von Strafe als *anerkennend* zu kategorisieren sind, wenn sie nicht zu Diskriminierung, Beschämung, Unterordnung und Ausgrenzung, sondern zu Fairness und Wiedergutmachung, und damit zu Integration, beitragen (vgl. Hörster 2012). Andererseits soll mangelnde Grenzsetzung als *verletzend* kategorisiert werden, da sie die Heranwachsenden nicht in ihrer Entwicklungsfähigkeit anerkennt und sie im Sinne des „laissez faire" moralisch und kognitiv verwahrlosen lässt (vgl. dazu die Punkte 2.4 und 3.4.1). Auch mangelnde Grenzsetzung bei Verletzungen unter Gleichaltrigen („unterlassene Hilfeleistung") ist als *verletzend* zu kategorisieren.

Für die Kategorie der Ambivalenz sind folgende generationentheoretischen Überlegungen wichtig: Wenn man danach sucht, lassen sich in jeder Interaktion Spuren von Ambivalenzen ausmachen, denn stets spielen Antinomien in pädagogischen Verhältnissen eine Rolle. Aber, wenn man die Szenen miteinander vergleicht, lassen sich sehr klar überwiegend anerkennende, verletzende, neutrale oder ambivalente Gehalte herauskristallisieren.

99 Wenn von „Anerkennungsgraden" oder „Anerkennungsqualitäten" die Rede ist, so schließen diese Begriffe auch Mängel an Anerkennung in Form von Verletzungen mit ein.

II. *Weitere computergestützte Codierung mit MAXQDA und statistische Auswertung:*
Im Anschluss an die genannten ersten grob kategorisierten Auswertungsschritte erfolgt eine weitere computergestützte Auswertungsphase, die die Zusammenführung großer Datenmengen aus den beteiligten Einzelprojekten ermöglicht. Dabei streben wir einen zyklischen Verlauf des Analyseprozesses nach Mayring (2007) an. Vom Potsdamer INTAKT-Team wurde ein Codebuch[100] entwickelt, das Details wie Anlässe, örtliche und zeitlich Gegebenheiten, Geschlecht der Beteiligten und viele andere Aspekte enthält und so eine verfeinerte Analyse erlaubt. Anhand des großen, mit MAXQDA erzeugten, Datensatzes schließen sich multivariate statistische Analysen an. Gleichzeitig wird das Material mit neuen Beobachtungsszenen angereichert. Durch die Codierung dieser neuen Vignetten werden alle schon kodierten Szenen noch einmal zur Disposition gestellt und gegebenenfalls präziser codiert, bevor sie dann weiteren Analysen zugrunde gelegt werden. Auf jeden Fall werden auf allen Analysestufen die Zwischenergebnisse von mehreren Codierern immer wieder interpretiert, damit sich die Analyse nicht immer weiter von den nichtnumerischen Daten entfernt. Zuverlässigkeit wird durch mehrstufiges konsensuelles Kodieren, nicht durch Messung der Interrater-Reliabilität in einem festen Team, angestrebt.

Das transparente „explorative“ Vorgehen ermöglicht es, eine weiter wachsende Zahl breit gestreuter Feldereignisse mit diversen Schichtungsmöglichkeiten zu nutzen.

## 4.5 Ergebnisse aus den INTAKT-Studien

Im folgenden Bericht über bisher vorliegende Ergebnisse aus dem Projektnetz INTAKT wird zunächst ein statistischer Überblick zu aktiven Anerkennungsbilanzen[101]im Hinblick auf verschiedene Schulen, auf verschiedene Lehrende an einer Schule und auf verschiedene Schulfächer gegeben. Darauf folgen Szenenbeispiele zu Anerkennungsqualitäten aus dem Anfangsunterricht und aus höheren Bildungsstufen, kontrastierende Einblicke in zwei Sonderschulen, genderbezogene Befunde und Ergebnisse aus der Elementarstufe. Abschließend werden wichtige Ergebnisse zusammengefasst und aus den Beobachtungen ableitbare Ursachen zur Diskussion gestellt.

---

100 An der Erstellung des Codebuchs haben neben Antje Zapf und Denny Klauder auch Katja Zschipke und Natalie Abraham wesentlichen Anteil.

101 Während die passive Anerkennungsbilanz sich auf durch Andere erfahrene Anerkennungen bezieht, geht es bei aktiven Anerkennungsbilanzen um die von einem Akteur ausgehenden, Anderen gewährten Anerkennungen.

### 4.5.1 Numerische Befunde im Überblick: Aktive Anerkennungsbilanzen

Im Folgenden werden zunächst Befunde vorgestellt aus einem Teildatensatz, der ca. 15.000 Feldvignetten umfasst, und aus dem mit 5917 Szenen ein Anteil von ca. 40% im Hinblick auf ausgewählte Aspekte ausgewertet wurde. Die ausgewerteten Szenen wurden im Zeitraum von Februar 2010 bis Mai 2013 an 45 Schulen in Klassen der Primarstufe, der Sekundarstufe I und der Sekundarstufe II beobachtet.

Wie der Überblick (Tabelle 1) zeigt, wurden insgesamt (gerundet) 10% *sehr anerkennende*, 28% *leicht anerkennende*, 34% *neutrale*, 16% *leicht verletzende*, 6% *sehr verletzende* und 5% *schwer einzuordnende* Interaktionen beobachtet. Wenn man diese Befunde in wenigen plakativen Faustformeln zur durchschnittlichen Anerkennungsqualität zusammenfasst, dann lässt sich für annähernd drei Viertel der Interaktionen ein positives Ergebnis konstatieren, während man für ungefähr ein Viertel der Interaktionen von einer negativen Beziehungsqualität sprechen muss. Mit durchschnittlich jeder vierten Lehrer-Schüler-Interaktion ist eine Verletzung verbunden und in durchschnittlich jeder sechzehnten pädagogischen Interaktion erleben die Lernenden die starke Missachtung eines Mitschülers durch eine Lehrkraft. Rein rechnerisch werden die Kinder im Schnitt täglich mindestens zwei Mal Zeugen einer starken psychischen Verletzung eines anderen Kindes, real aber sind die einen seltener und die anderen noch viel häufiger einer solchen miterlebten Verletzung ausgesetzt. Für den unproblematischen, großeren Anteil der Interaktionen kann man eine Summe aus den als *anerkennend* und *neutral* kategorisierten Szenen bilden, da wir davon ausgehen, dass während der *neutralen* Interaktionen eine dem Zweck der Schule gemäße Konzentration auf einen Lerngegenstand möglich ist, ohne dass die Aufmerksamkeit auf die Beziehungsebene gelenkt wird.

Zum Vergleich ist in Tabelle 1 ersichtlich, dass der durchschnittliche Anteil der *sehr verletzenden* Interaktionen im einstelligen Bereich bleibt, während der Anteil der *sehr anerkennenden* Szenen im unteren zweistelligen Bereich liegt und damit etwas höher ausfällt. Diese Daten von den beiden Enden der Scala unterliegen am wenigsten interpretatorischen Unsicherheiten beim Kategorisieren, denn sie sind mehr als alle anderen Auswertungskategorien von zuverlässiger Eindeutigkeit bestimmt. Während eine *leichte Verletzung* oder eine *leichte Anerkennung* auch nah an der Grenze *zu neutralen* Handlungsweisen liegen könnten, ist davon bei starken Anerkennungen und starken Verletzungen eindeutig nicht auszugehen. Auch die Möglichkeit bei Unsicherheit, Feldvignetten als *schwer einzuordnen* kategorisieren zu können, trägt dazu bei, die anderen Zuordnungen zuverlässiger zu machen. Szenen, die ambivalente Mischungen aus den verschiedenen Anerkennungsqualitäten aufweisen, bewegen sich um 5% und bilden eine zu beachtende und besonders interessante Größe im schulischen Interaktionsgeschehen. Da sie verletzende Elemente enthalten, können Sie in einer vereinfachenden Ergebnisdarstellung der Kategorie der verletzenden Interaktionen zugeordnet werden.

*Tabelle 1:* Anerkennungsgrade 6015 FV gesamt und nach Schulstufen

| Stufe | Anzahl | sehr anerkennend | leicht anerkennend | neutral | leicht verletzend | sehr verletzend | schwer einzuschätzen |
|---|---|---|---|---|---|---|---|
| gesamt | 6015 | 10 % | 28 % | 34 % | 16 % | 6 % | 5 % |
| Beispiel Sek II | 188 | 14 % | 37 % | 25 % | 16 % | 3 % | 4 % |
| Beispiel Sek I | 924 | 10 % | 35 % | 24 % | 19 % | 7 % | 4 % |
| Beispiel Primar | 4903 | 10 % | 27 % | 36 % | 16 % | 6 % | 6 % |
| (Erläuterung zu Tab. 1: Circa 90% der Szenen aus dem Primarbereich wurden im Anfangsunterricht im 1. und 2. Schuljahr erhoben. Zu berücksichtigen ist, dass die Anzahl der codierten Szenen aus dem Sek-II-Bereich noch sehr gering ist!) | | | | | | | |

Dazu, wie sich diese Durchschnittswerte im Hinblick auf verschiedene Schulstufen aufschlüsseln, gewinnt man am einfachsten einen Überblick, wenn man zunächst die *leicht verletzenden* und *sehr verletzenden* Interaktionen, die vorgefunden wurden, zusammenfasst und vergleicht. Die Ergebnisse für diese problematischen Interaktionen sind relativ ähnlich. Sie bewegen sich zwischen 19% in der Sekundarstufe II (für die allerdings erst wenige Protokolle ausgewertet wurden, sodass nicht verallgemeinert werden darf) und 26% in der Sekundarstufe I, für die der schlechteste Wert gefunden wurde, während die Primarstufe mit 22 % dem Durchschnitt aller Beobachtungen nahe kommt. Bei der Interpretation dieser Daten ist es wichtig, zu berücksichtigen, dass Befunde aus dem Anfangsunterricht in hohen Zahlen vorliegen und darum den Gesamtdurchschnitt am stärksten beeinflussen.

Der Blick in die Details der Daten, die hinter solchen Durchschnittswerten stehen, offenbart nun, dass sie noch nichts darüber aussagen, welche Erfahrungen Kinder konkret in ihren Klassen machen, weil sich die Ergebnisse für einzelne Lehrpersonen erheblich unterscheiden. Das lässt sich am Beispiel der Ergebnisse zeigen, welche in der X-Schule, einer Schule mit langer schülerfreundlicher reformpädagogischer Tradition[102], gefunden wurden. In der X-Schule war es dank des Engagements der Schulleitung möglich, in 12 Klassen jeweils mindestens an 2 Unterrichtstagen zu hospitieren, sodass fast 1500 Feldvignetten vorliegen, welche die ganze Mischung eines Kollegiums widerspiegeln.

*Tabelle 2:* Anerkennungsgrade X-Schule: Summe der 40 Lehrer gesamt und zwei kontrastierend ausgewählte einzelne Lehrkräfte

| Schule/Lehrer | Anzahl absolut | sehr anerkennend | leicht anerkennend | neutral | leicht verletzend | sehr verletzend | schwer einzuschätzen |
|---|---|---|---|---|---|---|---|
| 40 L gesamt | 1491 | 5,5 % | 32,5 % | 35,5 % | 9,2 % | 5,1 % | 12,4 % |
| L 1 | 157 | 3,2 % | 59,9 % | 33,1 % | 1,3 % | 0,0 % | 2,6 % |
| L 2 | 55 | 0 % | 7,3 % | 10,9 % | 30,9 % | 23,6 % | 27,3 % |

Die Auswertungen der Beobachtungen an der X-Schule belegen dreierlei: Zum einen wurden für die Beobachtungen in den 12 Klassen der gleichen Schule mit reformpädagogischer Tradition Ergebnisse gefunden, deren Durchschnitt insgesamt deutlich über dem Durchschnitt aller erfassten Schulen, auch aller Grundschulen, liegen. Denn nur 14,35% der Interaktionen wurden als *verletzend* eingestuft. Dieses Resultat entspricht den Ergebnissen anderer Schulforschungsstudien, in denen der Einfluss der Einzelschule als bedeutsam erkannt wurde (vgl. Helpser/Wiezorek 2006). Zum anderen werden für einzelne Lehrkräfte höchst unterschiedliche Werte gefunden, sodass ganz verschiedene individuelle Profile vorliegen. Eine Lehrkraft (L1 in Tabelle 2), für die mit 157 vergleichsweise viele Feldvignetten vorliegen, hat nur ein einziges Mal *leicht verletzend* gehandelt. Hier genießen die Kinder also durchgehend eine freundliche pädagogische Beziehung. Eine andere Lehrkraft (L 2 in Tabelle 2), für die 55 Feldvignetten vorliegen, hat in mehr als der Hälfte ihrer Interaktionen Kinder *verletzt*, in nahezu einem Viertel der Interaktionen handelte es sich dabei um *schwere Verletzungen.* Zum Dritten kann festgestellt werden, dass auch Lehrkräfte mit aus problematischen und unproblematischen Anteilen gemischten Profilen unterrichten. Für die drei hier genannten Anerkennungsprofile gilt, dass sie keine Einzelfälle sind, sondern ähnlich an der Beobachtungsschule so wie an weiteren Schulen immer wieder vorkommen.

102 Es handelt sich um eine staatliche deutsche Grundschule (Standorte können aus Gründen der Anonymisierung nicht genannt werden). Wir danken sehr für die Bereitschaft, eine solche Untersuchung zuzulassen.

Die aktiven Anerkennungsbilanzen einzelner Lehrpersonen zeigen, dass ein insgesamt positives, schulkulturelles Klima nicht unbedingt mit einheitlichen Tendenzen der beteiligten Lehrpersonen einhergeht. Auch an Schulen, die über langjährige reformpädagogische, auch integrative Erfahrungen verfügen, können trotz vieler *sehr anerkennend* handelnder Teammitglieder einzelne Lehrpersonen arbeiten, die überdurchschnittlich häufig *verletzen*. Selbst die „Doppelsteckung" gewährleistet, wie wir zwar selten, aber doch einige Male beobachten konnten, nicht, dass die zusätzliche pädagogische Fachkraft sich solidarisch für die Kinder engagiert (siehe Punkt 4.5.2, Feldvignette FV 2).

Eine weitere Auswertung eines Teildatensatzes von mehr als 10 000 Feldvignetten fragt nach der Verteilung von Anerkennungsqualitäten im Fachunterricht[103]. Die Auswertung ergibt relativ ähnliche Befunde für vier verschiedene Schulfächer. In allen Fächern überwiegt bei weitem anerkennendes und neutrales Lehrerhandeln. Verletzende und ambivalente Handlungsweisen sind seltener zu finden. Dennoch unterscheiden sich die durchschnittlichen Ergebnisse für die einzelnen Fächer: Für das Fach Sport werden die günstigsten Werte ermittelt, denn 80% aller pädagogischen Interaktionen fallen anerkennend aus. Im Fach Musik kommt die Auswertung auf die problematischsten Werte im Fächervergleich; durchschnittlich nur knapp über 60% der pädagogischen Interaktionen werden im Musikunterricht als anerkennend kategorisiert. In Deutsch wird nur wenig weniger anerkannt als im Sport, während Mathematiklehrer nur wenig mehr anerkennen als Musiklehrer. Eine ausführliche materialreiche Untersuchung der Qualität pädagogischer Beziehungen im Musikunterricht hat Christin Tellisch (2015) vorgelegt. Für das Verständnis auch dieser fächerbezogenen Ergebnisse ist einmal mehr festzuhalten, dass es sich hier nur um Durchschnittswerte handelt. In jedem der Fächer arbeiten Lehrerinnen und Lehrer mit außerordentlich anerkennendem Handlungsprofil, während gleichzeitig in jedem Fach Personen tätig sind, die notorisch zu häufig verletzenden Adressierungen ihrer Schülerinnen und Schüler neigen.

### *4.5.2 Szenen aus dem Anfangsunterricht: Beispiele für Anerkennungsgrade*

Die Beobachtungsprotokolle enthalten Feldvignetten[104] (FV), die als narrative Miniaturen gelesen und interpretiert werden können. Die Auseinandersetzung

103 Vgl. für die detaillierte Darstellung dieser auf Schulfächer bezogenen Teilstudie Prengel u.a. 2016b.

104 Die in diesem Kapitel wiedergegebenen Feldvignetten wurden erstellt bzw. gesammelt von Marleen Burisch, Robert Bartel, Katrin Donak, Stefan Lemke, Jennifer Henning, Sabine Rösler, Annett Hedderich, Denny Klauder, Christin Tellisch, Katja Zschipke.

mit einer Reihe exemplarischer Texte aus diesem Fundus ermöglicht Einblicke in die Anerkennungsqualitäten, die anhand der in Kapitel 3 erarbeiteten Formen pädagogischer Anerkennung analysiert werden. Die ausgewählten Protokollausschnitte sind zugleich Ankerbeispiele für die sechs grundlegenden Auswertungskategorien (siehe Auswertungsverfahren, Punkt 4.4). Zu den Feldvignetten gehören fachliche Kommentare und introspektive Selbstberichte (siehe Erhebungsverfahren, Punkt 4.3).

FV 1 (März 2011, Anfangsunterricht, Einzelarbeit, *sehr verletzend*)

Beobachtung: *Die Lehrerin Frau Z. wendet sich zu Stefan schaut in sein Heft und sagt: „Weißt du was mich richtig ärgert? Dass du so unglaublich faul bist.“ Frau Z. zeigt auf uns (die Hospitantinnen). „Diese beiden Frauen da denken echt, dass du bescheuert bist. Dabei bist du einfach nur so richtig schön dumm. So richtig schön dumm-faul.“ Stefan schaut auf sein Heft und stützt den Kopf auf die Hände.*
Kommentar: *Frau Z. reagiert in dieser Situation übertrieben und unangemessen. Sie stellt Stefan bloß.*
Introspektion: *Ich bin schockiert.*

Diese Szene enthält einige Elemente, die für sehr missachtende Interaktionen typisch[105] sind, dazu gehören Diskriminierung und Bloßstellung vor Anderen, hier verstärkt, durch explizites denunziatorisches Vorführen den anwesenden externen Gästen gegenüber. Das diskriminierte Kind blickt nach unten und hält sich den Kopf, was resigniert wirkt. Die Notiz zur emotionalen Resonanz der Beobachterin spiegelt den dramatisch negativen Gehalt der Interaktion wider. Aus professioneller Sicht liegt hier zweifellos ein Kunstfehler aus Mangel an Solidarität vor, die Interaktion unterminiert Wohlergehen und schulisches Lernen. Auch den Anerkennungsformen der rechtlichen Achtung und der leistungsbezogenen Wertschätzung wird zuwider gehandelt.

105 Als Beispiel wurde hier mit der diffamierenden Adressierung ein Handlungsmuster ausgewählt, das im Bereich der *sehr verletzenden* Interaktionen immer wiederkehrt. Es konnten auch einmalige Handlungsweisen gesammelt werden. Dazu gehören neben dem Werfen von Gegenständen, die Extremfälle, dass ein Lehrer eine Note klassenöffentlich tatsächlich durch Würfeln mit einem wirklichen Würfel ermittelte, oder dass eine Lehrerin ein Kind aus der Klasse nahm und allein in eine Kammer einschloss und die protestierende Beobachterin mit dem Hinweis abwehrte, dass ihr Handeln korrekt sei. (In der Regel intervenieren die Beobachtenden nicht, in dieser Ausnahmesituation war der spontane Protest angemessen.)

FV 2 (März 2011, Anfangsunterricht, Einzelarbeit, *leicht verletzend*)

Beobachtung: *Der Erzieher Herr V.*[106] *erklärt Luise eine Aufgabe und fragt: „4+1 ist größer als 4?" Anna nickt unsicher. Emil nickt ebenfalls. Im gleichen Augenblick schwatzen Marie und Luise miteinander, wobei Marie Luise bei ihren Aufgaben hilft. Herr V schreit über die Tische ermahnend: „Marie!" Marie guckt verwundert und schreibt schnell weiter.*
Kommentar: *Herr V. ist mit Anna beschäftigt und bekommt nicht mit, dass Marie nur helfen möchte und schreit sie an. Marie wirkt verunsichert, sagt aber nichts.*
Introspektion: *Ich bin verwirrt.*

In dieser als *leicht verletzend* kategorisierten Interaktion wird ein Kind, das dabei ist, einem anderen Kind zu helfen, mit seinem Namen angeschrien. Dass Herr V. während der Einzelarbeit bei nichtigem Anlass schreit, lässt auf seine gestresste, ärgerliche Stimmung sowie auf mangelnde Reversibilität und Unklarheit hinsichtlich der geltenden Regeln schließen. Während er selbst einen Sachverhalt erklärend mit einem Kind bespricht, bestraft er durch Anschreien, wenn sich ein Kind ebenso verhält. Diese Konfusion spiegelt sich in der Introspektion der Hospitantin wider, die verwirrt ist. In dieser Szene mangelt es an Solidarität und an Achtung.

FV 3 (März 2011, Anfangsunterricht, Stuhlkreis, *schwer einzuordnen*)

Beobachtung: *Denis und Erwin ziehen sich die Kapuzen ihrer Sweat-Shirts über. Die Lehrerin Frau S. kommentiert nur kurz in lustigem Ton: „Hey ihr Rapperkinder, setzt die Kapuzen ab! ...sonst tausche ich euch gegen einen Goldhamster ein!" Die Jungen, die Arme vor der Brust verschränkt, reagieren erst einmal nicht, worauf ihnen Frau S. die Kapuzen abstreift. Widerstandslos und in unveränderter Sitzhaltung lassen sie es sich gefallen.*
Kommentar: *Die Lehrerin verpackt ihre Aufforderung vorerst in einen Witz, greift danach dennoch autoritär ein.*
Introspektion: *Ich bin entspannt.*

Die Interaktion ist in ihrer Mischung aus sarkastischem Humor und dominantem Handeln uneindeutig. Die entspannte Stimmung der Hospitantin zeigt an, dass sie die köpernahe Intervention der Lehrerin nicht als destruktiv übergriffig erlebt hat, damit kommt es zur Kategorisierung als *schwer einzuordnen*.

106 In der altersgemischten Klasse sind während dieser Stunde 2 Erwachsene (eine Lehrerin und ein Erzieher) anwesend.

FV 4 (März 2011, Anfangsunterricht, Lehrerleitung, Stuhlkreis, *neutral*)

Beobachtung: *Es wird mit dem Rechenwagon gearbeitet. Aufgaben werden in die Runde gestellt. Nach Aufforderung und gemeinsamer Lösung werden die Aufgaben von einigen Kindern an die Tafel geschrieben.*
Kommentar: Ein Kommentar fehlt im Protokoll.
Introspektion: *Ich bin aufmerksam.*

Eine Lernsituation, in der sich alle auf die Aufgabe konzentrieren! Das Fehlen des Kommentars verweist auf die Sachbezogenheit der Interaktion, sodass die Hospitantin es versäumt, die Anerkennungsqualität zu kommentieren. Die Szene ist beispielhaft dafür, dass *neutrale* Interaktionen eine positive Qualität aufweisen, weil in ihnen störungsfreies schulisches Lernen möglich ist.

FV 5 (März 2011, Anfangsunterricht, Lehrerleitung Stuhlkreis, *leicht anerkennend*)

Beobachtung: *Achim rechnet nun eine Aufgabe. Es wird wieder unruhig im Kreis, die Kinder reden durcheinander. Die Lehrerin Frau S. interveniert kurz. „So wartet mal. Wer spricht jetzt?" Die Kinder antworten „Achim". Sie fragt weiter: „Und wer hört zu?" Im Chor antworten die Schüler, dass alle anderen zuhören. Augenblicklich wird es ruhiger.*
Kommentar: *Frau S. wird es zu laut. Sie scheint sich wieder gefangen zu haben und reagiert nun nicht mehr* (wie in einigen Interaktionen zuvor – A.P.) *mit Ermahnungen oder Sanktionen, sondern erinnert an die Gesprächsregeln. Der Hinweis ist für die Schüler verständlich, die gewünschte Reaktion stellt sich ein.*
Introspektion: *Ich bin aufmerksam.*

Die Intervention der Lehrerin ist *anerkennend*, weil sie in einer potenziell konfliktträchtigen Situation die Schülerinnen und Schüler als Personen respektiert, die kommunikative Regeln einhalten können. Solche konstruktiv lenkenden Handlungsweisen unterscheiden sich von *verletzenden* disziplinierenden Interventionen, in denen willkürlich und destruktiv agiert wird. In dem hohen Anspruch an die Schülerinnen und Schüler, Regeln zu beherrschen, erweist sich die Lehrerin als solidarisch.

FV 6 (28.3.2011, Anfangsunterricht, Einzelarbeit, *sehr anerkennend*)

Beobachtung: *Die Schüler arbeiten an ihrer Aufgabe, nur Markus sitzt noch immer untätig an seinem Tisch. Die Lehrerin Frau S. geht auf ihn ein: „Markus was ist los? Möchtest du dir nichts aussuchen? Möchtest du gedrückt werden? Möchtest du Seilspringen? ...Gar nichts?" Er schüttelt den Kopf. Sie fragt weiter: „In die Leseecke? ...Was ist heute los mit dir, musst du erst mal*

*ankommen? Dann geh in die Leseecke und ich wünsche dir sehr, dass du heut wieder bessere Laune bekommst. Wir haben heute nämlich noch etwas zu feiern.*"
Kommentar: *Frau S. geht auf Markus zu und versucht ihn in das Geschehen einzubinden. Sie geht auf seine emotionalen Befindlichkeiten ein und bietet ihm verschiedene Möglichkeiten an.*
Introspektion: *Ich bin gerührt.*

Die Zuordnung als *sehr anerkennend* geschieht angesichts einer möglicherweise konfliktträchtigen Situation, in der ein Schüler weder arbeitet noch auf Fragen antwortet. Die Lehrerin engagiert sich dafür, herauszufinden, was dem Kind helfen könnte und tröstet mit dem Ausblick auf die Feier. Dass die Hospitantin gerührt ist, weist darauf hin, dass in den Worten der Lehrerin eine engagierte Solidarität durch unnachgiebige liebevolle Fürsorglichkeit zum Ausdruck kommt.

Da es möglich war, eine große Fülle an Feldvignetten aus dem Anfangsunterricht zu sammeln, von denen schon etwa 4500 ausgewertet werden konnten, liegen zu dieser Bildungsstufe im INTAKT-Projekt die am besten abgesicherten Erkenntnisse vor. Alle *anerkennenden* Interaktionen enthalten die Anerkennungsform der Solidarität mit Fremden. Erstaunlich ist, dass der Anteil an *verletzenden* Handlungsweisen den kleinen Erst- und Zweitklässlern gegenüber mit durchschnittlich 25 % dem Durchschnittswert aller Schulstufen entspricht. Denn in all den Szenen bemühen sich viele Kinder immer wieder sehr, als Schülerinnen und Schüler anerkannt zu werden. Zahlreiche negative Adressierungen von Lehrkräften gehen nicht etwa aus schwierigen Konfliktsituationen hervor, sondern kommen wie aus heiterem Himmel ohne ersichtlichen äußeren Anlass zum Ausbruch. Die Abhängigkeit und Verletzlichkeit der kleinen Kinder löst bei den destruktiv agierenden Lehrpersonen keine feinfühlige Solidarität aus, im Gegenteil, es stellt sich die Frage, ob möglicherweise gerade die kindliche Ohnmacht zum Ausagieren von aversiver Dominanz verleiten könnte. Mit den Mitteln des INTAKT-Projekts ist diese Frage nicht zu klären.

### 4.5.3 Szenen aus den Klassen 3-11: Beispiele für Kompetenz, Glück, Ironie

Nach dem Anfangsunterricht soll nun der Blick in höhere Klassen gerichtet werden. Hier wurden Feldvignetten ausgewählt, die thematisch aufschlussreich und beispielhaft sind. In den folgenden Lehrer-Schüler-Interaktionen geht es um Kompetenz, um Glück und um Ironie.

FV 7 (April 2011 Musikprojekt, Gesang, 7.-12. Klasse, *sehr anerkennend*)

Beobachtung: *Frau S. bei der Gesangsprobe: „Deine Atmung ist schon super Aber jetzt müssen wir noch an der Artikulation arbeiten".*
Kommentar: *Frau S. lobt und setzt das nächste Ziel.*
Introspektion: *Mich freut das konstruktive Lob der Lehrerin.*

In dieser narrativen Miniatur hat die Protokollantin prägnant eingefangen, was didaktische Anerkennung als unerlässliche Dimension von didaktischer Passung ausmacht. Die Äußerung der Lehrerin erfüllt zwei elementare diagnostisch-didaktische Funktionen: Die zum gegebenen Zeitpunkt erreichte Kompetenz wird *anerkannt* und der von hier aus anstehende nächste Lernschritt wird antizipiert. Dabei steht weniger das „Lob" im Vordergrund als vielmehr die diagnostische Erkenntnis, die auf einer umfassenden Kenntnis des sachstrukturellen Aufbaus des Lerngegenstandes beruht. In dieser Feldvignette lässt sich jene Form der Solidarität ausmachen, die in den Abschnitten zum didaktischen Dreieck (Punkte 1.2 und 3.4.4) reflektiert wurde. Hier bildet das Lied den gemeinsamen Lerngegenstand, auf den sich die intersubjektiv geteilte Aufmerksamkeit richtet und das selbst die intersubjektive Gemeinsamkeit stiftet.

FV 8 (April 2012, lehrergelenkter Musikunterricht, 3. Klasse, *sehr anerkennend*)

Beobachtung: *Die Kinder setzen sich auf Podeststufen* (im Musiksaal der Schule – A.P.) *und lachen und reden miteinander. Es haben sich kleine Grüppchen gebildet. Der Lehrer Herr B. holt sein Akkordeon und sagt, dass alle, die das Lied kennen, mitsingen sollen. Viele Kinder stimmen schon nach den ersten Tönen in Jingle Bells mit ein und nach wenigen Sekunden singt die ganze Klasse Jingle Bells. Herr B. nickt immer wieder aufmunternd und begeistert seiner Klasse zu, um sie zum lauten Singen zu animieren. Als die Klasse mehrere Strophen gesungen hat, hört Herr B. auf und klatscht begeistert und lobt die Klasse für den lauten und tollen Gesang. Viele Kinder strahlen und sehen glücklich aus.*
Kommentar: *Herr B. lobt die Schüler.*
Introspektion: *Ich singe auch mit.*

In diesem Szenenportrait werden einfache Mittel der Lehrerlenkung vorgestellt, mit denen es dem Lehrer problemlos gelingt, lebhafte Kinder zu einer gemeinsamen Aktivität zu bringen, sie zu begeistern und ihnen glückliche Augenblicke in der Schule zu ermöglichen. Glück entsteht gemeinsam durch Relationen zwischen Lehrer und Gruppe sowie innerhalb der Gruppe. Ein solches beglückendes Ereignis lässt an Hartmut Rosas Verständnis von „Resonanz" denken sowie an die Bedeutung von relationaler Intersubjektivität (vgl. Rosa 2011, 2016; vgl. auch Zirfas 2011 und Kapitel 2). Sichtbar wird eine hohe

Solidarität mit Fremden, der Lehrer setzt sich passioniert dafür ein, dass die Kinder singen und dass sie gemeinsam Freude am Singen haben.

FV 9 (Juni 2012, Politische Bildung, 10. Klasse Gesamtschule, *schwer einzuordnen*)

Beobachtung: *Die Lehrerin Frau G. fragt, warum das Einkleben der Zettel so lange dauert: „Gerade bei den Herren der Schöpfung ist es ja bewiesen, dass sie nicht zwei Dinge gleichzeitig können".*
Kommentar: *Frau G. versteht nicht warum die Schüler so lange zum Einkleben der Zettel brauchen und möchte, dass sie schneller arbeiten.*
Introspektion: *Ich muss über den Kommentar von Frau G. schmunzeln, verstehe allerdings nicht, warum sie diesen überhaupt macht.*

In den höheren Klassen der Sekundarstufen kommen immer wieder humorvoll gemeinte Äußerungen vor, die auch die Beobachtenden zum Lachen bringen. Es ist schwer diese Handlungsmuster einzuordnen, weil sie ambivalente Botschaften enthalten, sie bringen Spaß und sie machen jemanden lächerlich, hier in einer milden klischeehaften Entwertung der Jungen, sodass mit *schwer einzuordnen* kategorisiert wurde.

FV 10 (Juni 2012, Politische Bildung, 11. Klasse, Sekundarstufe II, *leicht verletzend*)

Beobachtung: *Frau H. möchte nun mit dem Unterricht beginnen. Sie schaut sich um, ob genug Bücher auf den Tischen vorhanden sind. Sie sagt. „Für diejenigen unter euch, die unter Arthritis leiden, habe ich ein paar Kopien gemacht." Sie lacht dabei.*
Interpretation: *fehlt.*
Introspektion: *Entsetzung pur. Ich verstehe ihre Aussage nicht ganz. Ernst gemeint oder ironisch?*

Auch in dieser Szene wird mit einer humorvoll gemeinten Abwertung gespielt. Aber auf den Beobachter, der darauf verzichtet zu kommentieren, wirkt es nicht ansteckend, er ist sogar entsetzt, was der Formulierung „Entsetzung pur" zu entnehmen ist und was in der Kategorisierung leicht *verletzend* zum Ausdruck kommt.

Die vier Szenen wurden hier zusammengestellt, um ganz unterschiedliche relationale Qualitäten, wie sie in Schulen gelebt werden, sichtbar werden zu lassen. Während die Lehrpersonen in den ersten beiden Szenen, in denen es um Kompetenz und Glück geht, sich ungebrochen solidarisch um die Kinder bemühen, mischen die Lehrpersonen in den folgenden beiden Szenen ihre Zuwendung mit Entwertung und lassen sie ambivalent ironisierend in der Schwebe. Dass Humor im Spiel ist, heißt auch, dass sie sich fast an die altersspezifische Tendenz zur Komik (Maas 2003) anbiedern. Dazu fallen ihnen aber nur abwertend konnotierte Zuschreibungen ein, aus den Bereichen der Gender- und Krankheits-Klischees.

### 4.5.4 Ergebnisse aus zwei Sonderschulen im Kontrast

Bei der Suche nach pädagogischen Arbeitsfeldern, die Beobachtungen erlauben, hat es sich als besonders schwierig erwiesen, in Sonderschulen zugelassen zu werden. Schließlich gelang es in zwei Sonderschulen zu hospitieren, über die hier kurz berichtet wird.

Schule A ist eine Schule für Geistig- und Mehrfachbehinderte Schülerinnen und Schüler, Schule B ist eine Schule für Lernbehinderte.

*Tabelle 3:* Anerkennungsgrade A-Sonderschule und B-Sonderschule (gerundet)

| Zwei Sonderschulen | Anzahl | sehr anerkennend | leicht anerkennend | neutral | leicht verletzend | sehr verletzend | schwer einzuschätzen |
|---|---|---|---|---|---|---|---|
| Schule A | 322 | 0,5 % | 30 % | 60 % | 6 % | 0,5 % | 3 % |
| Schule B | 383 | 0,5 % | 17,5 % | 53,5 % | 23,5 % | 1,5 % | 4 % |

Auffällig ist, dass in Schule A nur ca. 6,5 % der Interaktionen als *verletzend* eingestuft wurden, davon nur eine einzige der insgesamt 322 Szenen als *sehr verletzend.* In Schule B hingegen entspricht der Anteil der *verletzenden* Szenen dem allgemeinen Durchschnitt aller Schulen, davon aber deutlich weniger *schwer verletzend.* Auffällig ist auch, dass an beiden Sonderschulen die *sehr anerkennenden* Interaktionen vergleichsweise selten sind.

An dieser Stelle bieten die Memos der Beobachtenden über die Zahlen hinaus weitere Einblicke in aufschlussreiche Vorkommnisse. In den Feldnotizen vom Dezember 2011 ist zu den Erfahrungen in Schule B zu lesen:

*„Nach unseren ersten Beobachtungsstunden mit der Lehrerin Frau E. hatten mein Forschungspartner und ich einen großen Redebedarf. Frau E. schockierte uns im wahrsten Sinne des Wortes. Sie war sehr redselig(...). Sie zeigte uns offen, dass sie eine große Abneigung gegen ihre Schülerschaft und deren Familien hat. Sie berichtete in sehr abschätziger Art und Weise über asoziale, betrunkene Eltern und deren Kinder, denen ihrer Meinung nach zukünftig dasselbe bevorstehen wird. (...) Als wir sie auf ein von Schülern gestaltetes Praktikumsplakat ansprachen und in diesem Zusammenhang über die Berufs-*

*chancen ihrer Schüler sprachen. Sagte sie lächelnd:,Na was sollen die schon werden? Putze natürlich! Sie müssen eins wissen, unsere Schüler sind vor allem früh gebärend und kriminell.' Besonders wütend wurde sie über einen Fall, in dem eine Schülerin äußerte, dass sie ihre verstorbene Mutter liebt. Frau E. schlug mit ihrer flachen Hand auf den Tisch und sagte erzürnt:,Verdammt nochmal, soll sie doch froh sein, dass die alte Schnapsdrossel endlich tot ist!' Das war mit Abstand die härteste Aussage aus Frau E.s Mund. Mein Forschungspartner und ich waren dermaßen bestürzt, dass wir gar nicht glauben konnten, was sie da sagte. Kurz darauf versicherten wir uns gegenseitig noch einmal, ob wir auch richtig gehört hatten. Die Aufzeichnungen hierzu konnten lediglich nebenbei und außerhalb des Unterrichts gemacht werden. (...) Aus diesem Grund kann dieses überaus missachtende Verhalten von Frau E. nicht in die Beobachtungsstudie einbezogen werden. Nichtsdestotrotz zeigen diese Auszüge aus unseren Gesprächen mit Frau E. meiner Ansicht nach, was für eine verzweifelte und gescheiterte Lehrerpersönlichkeit sie ist. Das Bild, das ich während unserer Hospitationstage von Frau E. bekam, bestätigte sich in zahlreichen Beobachtungsszenen im Unterricht. (...) Dabei zeigte sie auf eine sehr erniedrigende Art und Weise ihre Macht der hilflosen Schülerin (*die in einem Kinderheim lebt – A.P.*) gegenüber.“*

Im Kontrast zu dieser Erfahrung stehen Feldnotizen aus dem gleichen Team zu Schule A: „*Der erste (äußere) Eindruck der Schule A in Bezug auf ihre freundliche Einrichtung und den offenen und den herzlichen Empfang durch die Lehrerschaft hat sich auch in Bezug auf das Verhalten der beobachteten Lehrer bewahrheitet. Hier wurde in den meisten Fällen anerkennendes und bindungsförderndes Lehrerhandeln beobachtet. (...) So kann hier exemplarisch das Verhalten des Schülers Beno und der Sonderpädagogin Frau U. ausgewertet werden. Der Junge fiel zunächst durch schlechte Laune am Morgen auf. Die aufmerksame Beobachtung der Lehrerin und ihr Einfühlungsvermögen halfen, den Grund für die Verstimmung des Jungen zu entdecken: das tägliche Tischgebet fehlte. Als anerkennende und bindungsfördernde Maßnahme wird dieses nachgeholt und laut vor allen erklärt, dass das Vergessen des Gebetes der Grund der Verstimmung gewesen sei. Die Sonderpädagogin Frau U. kennt ihren Schüler genau. Ihr ist bewusst, dass für Beno die täglichen Rituale unerlässlich sind. Sie helfen ihm den Tag zu bestreiten, sie geben ihm ein Gefühl der Sicherheit und des Wohlseins. Diese positiven Emotionen benötigt der Schüler um optimal zu lernen.“*

Wenn die ausgewählten Feldnotizen eins verdeutlichen, dann dass eine Schulform nichts darüber aussagt, in welche Beziehungssituationen die Schülerinnen und Schüler dort geraten. Sie verdeutlichen darüber hinaus, dass an Sonderschulen sowohl eine Gefahr für Kinder aus der untersten Unterschicht besteht, auf extreme Weise auch durch Lehrpersonen, diskriminiert zu werden als auch eine Chance für Kinder mit schweren Behinderungen gegeben ist, um den Preis der Isolierung von anderen Gleichaltrigen aus ihrem Wohngebiet, besonders sensibel respektiert zu werden. Aus diesen Widersprüchlichkeiten speisen sich die Argumente im Streit um Inklusion (Prengel 2013a). Dass ein Schonraum geschaffen werden kann, dient als Begründung für Segregation. Demgegenüber geht aus allen einschlägigen Befunden hervor, dass in allen Schulen Feinfühligkeit für alle Schülerinnen und Schüler praktiziert werden sollte.

### 4.5.5 Adressierungen von Mädchen und Jungen

Im Jahr 2017 war es möglich – für eine Festschrift zu Ehren der Pionierin der Geschlechterforschung Hannelore Faulstich-Wieland – eine Teilstudie zu den Adressierungen von Mädchen und Jungen zu erstellen. Dazu wurden 12415 Feldvignetten aus den letzten 15 Jahren ausgewählt, die an ungefähr 300 Tagen in ca. 90 Schulen protokolliert worden sind. Die Analyse des Geschlechts der beteiligten Schülerinnen und Schüler ist möglich, weil die sichtbare Geschlechtszugehörigkeit in rund 96% der Szenen erfasst wurde.

Die Analyse der Daten[107] ergibt, dass in rund 40% der Feldvignetten beide Geschlechter, in rund 38% der Feldvignetten Jungen und in rund 22% der Feldvignetten Mädchen angesprochen wurden. Ein weiteres Ergebnis ist, dass durchschnittlich 24% aller Adressierungen, die sich an Mädchen richten, als verletzend kategorisiert wurden, bei den an Jungen gerichteten Adressierungen trifft das in 28% der Fälle zu. Jungen werden also sehr viel häufiger von ihren Lehrerinnen und Lehrern angesprochen als Mädchen. Und wenn Mädchen angesprochen werden, ist der Anteil an Verletzungen, die sie erfahren etwas geringer.

Diese Ergebnisse lassen den Schluss zu, dass geschlechtsbezogene Anteile an Lehrer-Schüler-Interaktionen noch relativ stark den überkommenen Geschlechterungleichheiten entsprechen. Dennoch zeichnet sich in den aktuellen Daten gegenüber dem noch Ende des 20. Jahrhunderts vorherrschenden „Zwei-Drittel-Aufmerksamkeitsgesetz" (Faulstich-Wieland 1995, S. 126) eine leichte Tendenz zu egalitäreren Verhältnissen ab.

### 4.5.6 Ergebnisse aus dem Elementarbereich

Auch in frühpädagogischen Settings wurden und werden im Projektnetz INTAKT umfassende Beobachtungsstudien realisiert. Ein Teildatensatz wurde intensiv von Christin Tellisch aus dem INTAKT-Team analysiert – mit bedeutsamen Resultaten. Protokolle mit 1590 Feldvignetten wurden ausgewertet, die

---

107 Vgl. mit detailreichen Feldvignetten und Literaturangaben Prengel u.a. 2017

in den Jahren 2015-2017 in 28 Kindertageseinrichtungen an 56 Beobachtungstagen unter Einbeziehung von insgesamt 158 frühpädagogischen Fachkräften entstanden sind (vgl. Tellisch 2018; Tellisch/Prengel 2019).

Die numerischen Durchschnittsbefunde ähneln stark den im Schulbereich ermittelten Verhältnissen von ¾ anerkennenden und neutralen Adressierungen zu ¼ verletzenden und stark ambivalenten Adressierungen (siehe 4.5.1). Im Schnitt wurden 73,3% der Szenen in Kindergärten (einschließlich Krippenbereich) als anerkennend und neutral, aber 26,7% als verletzend und ambivalent kategorisiert. Bemerkenswert ist, dass der Anteil stark verletzender pädagogischer Interaktionen an allen Interaktionen der Erziehenden mit den Kindergartenkindern mit 7,2% verhältnismäßig hoch ausfällt.

Die einzelnen Kindertageseinrichtungen weisen sehr unterschiedliche Anerkennungsbilanzen auf. So wurden in vier der 28 Kitas deutlich schlechtere Ergebnisse gefunden, hier gingen bis zu 62,8 % der interaktiven Handlungsweisen der Erziehenden mit Verletzungen von Kindern einher. Nicht anders als Lehrkräfte handeln auch frühpädagogische Fachkräfte individuell sehr verschieden. Aber es kommt vor, dass in einzelnen Kitas eine fast durchgängig negative Tendenz auffällt und dass immer wieder junge von außen kommende Praktikantinnen und Hospitantinnen diejenigen sind, die Kritik äußern und in der Regel harsch abgewiesen werden mit Verweis auf ihre berufliche Unerfahrenheit – so wiederholt auch im INTAKT-Projekt.

Verletzende frühpädagogische Handlungsmuster sind destruktive Kommentare und Anweisungen, das Ignorieren bedürftiger Kinder, negative Zuschreibungen, Anbrüllen, Verweigerung einer notwendigen Hilfe. Seltener kommen aggressiver Köperkontakt, Ausgrenzung, Drohung und Spott vor.

Anerkennende frühpädagogische Praktiken zeigen sich in freundlichen Kommentaren, freundlichen körperbezogenen Handlungen, Lob, Trost, Hilfe, Anleitungen zu Kooperation der Kinder untereinander, zu Selbständigkeit, und zu Kreativität sowie in konstruktiven Grenzsetzungen.

## 4.6 Zusammenfassung der Ergebnisse und Ursachenanalyse

Aufgrund der Durchsicht der bisher ausgewerteten Beobachtungen aus dem Projektnetz INTAKT, lassen sich abschließend einige Befunde pointiert zusammenfassen:

- Die Vermutung verfestigt sich, dass durchschnittlich *drei Viertel* der pädagogischen Interaktionen anerkennend und neutral gestaltet werden, während *ein Viertel* der pädagogischen Interaktionen in Schulen und Kindergärten (einschließlich Krippen) mit verletzenden Adressierungen einhergehen.
- Eindeutig belegbar ist, dass dieser Durchschnittswert im Hinblick auf Einzelfälle nicht aussagekräftig ist, denn einzelne Lehr- und Fachkräfte weisen außerordentlich verschiedene aktive Anerkennungsbilanzen auf. Sehr anerkennende und sehr verletzende Personen arbeiten unter den gleichen Bedingungen Tür an Tür. Zwar können teilweise deutliche einrichtungs- und schulkulturelle Unterschiede festgestellt werden, aber auch in pädagogischen Institutionen, die insgesamt eine überdurchschnittlich gute aktive Anerkennungsbilanz aufweisen, finden sich häufig einzelne Erwachsene, die sehr stark dazu neigen, Kinder und Jugendliche zu verletzen.
- Bei den Lernenden lassen sich intensive Resonanzen auf die Art der Ansprache beobachten. Anerkennungen ermöglichen tendenziell Lernen. Verletzungen blockieren tendenziell Lernen. Reaktionen auf Verletzungen sind ebenso wie Reaktionen auf Anerkennungen in der Körpersprache der adressierten Heranwachsenden ablesbar.
- Verletzungen durch Erziehende und Lehrpersonen treffen teilweise seriell die gleichen Kindergartenkinder und Schülerinnen und Schüler.
- Kinder und Jugendliche streben mit unterschiedlichsten Mitteln nach Anerkennung. Kinder im Anfangsunterricht der ersten und zweiten Klasse, auch die Kinder, die verletzt wurden, kämpfen darum, als Schüler anerkannt zu werden.
- Pädagogische Interaktionen wirken sich auf Resonanzen der Peergruppe aus. Die Gleichaltrigen lassen sich tendenziell hinsichtlich Freundlichkeit und Feindseligkeit vom Stil der Fachkraft oder Lehrperson anstecken. (Beispiele: Die Mathematiklehrerin erreicht durch Ermutigung einen lange erhofften Leistungsfortschritt eines Schülers – die anderen Kinder klatschen Beifall. Die Sportlehrerin kritisiert herablassend ein dickes Mädchen beim Geräteturnen – die Jugendlichen lachen das Mädchen aus, die Lehrperson toleriert das Lachen.) In der Gewaltforschung gilt auch die miterlebte Gewalt gegen Andere als eine Form selbst erlittener Gewalt, sodass vor allem die schweren Verletzungen, die durchschnittlich ungefähr 6% aller pädagogischen Interaktionen kennzeichnen, als verbale

Gewalt, von der alle Kinder und Jugendlichen getroffen werden, einzustufen sind (Neuner 2012; Kuch/Herrmann 2010).

- In den Feldvignetten wurden wiederkehrende Muster der Anerkennung gefunden. Dazu gehören: zu Entwicklung und Leistung ermutigen, engagiert erklären, Leistung loben, bei Kummer trösten, kleinere Kinder freundlich streicheln oder in den Arm nehmen, ältere Kinder freundlich ansprechen, Konflikte wahrnehmen und lösen helfen, Humor und Lachen ermöglichen, den Kindern und Jugendlichen zuhören, bei Fehlverhalten Grenzen setzen und integrierend Wiedergutmachung ermöglichen.
- In den Feldvignetten wurden wiederkehrende Muster der Verletzung gefunden. Dazu gehören: Lernleistungen, Fehler oder Fehlverhalten diskriminierend kritisieren, Kinder anbrüllen, sarkastisch ansprechen, lächerlich machen, beschämen, ignorieren, unterbrechen, in Gegenwart von Klassenkameraden und von externen Besuchern negativ über ein anwesendes Kind sprechen, Kinder und Jugendliche nicht anhören, am Arm schütteln, vor die Tür schicken, Hilfe durch Peers verbieten, Kummer und körperliche Schmerzen ignorieren, bei Fehlverhalten keine Grenzen setzen, bei Verletzungen durch Peers nicht intervenieren und so Hilfe unterlassen.
- In den Feldvignetten wurden wiederkehrende Muster ambivalenten pädagogischen Handelns gefunden. Dazu gehören: Das Lob für ein Kind geht mit der Entwertung eines anderen Kindes einher. Ein Lob enthält die Festigung der Definitionsmacht der Lehrerin. Eine angenehme Heiterkeit erzeugende Bemerkung enthält subtil einen Aspekt von Humor auf Kosten eines Schülers. Ein für die Kinder einerseits berechenbares, transparentes, Halt gebendes Punktesystem enthält andererseits übermäßige Lehrerdominanz. In als ambivalent eingestuften Interaktionen ist also eine verletzende Komponente zu erkennen. Obwohl angesichts der durch die Generationenhierarchie bedingten Antinomien pädagogischen Handelnspotenziell in jeder pädagogischen Interaktion ambivalente Aspekte aufgedeckt werden können, lassen sich solche hochambivalenten Handlungsweisen klar von solchen unterscheiden, die als vor allem *anerkennend* und als vor allem *verletzend* einzuordnen sind.
- Vergleiche zwischen Interaktionen in schulischen und frühpädagogischen Arbeitsfeldern belegen, dass durchschnittlich von ähnlichen Befunden im Hinblick auf die Qualität pädagogischer Beziehungen auszugehen ist.

Die hier zusammengefassten Befunde korrespondieren mit den in Kapitel 3 dargestellten Ergebnissen aus unterschiedlichen Strömungen, der seit einem Dreivierteljahrhundert international praktizierten pädagogischen Beziehungsforschung von Kurt Lewin über Volker Krumm bis zu Robert C. Pianta und bestätigen sie in vielerlei Hinsicht. Immer wieder werden sehr gegensätzliche, sowohl anerkennende als auch verletzende Handlungsweisen nachgewiesen. Respektvolles, kinder- und schülerfreundliches, leistungsfreundliches pädagogisches Handeln wurde immer wieder beschrieben. Missachtende autoritäre

Handlungsmuster werden immer wieder in ähnlichen Formen des Anbrüllens, Lächerlichmachens, Ignorierens, Entmutigens und Bloßstellens belegt. Laissez faire wird immer wieder als destruktiv wirkende, mangelnde Strukturierung aufgedeckt.

In den INTAKT-Untersuchungen werden Ursachen, die den verschiedenen Anerkennungsqualitäten zugrunde liegen, nicht erhoben. Wie erläutert, wurden die methodischen Entscheidungen dem Ziel untergeordnet, deskriptiv Aussagen über Formen und Häufigkeiten der interaktiven Handlungsweisen in möglichst großer Zahl treffen zu können, sodass auf systematische Erhebungen anhand vertiefender Interviews zur Rekonstruktion subjektiver Erfahrungen und Begründungen der professionell Beteiligten im Feld verzichtet wurde. Bei der Auswertung der Beobachtungen hat sich nun aber herausgestellt, dass schon die Erhebungssituationen und die Ergebnisse, die sich ja alle auf die Oberfläche der Phänomene konzentrieren, erstaunlicherweise Rückschlüsse auf die Ursachen pädagogischer Handlungsmuster zulassen.

Aufschlussreich sind die Tatsachen, dass unter den gleichen institutionellen Bedingungen in den gleichen Kindergärten und Schulen einzelne Lehrpersonen sehr unterschiedlich handeln und dass sie ihre Handlungsweisen offen vor externen Zeugen zeigen. Schon aus diesen beiden Merkmalen der Beobachtungssituation können wir – unter gebotener Vorsicht – auf einige Erklärungsmöglichkeiten schließen. Eine erste Annahme ist, dass institutionelle Strukturen allein nicht die dominante Einflussgröße auf pädagogisches Handeln bilden, sondern dass ein Zusammenspiel von allgemein-institutionellen, kulturell-kollektiven und individuell-biografischen Hintergründen auf der Beziehungsebene manifest wird (vgl. dazu Schaarschmidt 2005; Demmer 2014). Sonst wären nicht derart deutliche interindividuelle Unterschiede innerhalb einzelner Kindergärten und Schulen zutage getreten. Zwar zeigen auch unsere Erhebungen in Einklang mit der Schulkulturforschung (Helsper/Wiezorek 2006), dass schul- und einrichtungskulturell geteilte Vorstellungen pädagogisches Handeln mitbestimmen, aber unsere Beobachtungen legen nahe, dass diese sich keineswegs so durchsetzen, dass Einhelligkeit herrscht. Die Tatsachen, dass alle Interaktionen vor freiwillig eingelassenen externen Gästen geschehen, dass die beobachteten Handlungsweisen freimütig gezeigt werden, dass sie häufig auch aus eigenen Stücken explizit legitimiert werden, dass keine erkennbaren Vorkehrungen getroffen werden, verletzendes Handeln zu verbergen, lassen darauf schließen, dass die Protagonisten davon überzeugt sind, professionell richtig zu handeln.

Angesichts der unterschiedlichen Handlungsmuster, die sich in Kindergärten und Schulen Tür an Tür beobachten lassen, drängt sich die Vermutung auf, dass eine professionskulturelle Spaltung vorherrscht, in der Einzelne sich an gegensätzlichen Handlungsmustern orientieren. Muster körperlicher und psychischer Gewalt sind nach Philip G. Zimbardo (2007) kulturelle Phänomene, die sich in menschlichen Beziehungen ausbreiten, indem menschenfeindliche, den Anderen entwertende Normen, die Oberhand gewinnen. In Zimbardos Studien zeigt sich der machtvolle Sog, den relationale Prozesse und die in ihnen transportierten kulturellen Praktiken entfalten können. Wenn Pädagoginnen und Pädagogen, wie in Kindergärten und Schulen immer und immer wieder beobachtet, offen diskriminierend handeln, so scheinen sie einem Menschenbild (Standop 2013) verhaftet zu sein, das ihnen die Überzeugung ermöglicht, legitim zu handeln. Und zugleich arbeiten sie zusammen sowohl mit Kolleginnen und Kollegen, denen ein solches Bild vom Kind und Jugendlichen fremd ist und die auch in schwierigen Situationen genügend gut anerkennend zu handeln wissen als auch mit Personen, die beides praktizieren und stark zwischen anerkennenden und verletzenden Handlungsweisen schwanken. Diese interpersonelle und intrapersonelle Spaltung zwischen anerkennenden und verletzenden Tendenzen scheint ein zentrales Problem des deutschen aber auch der internationalen Bildungssysteme zu sein, das unbedingt weiter zu untersuchen ist (Walm 2014; Seifert/Friebertshäuser 2014; Abs 2014).

Aversive pädagogische Handlungsmuster, wie Anschreien, Entmutigen, nach hinten setzen, vor die Tür stellen, vor Anderen negativ über ein Kind reden, Leistungen und Verhalten diskriminierend kommentieren, Ignorieren gehören in unserem Bildungswesen zu einem Repertoire an überkommenen kulturellen Praktiken, das von einem bedeutenden Teil der Akteure für legitim gehalten und als fester Bestandteil des pädagogischen Handelns angesehen wird. Diese Feststellung ist, über Kindergärten und Schulen hinaus, wie die immer wieder Auseinandersetzungen um die Disziplinierungspraktiken in Kinderheimen belegen, auch auf sozialpädagogische Handlungsfelder zu beziehen, auch wenn sich zum Glück aus sozial-pädagogischer Perspektive zahlreiche Fachvertreter für Kindermenschenrechte einsetzen (vgl. z.B. Staub-Bernasconi 2008; Bimschas/Schröder 2003; Dern u.a. 2014).

Unsere Analyse der Beobachtungssituationen belegt stichhaltig, dass in den bei den Akteuren im Feld verankerten Normen und tradierten professionell-kulturellen Lebensformen (Jaeggi 2013) eine der Ursachen für kinderfeindliche Interaktionspraktiken zu finden ist. Diese werden darüber hinaus auch von anderen Systemebenen aus gestützt, da auch hier Akteure[108] zu finden sind, die dem destruktiven Bild vom „schlechten Schüler" verhaftet und von den genannten destruktiven und weithin akzeptierten ausgrenzenden Praktiken (Richter 2018) überzeugt sind.

Als eine Ursache für verletzende pädagogische Interaktionen müssen eingeschliffene im Bild vom Lehr- und Fachkräfte verankerte Gewohnheiten angesehen werden. Zu den Ursachen problematischen pädagogischen Handelns

108 Dazu gehört auch, wie zum Beispiel den Äußerungen mehrerer Bundesbildungsministerinnen der letzten Jahre zu entnehmen war, dass die Augen verschlossen werden vor der Kritik an den schädlichen Wirkungen von institutionellen Ausgrenzungen in Form von schlechten Noten, Sitzenbleiben und Abstufungen sowie vor der Kritik an der internationalen Seltenheit und deutschen Besonderheit dieser Segregationsformen.

gehören selbstverständlich außerdem biografische und berufliche Belastungen und ihre wechselseitige Steigerung (Schaarschmidt 2005), die zwar nicht im Zentrum der hier präsentierten Untersuchungen stehen, aber in vielen beobachteten Situationen zum Vorschein kamen. Wir müssen also davon ausgehen, dass destruktive Handlungsmuster auch deswegen verbreitet sind, weil sie von einem Teil der im Bildungswesen Tätigen für richtig und zum pädagogischen Handeln gehörig gehalten werden. Damit ist ein Unterschied zu beachten zwischen Fach- und Lehrkräften, denen Fehlverhalten im Alltag unterläuft und die es als solches auch erkennen und anerkennen können, auf der einen Seite und solchen, die ihr dominant aversives Verhalten als normativ richtig erachten, auf der anderen Seite. Publikationen, in denen offensiv ein dominant aversives Konzept des Lehrer- und Erzieherhandelns vertreten wird, sind selten, aber es gibt sie und auch sie sprechen für die These, dass in schulischen und frühpädagogischen Feldern teilweise problematische Überzeugungen verbreitet sind[109].

Verletzende Handlungsmuster kommen in Kitas und Schulen vor, weil sie bei einem Teil der professionell von Ihnen Überzeugten auf normativ verankerten pädagogisch-kulturell tradierten und legitimierten Praktiken beruhen. Sie scheinen für diesen Personenkreis zur normativen Ordnung (Forst/Günther 2011) des Kindergartens und der Schule zu gehören. In diesem hier herausgearbeiteten Grund für teilweise verbreitetes unethisches pädagogisches Handelns ist ein weiterer Grund enthalten. In dem Maße, in dem destruktive, entwicklungs- und lernhinderliche Normen bei einem Teil der Akteure im Bildungssystem ungebrochen lebendig sind, mangelt es in der Disziplin der angewandten Ethik und im erziehungswissenschaftlichen und pädagogischen Mainstream an menschenrechtlich fundierten Normen für die Ethik pädagogischen Handelns sowie an Prävention und Intervention (Krämer/Bagattini 2015; Prengel 2017b). Unter diesem Mangel leidet vor allem das Schulwesen, aber er spielt auch in bedeutenden Teilen des Elementarbereichs eine erhebliche Rolle – trotz der Verbreitung frühpädagogischer Bildungsforschung. Die weitgehende Unsichtbarkeit eines aktuellen Diskurses zur Ethik pädagogischen Handelns[110] und einer systematischen Präventions- und Interventionskonzep-

---

109 So tritt zum Beispiel eine Lehrerin im Interview offen für ihre Pädagogik der Bestrafung und Ausgrenzung ein, indem sie sagt: „Wenn ein Kind sich nicht an die Gesprächsregeln hält, dann muss es sie halt abschreiben: Wir hören einander zu. Wir warten, bis wir dran sind. Wenn es stört, kann man es nach hinten setzen oder auf den Flur schicken oder für eine Stunde in eine Nachbarklasse. Das Lernen muss funktionieren" (Bild Zeitung 11.1.2011). Dass man mit dem klassischen Dreischritt der Eskalation, nach hinten setzen, vor die Tür stellen, in eine andere Klasse versetzen, dem wir auch in unseren Beobachtungen mehrfach begegnet sind, Kinder vom Lernen abhält, und dass es eine Fülle professioneller Wege gibt, Kinder intrinsisch zu motivieren, ist diesem Denken unbekannt. In Kinderkrippen kommt es wiederholt vor, dass sowohl Beschimpfungen als auch Ignoranz bedürftigen Kleinstkindern gegenüber als Erziehung zur Selbständigkeit legitimiert werden.

110 Als aktuelle Ausnahme sind z.B. Aktivitäten der GEW vom Sommer 2013 (GEW 2013; Demmer 2013) zu nennen.

tion auf der Ebene pädagogischer Beziehungen muss als eine der Ursachen für den verbreiteten und tolerierten Kunstfehler des Verletzens der Lernenden durch die Lehrenden angesehen werden.

Indizien dafür, wie der Kunstfehler der verbalen und gestischen Verletzung durch fehlende strukturelle Vorkehrungen im Bildungswesen toleriert und begünstigt wird, sind der folgenden Mängelliste zu entnehmen:

- In zahlreichen Gesprächen mit Vertreterinnen und Vertretern von Kita- und Schulleitungen, Trägern, Schulaufsicht und Schulvisitation wird immer wieder berichtet, dass sie nicht über systematische Instrumente verfügen, um auf Fehlverhalten auf der Beziehungsebene zu reagieren, es sei vielmehr ihrer persönlichen Intuition und ihrem Engagement überlassen, wie sie intervenieren. So berichten unabhängig voneinander Personen in Leitungs- und Aufsichtsfunktion darüber, dass Lehrkräfte und Erzieherinnen, nachdem sie auf ihr Fehlverhalten von der Leiterin angesprochen wurden, sich am folgenden Tag krank meldeten. Hochproblematisch ist die Praxis des Wechselns notorisch unzulässig handelnder Lehrkräfte an eine andere Schule, sodass es zu dem Phänomen der seriellen Versetzungen von Schule zu Schule kommt, das unter der zynischen Metapher vom „Wanderpokal" berüchtigt ist. Für Menschen, die mit der Lehrerarbeit nicht zurecht kommen, gibt es keine Hilfen zum Ausstieg aus dem für sie falschen Beruf (Gödde/Sprenger 2014). Selten kommt es vor, dass Verantwortliche in Leitungs- und Aufsichtsfunktion berichten, wie sie erreicht haben, dass Lehrkräfte, die Kinder wiederholt psychisch schwer verletzt hatten, dazu bewegt werden konnten, ihre eigenen Nöte zu erkennen und psychotherapeutische Behandlung in Anspruch zu nehmen.
- Die wenigen Modelle für Interventionen nach problematischen Vorkommnissen, die überhaupt gefunden werden konnten, sind knapp gehalten und ihre Verwendung wird nicht systematisch dokumentiert (vgl. zum Beispiel die kleine Broschüre des Landesinstituts für Schule in Bremen, LIS 2009)[111].
- Ombudsstellen und Beschwerdestellen sind teilweise im Bereich der Jugendhilfe zu finden und werden auch untersucht (Urban-Stahl u.a. 2013). Für den Elementarbereich sind Beschwerdemöglichkeiten gesetzlich gefordert[112]. Für den Schulbereich fehlen Studien, fundierte Konzepte und zugängliche Institutionalisierungen des Beschwerdemanagements. Die äußerst seltenen Ausnahmen dazu, wie zum Beispiel das Rückmeldesystem für Lehrerkollegium und Schulleitung des Gymnasiums Schloss

111 Ich danke Christian Buchberger, Martina Siemer und Helmut Ittner, alle Bremen, für wertvolle Hinweise.

112 Eine Betriebserlaubnis ist zu erteilen, wenn „zur Sicherung der Rechte von Kindern und Jugendlichen in der Einrichtung geeignete Verfahren der Beteiligung sowie der Möglichkeit der Beschwerde in persönlichen Angelegenheiten Anwendung finden" (BGB, § 45, Abs. 3, vgl. auch Hansen/Knauer 2016)

Neuhaus in Paderborn, das mit einer systematischen kontinuierlicher Schülerbefragung zur Verständlichkeit und Schülerfreundlichkeit im Unterricht arbeitet, beruht auf der individuellen Initiative der Schulleitung (Gödde/Sprenger 2014). Der „Beschwerdefahrplan zur UN-Kinderrechtskonvention" der National Coalition für die Umsetzung der UN-Kinderrechtskonvention (2008), der immerhin in Gestalt eines kleinen Faltblattes für Kinder, das auch im Internet zu finden ist, existiert, ermutigt Kinder sich zu beschweren, wenn ihre Rechte gravierend missachtet werden. Es macht aber auch den großen Mangel an Beschwerde- und Ombudsstellen, die sich um alltägliche Verletzungen kümmern könnten, sichtbar. Das „Recht auf gewaltfreie Erziehung" sowie der „Schutz vor Diskriminierung als Mädchen oder Junge, wegen der Religion, der nationalen, ethnischen oder sozialen Herkunft oder einer Behinderung" werden im Faltblatt explizit erwähnt, aber dass damit auch die oft willkürlich eingesetzten alltäglichen seelischen Verletzungen durch verbale Kränkungen gemeint sein könnten, lernen Kinder und Jugendliche hier nicht. Die ableistische und adultistische Diskriminierungsform des Etikettierens als „auffälliges Kind", „schlechter Schüler" oder „schlechte Schülerin" scheint hier noch unbekannt zu sein. In all dem zeigt sich, wie sehr wir am Anfang stehen, wenn es darum geht, Probleme auf der Beziehungsebene zu bearbeiten.[113] Es ist uns bisher nicht gelungen, Zeugnisse eines professionellen Austauschs von Vertrauenslehrerinnen und -lehrern zu entdecken; offensichtlich gibt es gar keinen sichtbaren fachlichen oder wissenschaftlichen Diskurs zum Amt des Vertrauenslehrers.

- Juristische, auch schuljuristische Klärungen zum Thema psychische Verletzungen fehlen – im Gegensatz zu den Themen Körperverletzung und sexualisierte Gewalt – weitgehend, u.a. weil ein Teil des pädagogischen Fehlverhaltens in einer Grauzone der Unklarheit zwischen juristisch belangbaren Beleidigungen und nicht justiziablen alltäglichen Unhöflichkeiten oder leichteren Kränkungen changiert (Dern 2012).
- Qualifikationen auf der Beziehungsebene sind im Hinblick auf Lehrämter nicht systematischer Bestandteil von Aus- und Fortbildung. Teamarbeit und Supervision zur Arbeit an der professionellen Beziehungsfähigkeit werden in Schulen individuell verantwortet und privat finanziert. In frühpädagogischen Ausbildungsstätten ist die Auseinandersetzung mit dem Themenbereich der Erzieher-Kind-Beziehung zwar verbreitet, aber hier mangelt es an verbindlichen Fortbildungen und an systematischer Prävention und Intervention durch die Träger.
- Maßnahmen zur Implementierung einer Fehlerkultur, in der Kunstfehler systematisch erhoben und bearbeitet werden, und zwar nicht um moralisch

113 Zu Fragen der Partizipation vgl. das Interview mit Ursula Winklhofer (2011) vom DJI zum Nationalen Aktionsplan für ein kindergerechtes Deutschland.

zu verurteilen, sondern um sie zu professionellen Lernanlässen zu machen, fehlen.

Halten wir fest: Die Beobachtungen, die im Projektnetz INTAKT in verschiedenen Bildungsstufen möglich wurden, bieten umfassende Einblicke in den Alltag von Schulen und Kindergärten auf der Beziehungsebene. Aus den Beobachtungen geht hervor, dass Anerkennung in den in Kapitel 3 erarbeiteten Formen der Solidarität mit Fremden, der Achtung von kindgerechten Ansätzen gleicher Freiheit und des Wertschätzens von individueller Leistung möglich ist und in Teilen des Bildungswesens im Sinne einer „caring community“ (Noddings 2005) alltäglich praktiziert wird – und zwar nicht perfekt, sondern „genügend gut“ (Winnicott 1983, siehe auch die Punkte 1.1 und 2.6). Aus den Beobachtungen geht auch hervor, dass gleichzeitig im Kindergarten- und Schulsystem professionelle Kunstfehler in Form von verbalen Verletzungen stattfinden, sodass festgestellt werden muss, dass seelische Verletzungen hier die bei weitem häufigste und am meisten ignorierte Form der Gewalt sind, die Kinder erleiden (vgl. auch Schubarth 2014).

Für die Interpretation dieser im Feld vorzufindenden normativen Spaltung ist es weiterführend, sie nicht polarisierend zu verschärfen. Die in diesem Forschungsbericht mehrfach eingesetzte Methode der kontrastierenden Fallauswahl hilft, die Reichweite von Geschehnissen zu umreißen und ist darum produktiv; sie muss aber ergänzt werden um Aufmerksamkeit für die Überschneidungen und Ambivalenzen, die zwischen den Extremen changieren. Darum ist zu beachten, und vielleicht ist es sogar tröstlich, dass auch die sehr solidarischen Erzieherinnen und Erzieher, Lehrerinnen und Lehrer, die über ganze Kita- und Unterrichtstage hinweg geduldig und fürsorglich Kinder und Jugendliche anleiten, sich manchmal fehlverhalten und dass bei vielen häufig verletzenden Lehrkräften auch responsive Interaktionen dokumentiert werden konnten. Dass wir nicht leben und arbeiten können, ohne Andere zu verletzen, ist wohl ebenso einsichtig, wie dass wir humane Potenziale aktualisieren können, wenn wir darin unterstützt werden. Gerade darum macht es Sinn, dass wir uns um die Kultivierung der pädagogischen Beziehungen bemühen, um Verletzungen zu vermindern.

# 5. Resümee und Ausblick

Pädagogische Beziehungen sind der Bildung in allen pädagogischen Arbeitsfeldern inhärent. Gute pädagogische Beziehungen allein reichen nicht aus, gute Bildungsprozesse zu bewirken, denn dazu sind auch didaktische und sozialpädagogische professionelle Fachkompetenzen notwendig. Aber ohne gute pädagogische Beziehungen sind persönliche Entwicklungs- und Lernprozesse, Inklusive Pädagogik sowie gesellschaftliche Demokratisierungsprozesse gefährdet (Prengel 2016a). Dieses Buch soll, wie in der Einleitung begründet wurde, dem Ziel dienen, die Qualität pädagogischer Beziehungen zu analysieren und zu verbessern.

Im auf die Einleitung folgenden zweiten, *interdisziplinär* ausgerichteten Teil dieses Buches wurde erarbeitet, wie elementar Beziehungen überhaupt sind, welche Anerkennungsweisen in Gestalt von Liebe, Fürsorge und Solidarität für pädagogische Beziehungen kennzeichnend sind, welchen Beitrag zur Begründung pädagogischer Beziehungen die relationale Soziologie sowie sozialpsychologische, psychoanalytische, entwicklungspsychologische und salutogenetische Forschungsrichtungen leisten und wie gute Beziehungen bedürfnistheoretisch zu begründen sind. Das zweite Kapitel schließt mit einer Zwischenbilanz, in der grundlegende Erkenntnisse zu anerkennenden, verletzenden und ambivalenten relationalen Tendenzen, die menschliches Handeln auszeichnen, gegenübergestellt werden.

Das dritte Kapitel sondierte Einsichten zu Bedeutung und Beschaffenheit pädagogischer Beziehungen vor allem in *erziehungswissenschaftlicher* Perspektive. An wichtige, teilweise in Vergessenheit geratende, historische Meilensteine zur theoretischen Konzeptionierung und zur empirischen Untersuchung pädagogischer Beziehungen wird erinnert. Aktuelle relationen- und generationentheoretische Ansätze werden aufeinander bezogen und mit der Philosophie der Menschenrechte verknüpft. Die menschenrechtlichen Prinzipien der Solidarität, der Freiheit und der Gleichheit werden in der Sprache der Anerkennungstheorie buchstabiert, mit den drei Anerkennungsformen der persönlichen Liebe, der rechtlichen Achtung und der leistungsbegründeten Wertschätzung (nach Honneth) verbunden und in eine Konzeption der menschenrechtlich, anerkennungstheoretisch und empirisch fundierten pädagogischen Beziehung überführt. Die *Anerkennungsform der Solidarität mit Fremden* wird als für gelingende pädagogische Professionalität, auch in ihrer Bedeutung für den Umgang mit Peer-Beziehungen, Erziehungsschwierigkeiten, pädagogischer Diagnostik und Didaktik, grundlegend erarbeitet. Verletzungen in pädagogischen Beziehungen werden in ihren empirisch belegten Erscheinungsformen vorgestellt und als im Mangel an Solidarität wurzelnde professionelle Kunstfehler analysiert. Ansätze zur Verminderung von Hierarchien werden als *Anerkennungsform der Achtung von Gleichheit und Freiheit der Kinder* untersucht. Die *Anerkennungsform des Wertschätzens von individuellen Leistungen* wird als für die Sphäre des Pädagogischen angemessen begründet und einer leistungshinderlichen schulischen Hierarchisierung und Segregation gegenübergestellt.

Im vierten Kapitel wird eine umfassende *Beobachtungsstudie* zur Qualität pädagogischer Beziehungen vorgestellt. Sie kommt zu ähnlichen Ergebnissen für die Elementar,- Primar- und Sekundarstufen: durchschnittlich drei Viertel aller pädagogischer Interaktionen werden anerkennend und neutral gestaltet, während ein Viertel als verletzend und stark ambivalent zu kategorisieren ist. Einzelne Fach- und Lehrkräfte verhalten sich sehr unterschiedlich. Einzelne Kinder erleiden serielle Verletzungen. Die Interaktionsqualitäten sind emotional, sozial und kognitiv folgenreich.

Die Ergebnisse der Untersuchungen der vorangehenden Kapitel lassen sich in drei theoretisch und empirisch begründeten Thesen zuspitzen:

- Während körperliche und sexualisierte Gewalt öffentlich skandalisiert und juristisch geahndet werden, bilden seelische Verletzungen die häufigste und zugleich am meisten ignorierte Form der Gewalt, die Kinder und Jugendliche im Bildungswesen erleiden.
- Im Bildungswesen sind Praktiken der Entwertung als „auffälliges Kind“, „schlechte Schülerin“ und „schlechter Schüler“ verbreitet. Sie müssen als zugleich adultistische und ableistische Diskriminierungsform erkannt werden, um in Antidiskriminierungsmaßnahmen einbezogen werden zu können.
- In der normativen Ordnung des Bildungswesens ist eine konzeptionelle Spaltung zwischen anerkennenden und verletzenden Handlungsorientierungen zu finden. Anerkennendes pädagogisches Handeln ist möglich und wird von vielen genügend gut realisiert. Aber, da es vielfach auch an Anerkennung mangelt, wird eine pädagogische Kunstfehlerlehre gebraucht, die hilft professionelles Fehlverhalten zu erkennen und zu vermindern. Benötigt wird eine professionelle Ethik, die pädagogisch angemessenes Handeln bewusst macht und unterstützt.

Die menschenrechtlich fundierten, demokratischen Anerkennungsformen der Solidarität mit Fremden, der Achtung von gleicher Freiheit und der Wertschätzung von individueller Leistung, wie sie im dritten Kapitel begründet werden, können in den beobachteten Interaktionsformen ebenso nachgewiesen werden, wie menschenfeindliche Verletzungen, in denen ein Mangel an fürsorglicher

Solidarität zu gravierenden professionellen Kunstfehlern führt. Der Mangel an Solidarität bestimmt nicht nur einen Teil individuellen pädagogischen Handelns auf der Beziehungsebene, er kommt auch auf der Systemebene in einem Mangel an strukturierten Präventions- und Interventionskonzepten zur Verhinderung von professionellem Fehlverhalten zum Ausdruck. Zugleich belegen die Beobachtungen, dass und wie kinder- und lernfreundliche pädagogische Beziehungen möglich sind, denn sie werden in vielen Interaktionssituationen alltäglich im Bildungswesen praktiziert. Damit erweist sich die Anerkennungsform der Solidarität mit Fremden als empirisch fundiertes tragfähiges erziehungswissenschaftliches Theorem.

Abschließend möchte ich einige Vorschläge machen, um dazu beizutragen, dass Kinder und Jugendliche in pädagogischen Beziehungen weniger verletzt werden. Solche Verbesserungen im Bildungssystem sind notwendig, weil alle Beteiligten, Kinder und Jugendliche auf der einen und pädagogische Fachkräfte aller Professionen auf der anderen Seite, darunter leiden, wenn ihr Alltag von Ärger und Feindlichkeit bestimmt ist. Die Verbesserungsvorschläge beziehen sich auf Handlungsmöglichkeiten von fünf Akteursgruppen auf verschiedenen Ebenen des Bildungssystems: Auf die Zielgruppen von Bildung, das heißt vor allem auf die Kinder und Jugendlichen sowie deren Eltern, die ihre Interessen vertreten, auf die Pädagoginnen und Pädagogen in ihren pluralen Berufsgruppen, auf die Angehörigen von Schul- und Einrichtungsleitungen und -verwaltungen, auf bildungspolitische Akteure der Landes- und Bundesebene sowie auf die wissenschaftlich Tätigen.

Ein erster Vorschlag ist, dass für *Kinder und Jugendliche* sowie ihre *Eltern* zugängliche *Beschwerdeverfahren* institutionalisiert werden. Solche Ansätze des Beschwerdemanagements sind in anderen gesellschaftlichen Bereichen, wie zum Beispiel in der Medizin oder in der Gastronomie, wertvolle und anerkannte Instrumente zur Vermeidung von Behandlungsfehlern[114] und zur Qualitätssteigerung. Eine „Fehlerkultur" entsteht, in der das Aufdecken von Unzulänglichkeiten nicht der moralischen Anklage, sondern der Qualitätsverbesserung dient. Dabei werden sowohl schul- und einrichtungsinterne Beschwerdestellen als auch unabhängige externe Ombudsstellen gebraucht. Das Berliner Forschungsvorhaben BIBEK (Urban-Stahl u.a. 2013) macht aufgrund einer Recherche in Deutschland wichtige Vorschläge für Bereiche der Jugendhilfe und Sozialpädagogik. Internationale Recherchen und umfassende Vorschläge für den Schulbereich stehen noch weitgehend aus. Solche Beschwerdeverfahren sind verwandt mit Ansätzen der Partizipation, der Demokratiepädagogik und der Menschenrechtsbildung[115] und machen diese glaubwürdiger.

114 Vgl. die beeindruckende Broschüre des Aktionsbündnisses Patientensicherheit (2008), in der Ärzte äußerst freimütig über eigene Fehler berichten, um zur Behandlungsverbesserung durch Fehlerkultur beizutragen.

115 Vgl. dazu zum Beispiel die Konzeptionen von Wolff/Hartig 2013; Bruner/Winklhofer/Zinder 2002; Bohnsack 2003; Edelstein 2010; Geiger 2011; Lohrenscheit 2004; Mahler/Mihr 2004;

Ein zweiter Vorschlag ist, dass die *Angehörigen der pädagogischen Berufe in Kollegien und Teams* in Schulen, Kindertagesstätten und anderen Einrichtungen darin unterstützt werden, ihre Beziehungen zu ihren Adressaten responsiv und feinfühlig zu gestalten[116]. Darin können wir aufgrund der vielseitigen Forschungsbefunde, die in diesem Buch vorgestellt wurden, nicht etwa eine zusätzliche Belastung, sondern eine persönliche Entlastung erkennen, die zum Wohlbefinden aller Beteiligter beiträgt. Es geht zunächst darum, dass Haltungen kultiviert und transparente Verfahren[117] institutionalisiert werden, die dazu dienen, dass, wenn Verletzungen im Kollegium oder im Team bekannt werden, aktiv und regelgeleitet interveniert werden kann. Üblicherweise wird es als peinlich, respektlos oder gar denunziatorisch empfunden, sich gegenseitig im Kollegium oder Team zu kritisieren, doch man weiß schon voneinander, wie die professionellen Beziehungen jeweils gestaltet werden. Darum können geregelte konstruktive Vereinbarungen und Verfahren helfen, das übliche Wegschauen und Verschweigen zu durchbrechen. Darüber hinaus geht es darum, die Fähigkeit zur Empathie[118] zu stärken. Lange erprobte und in Schulen viel zu wenig praktizierte Unterstützungsformen sind regelmäßige Teambesprechungen und Supervision. Sie sind unbedingt erforderlich, um die Angehörigen aller pädagogischen Berufe zu entlasten und aus der krank machenden Isolation als Einzelkämpferinnen und Einzelkämpfer zu befreien (Keim 1996; Dlugosch 2006; West-Leuer 2002; Graf-Deserno 2013; Reiser 2006).

Schlüsselstellungen haben *Akteure auf den Leitungs- und Verwaltungsebenen* inne. Sie müssen bei Problemen eingreifen und sie sind aufgrund ihrer Position in der organisatorischen Hierarchie einflussreich. In Auseinandersetzung mit den juristisch relevanten Regelungen brauchen Personen mit Leitungsverantwortung Handlungsmodelle zur Prävention und Intervention auf der Ebene pädagogischer Beziehungen. Aufgrund von individuellen Initiativen wurden in seltenen Fällen lokal schon solche Modelle entwickelt. So hat der Paderborner Schulleiter Bernhard Gödde an seinem Gymnasium ein Rückmeldesystem für

---

Motakef 2006; Krappmann u.a. 2013; Georgi/Seberich 2003; Maywald 2012: Student u.a. 2014.

116 Vgl. die wenigen Vorschläge, die dazu im Rahmen unterschiedlicher Textsorten, die sich zwischen wissenschaftlich orientierter Abhandlung und wissenschaftlich fundiertem Ratgeber bewegen, vorgelegt wurden; zum Beispiel von Miller 2011; Singer 1998; Kuck 2007; Kuhl u.a. 2011; Looser 2011; Petillon 2011b, ders. 2013; Schröder 2002; Böhnisch 2002; Stähling/Wenders 2012; Walker 1995; Marx/Saliger 2004; Bohnsack 2013

117 Auch hier kann das medizinische Aktionsbündnis Patientensicherheit als Vorbild dienen, denn es geht dem Bündnis beim Aufdecken von Problemen nicht um Scham und Schuld, sondern allein um eine Fehlerkultur, die zur Fehlervermeidung beiträgt.

118 Ich habe im Laufe meiner Berufstätigkeit in der Aus- und Fortbildung Formen der kreativen, narrativen Workshop-Arbeit zur Stärkung von Empathie entwickelt und nenne sie „Erinnerungsreise", wenn es um die rückblickende Vergegenwärtigung eigener Kindheitserfahrungen in pädagogischen Settings geht, und „Erahntes Schülertagebuch", wenn es um die aktuelle empathische Vergegenwärtigung des vermuteten inneren Erlebens von Kindern und Jugendlichen geht (Prengel 2013b). Vgl. auch den Ansatz von Heinzel (2014).

Lehrerkollegium und Schulleitung implementiert, das mit einer systematischen kontinuierlicher Schülerbefragung zur Verständlichkeit und Schülerfreundlichkeit des Unterrichts arbeitet. Der Schulleiter bespricht die Befragungsergebnisse mit den Lehrpersonen und erarbeitet bei Problemen im zuversichtlich-hartnäckigen Gespräch mit den betroffenen Lehrern individuelle Verbesserungsansätze (vgl. Gödde/Sprenger 2014). Darüber hinaus sind schulpädagogische *Vertrauenslehrer* und sozialpädagogische *Vertrauensleute* ein wichtiger Personenkreis, der auch auf der Leitungsebene kooperiert und für den neue Ansätze der Qualifikation und Unterstützung entwickelt werden sollten.

*Akteure auf der Ebene der bundesweiten und föderalen Bildungspolitik einschließlich der Landesinstitute und Stiftungen* haben es in der Hand, einen öffentlichen Diskurs in Gang zu setzen, der nach angemessenen Normen pädagogischen Handelns fragt und Kunstfehler bewusst macht[119]. Zu erinnern ist an das Gesetz zur Ächtung der Gewalt in der Erziehung vom November 2000. Die grundlegende Aussage „Kinder haben ein Recht auf gewaltfreie Erziehung. Körperliche Bestrafungen, seelische Verletzungen und andere entwürdigende Maßnahmen sind unzulässig“ (§ 1631, Abs. 2, BGB), wurde in der die Einführung begleitenden Kampagne vor allem auf Familien bezogen. Der Sozialwissenschaftler und Kinderrechtler Lothar Krappmann (2016) veröffentlichte gemeinsam mit Christian Petry ein Manifest zur Demokratisierung der Schule durch Kinderrechte. Auch gibt es exzellente kostenlose Materialien der BZgA (Bundeszentrale für gesundheitliche Aufklärung, Kahlert u.a. 2002 a, b), die anstreben zur Verbesserung von Beziehungen zwischen Peers beizutragen. Notwendig ist, dass sehr gute Handreichungen, die wissenschaftlich fundiert sowohl Kunstfehler als auch angemessene Handlungsmuster klar benennen und exemplarisch veranschaulichen, breit gestreut werden. Immerhin veröffentlicht die Antidiskriminierungsstelle des Bundes in den letzten Jahren mehrere Expertisen, die den Bildungsbereich betreffen. Auch sind Initiativen wie die *National Coalition für die Umsetzung der UN-Kinderrechtskonvention in Deutschland* (2008) für die Verbreitung von Informationen über seelische Verletzungen und ihre Folgen sowie Prävention und Intervention von bundesweiter Bedeutung. Allen Landesinstituten und den im Bildungsbereich aktiven Stiftungen wird hier nahegelegt, dass sie sich des wichtigen Themas der Anerkennung und Verletzung in pädagogischen Interaktionen annehmen, um dazu beizutragen, dass minimale normative Standards zur Qualitätssicherung auf der Beziehungsebene überhaupt diskutiert werden. Das Heft des Landesinstituts für Schule Bremen (LIS 2009) zum Beschwerdemanagement bietet immerhin eine knappe Anleitung für alle, die eine transparente Regelung anstreben. Die aus der BIBEK-Studie an der FU Berlin (Urban-Stahl u.a. 2013) hervorgegangene Handreichung mit ihren fundierten Anleitungen zur Implementierung von Beschwerdeverfahren in der Kinder- und Jugendhilfe, wurde erfreulicherweise

119 Vgl. zum Beispiel Andresen 2011; Breuninger/Schley 2014

vom Bundesministerium für Familie, Senioren, Frauen und Jugend gefördert und ist geeignet zu weiteren Handreichungen, vor allem auch für den Schulbereich, anzuregen.

Schließlich gehen wichtige Vorschläge an die *wissenschaftlich in Lehre und Forschung Tätigen*. Sie haben die Chance historische Vorläufer und den internationalen Erkenntnisstand kritisch zu rezipieren, in qualitativen und quantitativen Forschungsprojekten Wissen über die Beschaffenheit pädagogischer Beziehungen sowie ihre Ursachen, Auswirkungen und Verbesserungsmöglichkeiten zu generieren, die Theorie der pädagogischen Beziehungen weiter auszuarbeiten und die neuen Generationen der schul-, früh-, sozial-, sonder-, freizeit- und erwachsenenpädagogischen Berufe in Verbindung mit den je fachspezifischen Ausbildungen auch im Hinblick auf ihre professionelle Beziehungsfähigkeit zu qualifizieren (vgl. Faber u.a. 2018; Ittner 2014).

Wenn man die im Empiriekapitel zu lesenden Beobachtungsdokumente vergleicht, entsteht ein deutlicher Eindruck davon, dass es Lehrkräften, wenn sie anerkennen, gut geht, und dass sie in Situationen, in denen sie verletzen, weit von beruflichem Wohlergehen entfernt sind, sodass auch sie selbst dabei emotional verelenden. Auch die Theorien und Untersuchungen, die im interdisziplinären und im erziehungswissenschaftlichen Kapitel zu finden sind, begründen überzeugend, wie wichtig es ist, dass vor allem die Angehörigen der jüngeren, aber auch der älteren Generation möglichst „genügend gut" gelingende Beziehungen genießen können. Wegweisend für die Verbesserungen auf der Beziehungsebene sind in pädagogischen Arbeitsfeldern alltäglich stattfindende Interaktionen der Anerkennung. Im längst Vorfindlichen sind schon Vorlagen für eine zukünftig wirksame Ausbreitung der besseren Möglichkeiten pädagogischen Handelns vorhanden (Stahl 2013; Honneth/Stahl 2013). Die gelebte Praxis gelingender pädagogischer Anerkennung scheint in öffentlichen Debatten bisher oft noch ebenso verborgen zu bleiben, wie die vorherrschende Tabuisierung pädagogischer Kunstfehler. Darum stimmt es hoffnungsvoll, wenn über pädagogische Beziehungen mit ihren anerkennenden, verletzenden und ambivalenten Qualitäten nachgedacht und gesprochen, geforscht und geschrieben, gestritten, getrauert und auch gelacht wird, um sie zu analysieren, zu würdigen und zu verbessern.

Abschließend soll über eine Initiative zur kinderrechtlichen Verbesserung pädagogischer Beziehungen[120] informiert werden. Sie entstand vor dem Hin-

---

120 Die Reckahner Reflexionen wurden in Form eines „codes of ethics" in einem fünfjährigen Prozess, an dem ca. 150 Personen beteiligt waren, entwickelt. Herausgeber sind das Deutsche Institut für Menschenrechte Berlin, das Deutsche Jugendinstitut München, das MenschenRechtsZentrum der Universität Potsdam und Rochow-Museum und Akademie für bildungsgeschichtliche und zeitdiagnostische Forschung e.V. an der Universität Potsdam. Gedruckte Materialien können kostenlos im Rochow-Museum bestellt werden. Dateien und umfassende Informationen zur Entstehungsgeschichte, zum historischen Hintergrund, zur Begründung und zu Fortbildungsveranstaltungen können abgerufen werden über die Webseite www.paedagogische-beziehungen.eu. Das Projekt wird gefördert von der Robert Bosch Stiftung.

tergrund der Erkenntnis, dass es an genügend gutem pädagogischen Handeln fehlt, obwohl zugleich gezeigt werden kann, dass es möglich und auch verbreitet ist (Winklhofer/Prengel 2018). Die „Reckahner Reflexionen zur Ethik pädagogischer Beziehungen" sind ein Manifest mit den zehn folgenden Leitlinien:

**„Was ethisch begründet ist**

1. Kinder und Jugendliche werden wertschätzend angesprochen und behandelt.
2. Lehrpersonen und pädagogische Fachkräfte hören Kindern und Jugendlichen zu.
3. Bei Rückmeldungen zum Lernen wird das Erreichte benannt. Auf dieser Basis werden neue Lernschritte und förderliche Unterstützung besprochen.
4. Bei Rückmeldungen zum Verhalten werden bereits gelingende Verhaltensweisen benannt. Schritte zur guten Weiterentwicklung werden vereinbart. Die dauerhafte Zugehörigkeit aller zur Gemeinschaft wird gestärkt.
5. Lehrpersonen und pädagogische Fachkräfte achten auf Interessen, Freuden, Bedürfnisse, Nöte, Schmerzen und Kummer von Kindern und Jugendlichen. Sie berücksichtigen ihre Belange und den subjektiven Sinn ihres Verhaltens.
6. Kinder und Jugendliche werden zu Selbstachtung und Anerkennung der Anderen angeleitet.

**Was ethisch unzulässig ist**

7. Es ist nicht zulässig, dass Lehrpersonen und pädagogische Fachkräfte Kinder und Jugendliche diskriminierend, respektlos, demütigend, übergriffig oder unhöflich behandeln.
8. Es ist nicht zulässig, dass Lehrpersonen und pädagogische Fachkräfte Produkte und Leistungen von Kindern und Jugendlichen entwertend und entmutigend kommentieren.
9. Es ist nicht zulässig, dass Lehrpersonen und pädagogische Fachkräfte auf das Verhalten von Kindern und Jugendlichen herabsetzend, überwältigend oder ausgrenzend reagieren.
10. Es ist nicht zulässig, dass Lehrpersonen und pädagogische Fachkräfte verbale, tätliche oder mediale Verletzungen zwischen Kindern und Jugendlichen ignorieren." (Reckahner Reflexionen 2017, S. 4)

Jede der zehn hier zitierten Leitlinien beruht auf in pädagogischen Arbeitsfeldern anhand empirischer Studien erhobenen Handlungsweisen, wie sie auch in diesem Buch vorgestellt und theoriegeleitet analysiert wurden. Aussagen zu ethisch begründetem und ethisch unzulässigem pädagogischen Handeln konnten hier getroffen werden, die stufenübergreifend gültig sind und die den Bedürfnissen von allen Kindern und Jugendlichen im denkbar weiten Spektrum humaner Vielstimmigkeit entsprechen.

# 6. Literaturverzeichnis

Abs, Hermann-Josef (2009): Standards schulischer Bildung. In: Andresen, Sabine/Casale, Rita/Gabriel, Thomas/Horlacher, Rebekka/Larcher Klee, Sabina/Oelkers, Jürgen (Hg.): Handwörterbuch Erziehungswissenschaft. Weinheim [u.a.]: Beltz, S. 819-833

Abs, Hermann-Josef (2014): Kinderrechte und pädagogische Beziehungen in Ansätzen des internationalen Qualitätsmonitorings. In: Prengel, Annedore/Winklhofer, Ursula (Hg.): Kinderrechte in pädagogischen Beziehungen. Band 2: Forschungszugänge. Opladen u.a.: Barbara Budrich, S. 61-73

Ahnert, Lieselotte (Hg.) (2008): Frühe Bindung. Entstehung und Entwicklung. München/Basel: Reinhardt

Aktionsbündnis Patientensicherheit e. V. (Hg.) (2008): Aus Fehlern lernen. Profis aus Medizin und Pflege berichten. URL: http://www.bundesaerztekammer.de/downloads/Aus_Fehlern_lernen.pdf (29.7.2013)

Allmendinger, Jutta (2012): Schulaufgaben. Wie wir das Bildungssystem verändern müssen, um unseren Kindern gerecht zu werden. München: Pantheon

Altmeyer, Martin/Thomä, Helmut (2006): Die vernetzte Seele. Die intersubjektive Wende in der Psychoanalyse. Stuttgart: Klett-Cotta

Aluede, Oyaziwo (2004): Psychological Maltreatment of Students: A Form of Child Abuse and School Violence. In: J. Hum. Ecol., 16 (4) 2004, S. 265-270. URL: http://www.krepublishers.com/02-Journals/JHE/JHE-16-0-000-000-2004-Web/JHE-16-4-227-293-2004-Abst-PDF/JHE-16-4-265-270-2004-1180-Aluede-O/JHE-16-4-265-270-2004-Aluede-O.pdf (15.1.2011)

Andresen, Sabine (2011): Rechte und Anerkennung. Zur Ethik pädagogischer Institutionen. Vortrag gehalten während der Internationalen Konferenz „Zerstörerische Vorgänge. Wenn Kinder und Jugendliche Missachtung und sexuelle Gewalt in sozialen Institutionen erfahren“ am 28.1.2011, Universität Bielefeld

Anhut, Reimund/Heitmeyer, Wilhelm (2005): Desintegration, Anerkennungsbilanzen und die Rolle sozialer Vergleichsprozesse. In: Heitmeyer, Wilhelm/Imbusch, Peter (Hg.): Integrationspotenziale einer modernen Gesellschaft. Wiesbaden: VS

Antonovsky, Aaron/Franke, Alexa (1997): Salutogenese. Zur Entmystifizierung der Gesundheit. Tübingen: dgvt

Antweiler, Christoph (2011): Mensch und Weltkultur. Für einen realistischen Kosmopolitismus im Zeitalter der Globalisierung. Bielefeld: Transcript

Appel-Opper, Julianne (2013): Die Sprache des Körpers. Einführung in die Relationale Körper-zu-Körper-Kommunikation. Internet-Tagungsband Mind Change. URL: http://www.mindchange.org/ (1.6.2013)

Assel, Jutta/Jäger, Georg (2006): Zur Ikonographie des Lesens – Darstellung von Leser(inne)n und des Lesens im Bild. In: Franzmann, Bodo [u.a.] (Hg.): Handbuch Lesen. Baltmannsweiler: Schneider [Erst.: München: Saur], S. 638-668
Assmann, Aleida (2006a): Der lange Schatten der Vergangenheit. Erinnerungskultur und Geschichtspolitik. München: Beck
Assmann, Aleida (2006b): Kollektives und soziales Gedächtnis. In: Bundeszentrale für Politische Bildung (Hg.): Kulturelles Gedächtnis. China zwischen Vergangenheit und Zukunft. URL: http://www.bpb.de/veranstaltungen/dokumentation/130353/dokumentationen-2006 (17.6.2013)
Assmann, Jan (2005): Ägypten. Eine Sinngeschichte. Frankfurt am Main: Fischer
Assmann, Jan (2006): Maat. Gerechtigkeit und Unsterblichkeit im alten Ägypten. München: Beck
Baader, Meike (2001): Zur Theorie und Praxis des just community-Ansatzes in der Moralerziehung. In: Liebau, Eckart (Hg.): Die Bildung des Subjekts. Beiträge zur Pädagogik der Teilhabe. Weinheim [u.a.]: Juventa, S. 159-193
Baader, Meike (2012): Blinde Flecken in der Debatte über sexualisierte Gewalt. Pädagogischer Eros und Sexuelle Revolution in geschlechter-, generationen- und kindheitshistorischer Perspektive. In: Thole, Werner [u.a.] (Hg.): Sexualisierte Gewalt, Macht und Pädagogik. Opladen/Farmington Hills: Budrich, S. 84-99
Baader, Meike Sophia/Eßer, Florian/Schröer, Wolfgang (2014): Kindheiten in der Moderne. Eine Geschichte der Sorge. In: dies. (Hg.): Kindheiten in der Moderne. Eine Geschichte der Sorge. Frankfurt am Main, S. 7–20
Baake, Dieter (1973): Kommunikation und Kompetenz. München: Juventa
Balzer, Nicole/Ricken, Norbert (2010): Anerkennung als pädagogisches Problem – Markierungen im erziehungswissenschaftlichen Diskurs. In: Schäfer, Alfred/Thompson, Christiane (Hg.): Anerkennung. Paderborn [u.a.]: Schöningh, S. 35-87
Bartels, Klaus (1978): Neuere Beiträge zum Lehrer-Schüler-Verhältnis. Auf dem Hintergrund der traditionellen Theorie des pädagogischen Bezuges (1968). In: Kluge, Norbert (Hg.): Das Lehrer-Schüler-Verhältnis. Forschungsansätze und Forschungsbefunde zu einem pädagogischen Interaktionssystem. Darmstadt: Wissenschaftliche Buchgesellschaft, S. 120-139
Bastian-Becker, Barbara (2007): Entgleisende Beziehungen in deutschen Schulen – Zur malignen Dynamik zwischen Kindern, Lehrern und Eltern aus psychoanalytischer Sicht. In: Overwien, Bernd/Prengel, Annedore (Hg.): Recht auf Bildung. Zum Besuch des Sonderberichtserstatters der Vereinten Nationen in Deutschland. Opladen/Farmington Hills: Budrich, S. 224-234
Bauer, Joachim (2006): Warum ich fühle was du fühlst. Intuitive Kommunikation und das Geheimnis der Spiegelneuronen. München: Heyne
Baumert, Jürgen/Maaz, Kai/Trautwein, Ulrich (Hg.) (2009): Bildungsentscheidungen. Zeitschrift für Erziehungswissenschaft. Sonderheft 12/2009. Wiesbaden: VS
Bausum, Jacob/Besser, Lutz/Kühn, Martin/Weiß, Wilma (2013): Trauma- pädagogik: Grundlagen, Arbeitsfelder und Methoden für die pädagogi- sche Praxis. Weinheim/Basel: Beltz Juventa
Becker, Ulrike (2008): Lernzugänge. Integrative Pädagogik mit benachteiligten Schülern. Wiesbaden: VS
Becker, Ulrike/Prengel, Annedore (2010): Kindern institutionell Halt geben – Strukturen für „schwierige“ Kinder in inklusiven Grundschulen. In: Heinzel, Friederike

(Hg.): Kinder in der Gesellschaft. Was wissen wir über aktuelle Kindheiten?. Frankfurt am Main: Grundschulverband, S. 184-198

Becker, Ulrike/Prengel, Annedore (2016): Pädagogische Beziehungen mit emotional-sozial beeinträchtigten Kindern und Jugendlichen – Ein Beitrag zur Inklusion bei Angst und Aggression. In: Zimmermann, David/Meyer, Matthias/Hoyer, Jan (Hg.) (2016): Ausgrenzung und Teilhabe. Perspektiven einer kritischen Sonderpädagogik auf emotionale und soziale Entwicklung. Bad Heilbrunn: Julius Klinkhardt, S. 94 – 104

Becker-Stoll, Fabienne/Textor, Martin (2007): Die Erzieherin-Kind-Beziehung. Zentrum von Bildung und Erziehung. Berlin u.a.: Cornelsen

Becker-Stoll, Fabienne (2018): Entwicklungspsychologische Grundlagen pädagogischer Interaktionsqualität. In: Prengel, A./Schmitt, H. (Hg.): Netzpublikationen des Arbeitskreises Menschenrechtsbildung. Reckahn: Rochow-Edition http://paedagogische-beziehungen.eu/?p=637&preview=true (1.8.2018)

Bedorf, Thomas (2010): Verkennende Anerkennung. Berlin: Suhrkamp

Beer, Raphael/Bittlingmayer, Uwe (2008): Die normative Verwobenheit der Sozialisationsforschung. In: Hurrelmann, Klaus/Grundmann, Matthias/Walper, Sabine (Hg.): Handbuch Sozialisationsforschung. Weinheim/Basel: Beltz, S. 56-69

Benbenishty, Rami/Zeira, Anat/Astor, Ron A. (2002): Children's reports of emotional, physical and sexual maltreatment by educational staff in Israel. In: Child Abuse & Neglect, Vol. 26, No. 8, 2002, pp. 763-782

Benjamin, Jessica (1985): Die Fesseln der Liebe. Zur Bedeutung der Unterwerfung in erotischen Beziehungen. In: Feministische Studien, 2 (1) 1985, S. 10-33

Benjamin, Jessica (1990): Die Fesseln der Liebe. Psychoanalyse, Feminismus und das Problem der Macht. Basel/Frankfurt am Main: Stroemfeld/Roter Stern

Berndt, Constanze (2015): Erziehung zur Demokratie und Gewaltfreiheit – Schule als Ort des Demokratielernens? Ein Essay. In: Frieters-Reermann, Norbert/Lang-Wojtasik, Gregor (Hg.): Friedenspädagogik und Gewaltfreiheit. Denkanstöße für eine differenzsensible Kommunikations- und Konfliktkultur. Opladen u.a.: Barbara Budrich. S. 177-191

Bernfeld, Siegfried (1928/1970): Sisyphos oder die Grenzen der Erziehung. Frankfurt am Main: Suhrkamp

Bezerra de Mello, Yvonne (2014): Die Uere-Pädgogik für Kinder in riskanten Lebenslagen: Wie Traumata zu Lernbehinderungen führen und was für die Kinder zu tun ist. Ein Ansatz aus Brasilien. In: Prengel, Annedore/Winklhofer Ursula (Hg.): Kinderrechte in Pädagogischen Beziehungen. Band 2: Forschungszugänge. Opladen/Berlin/Toronto: Budrich, S. 245-253

Bielefeldt, Heiner (1998): Philosophie der Menschenrechte. Grundlage eines weltweiten Freiheitsethos. Darmstadt: Primus

Bielefeldt, Heiner (2008): Menschenwürde. Der Grund der Menschenrechte. Berlin: Deutsches Institut für Menschenrechte. URL: http://www.institut-fuer-menschenrechte.de/uploads/tx_commerce/studie_menschenwuerde_2008.pdf (14.3.2013)

Bielefeldt, Heiner (2009): Zum Innovationspotenzial der UN-Behinderten- rechtskonvention. Berlin: DIMR. URL: http://www.institut-fuer-menschenrechte.de/fileadmin/user_upload/Publikationen/Essay/essay_zum_innovationspotenzial_der_un_behindertenrechtskonvention_auflage3.pdf (14.3.2013)

Bild Zeitung (2011): „Ich bin nicht streng, sondern konsequent." Frau Sarrazin spricht Klartext über unsere Schulen. 11.1.2011. Berlin: Bild.de. URL: http://www.bild.

de/politik/2011/politik-inland/spricht-klartext-ueber-unsere-schulen-15394928.bild.html (22.7.2013)

Bimschas, Bärbel/Schröder, Achim (2003): Beziehungen in der Jugendarbeit. Untersuchung zum reflektierten Handeln in Profession und Ehrenamt. Opladen: Leske & Budrich

Blochmann, Elisabeth (1950): Der pädagogische Takt. In: Die Sammlung. 5/1950, S. 712-720

Boban, Ines/Hinz, Andreas (Hg.) (2003): Index für Inklusion. Lernen und Teilhabe in der Schule der Vielfalt entwickeln. Halle (Saale). URL: http://www.eenet.org.uk /resources/docs/Index%20German.pdf (18.3.2013)

Böhnisch, Lothar (2002): Räume, Zeiten, Beziehungen und der Ort der Jugendarbeit. In: Deutsche Jugend. Zeitschrift für Jugendarbeit. 50 (2) 2002, S. 70-77

Bohnsack, Fritz (2003): Demokratie als erfülltes Leben. Die Aufgabe von Schule und Erziehung. Bad Heilbrunn: Klinkhardt

Bohnsack, Fritz (2009): Aufbauende Kräfte im Unterricht. Lehrerinterviews und empirische Belege. Bad Heilbrunn: Klinkhardt

Bohnsack, Fritz (2013): Wie Schüler die Schule erleben. Zur Bedeutung der Anerkennung, der Bestätigung und der Akzeptanz von Schwächen. Opladen [u.a.]: Budrich

Bourdieu, Pierre (1994): Raisons pratiques. Sur la théorie de l´action. Paris: Seuil

Breuninger, Helga/Schley, Wilfried (2014): Pädagogische Beziehungen als Stiftungsthema – Ein Beispiel für bürgergesellschaftliches Engagement. In: Prengel, Annedore/Winklhofer, Ursula (Hg.): Kinderrechte in pädagogischen Beziehungen. Band 1: Praxiszugänge. Opladen u.a.: Barbara Budrich, S. 125-139

Brophy, Jere E./Good, Thomas L. (1974): Teacher-Student-Relationships. Causes and Consequences. New York [u.a.]: Holt, Rinehart and Winston

Brumlik, Micha (2010): Ethische Gefühle: Liebe Sorge Achtung. In: Moser, Vera/Pinhard, Inga (Hg.): Care – Wer sorgt für wen? Jahrbuch Frauen- und Geschlechterforschung in der Erziehungswissenschaft. 6/2010. Opladen/Farmington Hills: Budrich, S. 29-46

Brumlik, Micha (2012): Kontroverse Habermas-Tagung in Wuppertal. Sich im Unbehaglichen einrichten. In: TAZ, 26.3.2012. URL: http://www.taz.de/!90367/ (18.6. 2013)

Bruner, Claudia F./Winklhofer, Ursula/Zinder, Claudia (2002): Partizipation (er)leben, Erfahrungen von Kindern, Jugendlichen und Erwachsenen. Wiesbaden: VS

Brunkhorst, Hauke (1997): Solidarität unter Fremden. In: Combe, Arno/Helsper, Werner (Hg.): Pädagogische Professionalität. Untersuchungen zum Typus pädagogischen Handelns. Frankfurt: Suhrkamp, S. 340-367

Brunner, Ilse/Häcker, Thomas/Winter, Felix (Hg.) (2017): Das Handbuch Portfolioarbeit. Seelze: Kallmeyer

Buber, Martin (1923/2006): Das Dialogische Prinzip. Stuttgart: Reclam

Bude, Heinz (2008): Die Ausgeschlossenen. Das Ende vom Traum einer gerechten Gesellschaft. München: Hanser

Bürgerliches Gesetzbuch in der Fassung der Bekanntmachung vom 2. Januar 2002 (BGB l. I S. 42, 2909; 2003 I S. 738), das durch Artikel 1 des Gesetzes vom 4. Juli 2013 (BGB l. I S. 2176) geändert worden ist: Bundesministerium der Justiz 2005§ 1631, Abs. 2 BGB

Camus, Albert (1995): Der erste Mensch. Reinbek bei Hamburg: Rowohlt

Carle, Ursula (2008): Kind-Umfeld-Analyse als Handwerkszeug für die Unterrichtsplanung. In: Graf, Ulrike/Moser Opitz, Elisabeth (Hg.): Diagnostik und Förderung im Elementarbereich und Grundschulunterricht. Baltmannsweiler: Schneider, S. 54-65

Casale, Rita (2011): Über die Aktualität der Bildungsphilosophie. In: Vierteljahrsschrift für wissenschaftliche Pädagogik. 87 (2) 2011, S. 322-332

Cassidy, Jude/Shaver, Philipp R. (2008): Handbook of Attachmant. Theory, Research and Clinical Applications. New York [u.a.]: Guillford Press

Cassirer, Ernst (1910): Substanzbegriff und Funktionsbegriff. Untersuchungen über die Grundfragen der Erkenntniskritik. Berlin: Bruno Cassirer

Cohn, Ruth (1975): Von der Psychoanalyse zur Themenzentrierten Interaktion: Von der Behandlung einzelner zu einer Pädagogik für alle. Stuttgart: Klett

Combe, Arno (1971): Kritik der Lehrerrolle. München: List

Combe, Arno/Helsper, Werner (Hg.) (1996): Pädagogische Professionalität: Untersuchungen zum Typus pädagogischen Handelns. Frankfurt am Main: Suhrkamp

Combe, Arno/Gebhard Ulrich (2012): Verstehen im Unterricht. Die Rolle von Phantasie und Erfahrung. Wiesbaden: VS

Dann, Otto (1975): Gleichheit. In: Brunner, Otto/Conze, Werner/Koselleck, Reinhart (Hg.): Geschichtliche Grundbegriffe. Historisches Lexikon zur politisch-sozialen Sprache in Deutschland. Bd. 2. Stuttgart: Klett, S. 997-1046

Deci, Edward L./Ryan, Richard M. (1993): Die Selbstbestimmungstheorie der Motivation und ihre Bedeutung für die Pädagogik. In: Zeitschrift für Pädagogik, 39/1993, S. 223-238

Deci, Edward L./Ryan, Richard M. (2000): The „What" and „Why" of goal Pursuits: Human Needs and the Self-Determination of Behavior. In: Psychological Inquiry, Vol. 11, No. 4, 2000, pp. 227-268

Dederich, Markus (2007): Körper, Kultur, Behinderung. Eine Einführung in die Disability-Studies. Bielefeld: Transcript

Demmer, Marianne (2013): Wir statt ich. In: Erziehung und Wissenschaft, 6/2013, S. 14f

Demmer, Marianne (2014): Arbeitsumfeld und Arbeitsbedingungen in pädagogischen Institutionen und ihr Einfluss auf die Qualität pädagogischer Beziehungen. In: Prengel, Annedore/Winklhofer, Ursula (Hg.): Kinderrechte in pädagogischen Beziehungen. Band 1: Praxiszugänge. Opladen u.a.: Barbara Budrich, S. 109-117

Deppe-Wolfinger, Helga (2002): Integration und Solidarität. In: Birgit Warzecha (Hrsg.): Zur Relevanz des Dialogs in Erziehungswissenschaft, Behindertenpädagogik, Beratung und Therapie. Hamburg: LIT, S. 39-57

Dern, Susanne (2012): Die Qualität pädagogischer Beziehungen und ihre schul- und kinderrechtliche Relevanz. Vortrag gehalten während der Konferenz: „Die Qualität pädagogischer Beziehungen und ihre schul- und kinderrechtliche Relevanz". Rochow Akademie. Reckahn am 13.10.2012

Dern, Susanne/Morys, Regine/Müller, Bettina (2014): Diskriminierende Erlebnisse im schulischen Kontext – Ein partizipativer und interdisziplinärer Forschungsansatz zur Entwicklung einer Antidiskriminierungskonzeption im Kontext von Schulsozialarbeit. In: Prengel, Annedore/Winklhofer, Ursula (Hg.): Kinderrechte in pädagogischen Beziehungen. Band 2: Forschungszugänge. Opladen u.a.: Barbara Budrich, S. 89-102

Devereux, Georges (1967): Angst und Methode in den Verhaltenswissenschaften. München: Hansen

Diawara, Manthia/Glissant, Édouard (2009): Un monde en Relation. Dokumentarfilm USA/Mali

Diehm, Isabell/Magyar-Haas, Veronika (2011): (Sprachliche) Bildung und Befähigung: Reichweite und Leistungsfähigkeit des Capability Approach für die Pädagogik der frühen Kindheit. In: Ludwig, Luise [u.a.] (Hg.): Bildung in der Demokratie. Tendenzen – Diskurse – Praktiken. Opladen/Farmington Hills: Budrich, S. 83-94

Diers, Manuela (2014): Resilienzförderung in pädagogischen Beziehungen – Ein Projekt zur Verknüpfung von Biografie- und Resilienzforschung. In: Prengel, Annedore/Winklhofer, Ursula (Hg.): Kinderrechte in pädagogischen Beziehungen. Band 2: Forschungszugänge. Opladen u.a.: Barbara Budrich, S. 225-238

Dijk, Lutz van (Hg.) (2012): African Kids. Eine südafrikanische Township-Tour. Wuppertal: Hammer

Dlugosch, Andrea (2006): ›So hab' ich das noch nie gesehen …‹ Kollegiale Fallberatung auf der Grundlage der Themenzentrierten Interaktion. In: Friedrich Jahresheft 2006 – Diagnostizieren und Fördern, S. 128-131

Dörfler-Dierken, Angelika (1992): Die Verehrung der heiligen Anna in Spätmittelalter und früher Neuzeit. Göttingen: Vandenhoeck & Ruprecht

Dreitzel, Hans Peter (1970): Einsamkeit als soziologisches Problem. Zürich: Arche

Durlak, Joseph A./Domitrovich, Celene E./Weissberg, Roger P./Gullotta, Thomas P. (2015): Handbook of Social and Emotional Learning. New York: The Guilford Press

Eckhart, Michael (2005): Anerkennung und Ablehnung in Schulklassen. Einstellungen und Beziehungen von Schweizer Kindern und Immigrantenkindern. Bern: Haupt

Eckermann, Torsten/Heinzel, Friederike (2013): Etablierte und Außenseiter – Wie Kinder beim kooperativen Lernen mit Heterogenität umgehen. In: Budde, Jürgen (Hg.): Unscharfe Einsätze: (Re-)Produktion von Heterogenität im schulischen Feld. Wiesbaden: Springer VS, S. 187-210

Eckhart, Michael (2005): Anerkennung und Ablehnung in Schulklassen. Einstellungen und Beziehungen von Schweizer Kindern und Immigrantenkindern. Bern: Haupt

Edelstein, Wolfgang (2010): Ressourcen für die Demokratie. Die Funktionen des Klassenrats in einer demokratischen Schulkultur. In: Aufenanger, Stefan [u.a.] (Hg.): „Bildung in der Demokratie“. Beiträge zum 22. Kongress der Deutschen Gesellschaft für Erziehungswissenschaft. Opladen/Farmington Hills: Budrich, S. 65-78

Ebner-von Eschenbach, Malte/Schäffter, Ortfried (2017): Relationale Zielgruppenbestimmung. Ein reflexives Forum für politische Artikulation. In: Forum für Erwachsenenbildung 50 (2), S. 34-37

Egger, Josef W. (2010): Gesundheit. Aspekte eines komplexen biopsychosozialen Konstrukts und seine Korrelation zu Optimismus und Glückserleben. In: Psychologische Medizin 21 (1) 2010, S. 38-48

Ehrenberg, Alain (2011): Das Unbehagen in der Gesellschaft. Berlin: Suhrkamp

Elias, Norbert (1970): Was ist Soziologie? München: Juventa

Emirbayer, Mustafa (1997): Manifesto for a Relational Sociology. In: American Journal of Sociology, Vol 103, No. 2, 1997, pp. 281-317

Erbring, Saskia (2007): Pädagogisch professionelle Kommunikation: Eine empirische Studie zur Professionalisierung von Lehrpersonen unter Supervision. Baltmannsweiler: Schneider

Erlemeier, Norbert (1978): Zur Frage der Wirkungen von Lehrererwartungen auf das Schülerverhalten. (1973) In: Kluge, Norbert (Hg.): Das Lehrer-Schüler-Verhältnis. Forschungsansätze und Forschungsbefunde zu einem pädagogischen Interaktionssystem. Darmstadt: Wissenschaftliche Buchgesellschaft, S. 288-313
Erler, Michael/Mojsisch, Burkhard/Baum, Manfred/Wolzogen, Christoph von/Steiner Hans Georg (1992): Relation. In: Ritter, Joachim/Gründer, Karlfried (Hg.): Historisches Wörterbuch der Philosophie, Bd. 8. Darmstadt: Wissenschaftliche Buchgesellschaft, S. 578-611
Faber, Laura/Fischer, Natalie/Heinzel Friederike (2018): Wertschätzung und Anerkennung als Basis professionellen Handelns von Grundschullehrerinnen und -lehrern in inklusiven Settings. In: Zeitschrift für Grundschulforschung, 2/2018, S. 253-268
Fastner, Herbert (1986): „Oh, heilige Mutter Anna, hilf". Eine vergessene Heilige in ihrer Verehrung und in der Volkskunst. Grafenau: Morsak
Faulstich-Wieland, H. (1995): Geschlecht und Erziehung. Darmstadt: Wiss. Buchgesellschaft
Fegert, Jörg/Ziegenhain, Ute (2014): Zur alltäglichen und biografischen Bedeutung der Qualität pädagogischer Beziehungen. In: Prengel, Annedore/Winklhofer, Ursula (Hg.): Kinderrechte in pädagogischen Beziehungen. Band 1: Praxiszugänge. Opladen u.a.: Barbara Budrich, S. 33-45
Fend, Helmut (1991): Schule und Persönlichkeit: Eine Bilanz der Konstanzer Forschungen zur „Sozialisation in Bildungsinstitutionen". In: Pekrun, Reinhard/Fend, Helmut (Hg.): Schule und Persönlichkeitsentwicklung. Ein Resümee der Längsschnittforschung. Stuttgart: Enke, S. 9-32
Fischer, Natalie (2017): Beziehungen zwischen Lehrkräften und Schülerinnen und Schüler theoretische Grundlagen und empirische Erfassbarkeit. Vortrag gehalten im Graduiertenkolleg Theorie – Empirie – Praxis pädagogischer Vermittlungsprozesse an der Universität Potsdam, 27.1.2017
Fingerhut, Ralf/Manske, Christel (1988): „Ich war behindert anhand der Lehrer und Ärzte". ProtokolleinerHeilung. Hamburg: Rowohlt
Flanders, Nel A. (1966): Interaction Analysis in the Classroom: A Manual for Observers. Ann Arbor: University of Michigan
Forst, Rainer/Günther, Klaus (2011): Die Herausbildung normativer Ordnungen. Zur Idee eines interdisziplinären Forschungsprogramms. In: dies (Hg.): Die Herausbildung normativer Ordnungen. Interdisziplinäre Perspektiven. Campus: Frankfurt am Main, S. 12-30
Foucault, Michel (1994): Überwachen und Strafen. Die Geburt des Gefängnisses. Frankfurt am Main: Suhrkamp
Frevert, Ute (2017): Die Politik der Demütigung. Schauplätze von Macht und Ohnmacht. Frankfurt am Main: S. Fischer
Friebertshäuser, Barbara (2007): Verstehen und Anerkennen. Aspekte pädagogischer Beziehungen in Schule und außerschulischer Jugendarbeit. In: Henschel, Angelika/Krüger, Rolf/Schmitt, Christof/Stange, Waldemar (Hg.): Jugendhilfe und Schule. Handbuch für eine gelingende Kooperation. Wiesbaden: VS, S. 113-124.
Fritzsche, Rita (2007): Beobachtungen im Alltag einer Integrationsgruppe. In: Schöler, Jutta (Hg.): Ein Kindergarten für alle. Kinder mit und ohne Behinderung spielen und lernen gemeinsam. Berlin: Cornelsen, S. 80-116

Fröhlich-Gildhoff, Klaus/Nentwig-Gesemann, Iris/König, Anke/Stenger, Ursula/Weltzien, Dörte (2013): Forschung in der Frühpädagogik VI. Schwerpunkt: Interaktion zwischen Fachkräften und Kindern. Freiburg: Verlag FEL

Fröhlich, Volker/Göppel, Rolf (1992): Sehen, Einfühlen, Verstehen. Psychoanalytisch orientierte Zugänge zu pädagogischen Handlungsfeldern. Würzburg: Königshausen & Neumann

Fuchs, Thomas (2010): Das Gehirn – Ein Beziehungsorgan. Eine phänomenologisch-ökologische Konzeption. Stuttgart: Kohlhammer

Fuhr, Reinhard/Sreckociv, Milan/Gremmler-Fuhr, Martina (Hg.) (1999): Handbuch der Gestalttherapie. Göttingen: Hogrefe

Gadamer, Hans-Georg (1993): Über die Verborgenheit der Gesundheit. Aufsätze und Vorträge. Frankfurt am Main: SuhrkampGahleitner, Silke B. (2009): Persönliche Beziehungen aus bindungstheoretischer Sicht. In: Lenz, Karl/Nestmann, Frank (Hg.): Handbuch persönliche Beziehungen. Weinheim [u.a]: Juventa, S. 145–169

Gamm, Gerhard (1997): Die Flucht aus der Kategorie. Die Unbestimmtheit der modernen Welt im Spiegel philosophischer Diskurse. In: Luthe, Heinz Otto/Wiedemann, Rainer E. (Hg.): Ambivalenz. Studien zum kulturtheoretischen und empirischen Gehalt einer Kategorie der Erschließung des Unbestimmten. Opladen: Leske + Budrich, S. 35-64

Geddes, Heather (2006): Attachment in the Classroom. The links between children's early experience, emotional well-being and performance in school. London: Worth Publishing

Geddes, Heather (2009): Bindung, Verhalten und Lernen. In: Brisch, Karl-Heinz/Hellbrügge, Theodor (Hg.): Wege zu sicheren Bindungen in Familie und Gesellschaft. Stuttgart: Klett-Cotta, S. 170-186

Geffner, Robert/Braverman, Mark/Galasso, Joseph/Marsh, Janessa (Hg.) (2004): Aggression in Organizations. Violence, Abuse, and Harassment at Work in Schools.New York: Haworth Press

Geiger, Gunter (Hg.) (2011): Kinderrechte sind Menschenrechte. Kinderrechte in Deutschland. Opladen/Famington Hills: Budrich

Geiling, Ute/Liebers, Katrin/Prengel, Annedore (Hg.) (2011): Handbuch ILEA T. Individuelle Lernentwicklungsanalyse im Übergang. Halle (Saale): Universität Halle-Wittenberg. URL: http://ilea-t.reha.uni-halle.de (1.7.2013)

Georgi, Viola B./Seberich, Michael (Hg.) (2003): International Perspectives in Human Rights Education. Gütersloh: Bertelsmann Foundation

Gerspach, Manfred (2009): Psychoanalytische Heilpädagogik. Ein systematischer Überblick. Stuttgart: Kohlhammer

GEW (2013) (Hg.): Alles beginnt mit guter Bildung. Erklärung der Bildungsinternationalen zum Berufsethos der im Bildungs- und Erziehungsbereich Beschäftigten. Frankfurt: GEW

Gieseke, Wiltrud (2007): Lebenslanges Lernen und Emotionen. Wirkung von Emotionen auf Bildungsprozesse aus beziehungstheoretischer Perspektive. Bielefeld: Bertelsmann

Gilligan, Carol (1982): Die andere Stimme: Lebenskonflikte und Moral der Frau. München [u.a]: Piper

Glaser, Edith (2010): Dokumentenanalyse und Quellenkritik. In: Friebertshäuser, Barbara/Langer, Antje/Prengel, Annedore (Hg.): Handbuch qualitative Forschungs-

methoden in der Erziehungswissenschaft. Weinheim/München: Juventa, S. 365-375
Glissant, Édouard (2005): Kultur und Identität. Ansätze zu einer Poetik der Vielheit. Heidelberg: Wunderhorn
Glissant, Édouard (2009): Philosophie de la Relation. [Paris]: Gallimard
Gödde, Günter/Zirfas, Jörg (Hg.) (2012): Takt und Taktlosigkeit. Über Ordnung und Unordnung in Kunst, Kultur und Therapie. Bielefeld: Transcript
Gödde, Bernhard/Sprenger, Eva (2014): Systematische Befragungen von Schülerinnen und Schülern – Ein Ansatz zur Verbesserung pädagogischer Beziehungen und der Unterrichtsqualität. In: Prengel, Annedore/Winklhofer, Ursula (Hrsg.): Kinderrechte in pädagogischen Beziehungen. Band 1: Praxiszugänge. Opladen u. a.: Budrich, S. 199–206
Goffman, Erving (1971): Interaktionsrituale. Über Verhalten in direkter Kommunikation. Frankfurt am Main: Suhrkamp
Gomolla, Mechtild/Radtke, Frank-Olaf (2009): Institutionelle Diskriminie- rung. Die Herstellung ethnischer Differenz in der Schule. Wiesbaden: VS
Göppel, Rolf/Rihm, Thomas/Strittmatter-Haublod, Veronika (Hg.) (2011): Muss – kann – darf die Schule erziehen? 11. Heidelberger Dienstagsseminar. Heidelberg: Mattes
Graf-Deserno, Susanne (2013): Psychodynamisch orientierte Fallberatung in Schulen. In: Schnoor, Heike (Hg.): Psychodynamische Beratung in pädagogischen Handlungsfeldern. Gießen: Psychosozial, S. 269-285
Graumann, Carl F. (1960): Grundlagen einer Phänomenologie und Psychologie der Perspektivität. Berlin: de Gruyter
Grawe, Klaus (2004): Neuropsychotherapie. Göttingen [u.a.]: Hogrefe
Griebel, Wilfried/Niesel, Renate (2004): Transitionen. Fähigkeit von Kindern in Tageseinrichtungen fördern, Veränderungen erfolgreich zu bewältigen. Weinheim/Basel: Beltz
Gudjons, Herbert (1987): Spielbuch Interaktionserziehung. 180 Spiele und Übungen zum Gruppentraining in Schule, Jugendarbeit und Erwachsenenbildung. Bad Heilbrunn/Obb.: Klinkhardt
Habermas, Jürgen (2009): Es beginnt mit dem Zeigefinger. In: Die Zeit. Feuilleton. 10. Dezember 2009, Nr. 51. S. 45
Habermas, Jürgen (2010): Das utopische Gefälle. Das Konzept der Menschenwürde und die realistische Utopie der Menschenrechte. In: Deutsche Zeitschrift für Philosophie, 58 (3) 2010, S. 343-357. Auch in: Blätter für Deutsche und Internationale Politik, 8/2010, S. 43-53. URL: http://www.blaetter.de/archiv/themen (20.1.2013)
Hafeneger, Benno (2013): Beschimpfen, bloßstellen, erniedrigen. Beschämung in der Pädagogik. Frankfurt am Main: Brandes & Apsel
Hamre, Bridget K./Pianta, Robert C. (2006): Student-Teacher-Relation- ships. In: George G. Bear/Minke, Kathleen M. (Hg.): Children's Needs. III. National Association of School Psychologists: Bethesda MD, S. 49-59. URL: http://www.pearweb.org/conferences/sixth/pdfs/NAS-CBIII-05-1001-005-hamre%20&%20Pianta%20proof.pdf (14.3.2013)
Hannover, Bettina (1997): Das dynamische Selbst. Die Kontextabhängig- keit selbstbezogenen Wissens. Bern: Huber
Hansen, Rüdiger/Knauer, Reingard (2016): Standards für Beschwerdeverfahren nach § 45 SGB VIII in Kitas. In: Kita aktuell spezial 4/2016 https://www.partizipation-

und-bildung.de/wp-content/uploads/2013/08/kas_4_16_Hansen_Knauer_Beschwerden.pdf (1.8.2018)
Hargreaves, David H. (1976): Interaktion und Erziehung. Pädagogische Aspekte und zwischenmenschliche Beziehungen. Wien [u.a.]: Böhlau
Hascher, Tina (2004): Schule positiv erleben. Ergebnisse und Erkenntnisse zum Wohlbefinden von Schülerinnen und Schülern. Bern [u.a.]: Haupt
Haß, Frauke (2013): Wer braucht schon Helden?. In: Erziehung und Wissenschaft, 6/2013, S. 6-9
Hattie, John (2009): Visible Learning. A Synthesis of over 800 Meta- Analyses Relating to Achievement. New York: Routledge
Häußling, Roger (2010): Relationale Soziologie. In: Stegbauer, Christian/Häußling, Roger (Hg.): Handbuch Netzwerkforschung. Wiesbaden: VS, S. 63–87
Hehn-Oldiges, Martina (2018): Vorbildhafte Strategien pädagogischer Fachkräfte im Dialog. In: Reckahner Reflexionen (Hg.): Literaturhinweise. Reckahn: Rochow-Edition http://paedagogische-beziehungen.eu/wp-content/uploads/2018/08/Hehn-Oldiges2018_Vorbildhafte-Strategien.pdf (1.8.2018)
Heil, Reinhard/Hetzel, Andreas (Hg.) (2006): Die unendliche Aufgabe. Kritik und Perspektiven der Demokratietheorie. Bielefeld: Transcript
Heinze, Thomas (1976): Unterricht als soziale Situation. Zur Interaktion von Schülern und Lehrern. München: Juventa
Heinzel, Friederike (1997): Wiederholte Gesprächsinteraktion und tiefenhermeneutische Analyse. In: Friebertshäuser, Barbara/Prengel, Annedore (Hg.). Weinheim/München: Juventa, S. 468-480
Heinzel, Friederike (2004): Traktat vom »schwierigen Kind« oder päda- gogischer Optimismus?. In: Heinzel, Friederike/Geiling, Ute (Hg.): Demokratische Perspektiven in der Pädagogik. VS: Wiesbaden, S. 114-126.
Heinzel, Friederike (2011): Generationenvermittlung in der Grundschule. Ende der Kindgemäßheit?. Bad Heilbrunn: Klinkhardt
Heinzel, Friederike (2014): Kinderrechtlich relevante Schulerinnerungen an Lehrerhandeln in der Grundschule – Textanalysen. In: Prengel, Annedore/Winklhofer, Ursula (Hg.): Kinderrechte in pädagogischen Beziehungen. Band 2: Forschungszugänge. Opladen u.a.: Barbara Budrich, S. 267- 280
Heinzel, Friederike/Krasemann, Benjamin (2015). Lehrerbildung mit dem Online-Fallarchiv Schulpädagogik. In: Berendt, Brigitte/Voss, Hans-Peter/Wildt, Johannes (Hg.): Neues Handbuch Hochschullehre. Lehren und Lernen effizient gestalten. Berlin: Raabe (2015), S. 43-68
Heitmeyer, Wilhelm (2012): Sozialer Tod. Sexuelle Gewalt in Institutionen: Mechanismen und System. In: Andresen, Sabine/Heitmeyer, Wilhelm (Hg.): Zerstörerische Vorgänge. Missachtung und sexuelle Gewalt gegen Kinder und Jugendliche in Institutionen. Weinheim/Basel: Beltz Juventa, S. 22-35
Helsper, Werner (1995): Zur „Normalität“ jugendlicher Gewalt: Sozialisationstheoretische Reflexionen zum Verhältnis von Anerkennung und Gewalt. In: Helsper, Werner/Wenzel, Hartmut (Hg.): Pädagogik und Gewalt. Opladen: Leske & Budrich, S. 165-177
Helsper, Werner/Hummrich, Merle (2009): Lehrer-Schüler-Beziehung. In: Lenz, Karl/ Nestmann, Frank (Hg.): Handbuch persönliche Beziehungen. Weinheim/München: Juventa, S. 605-630

Helsper, Werner/Kramer, Ralf-Torsten/Hummrich, Merle/Busse, Susann (2009): Jugend zwischen Familie und Schule. Eine Studie zu pädagogischen Generationsbeziehungen. Wiesbaden: VS

Helsper, Werner/Sandring, Sabine/Wiezorek, Christine (2005): Anerkennung in pädagogischen Beziehungen – Ein Problemaufriss. In: Heitmeyer, Wilhelm/Imbusch, Peter (Hg.): Integrationspotentiale einer modernen Gesellschaft. Wiesbaden: VS, S. 179-206

Helsper, Werner/Wiezorek, Christine (2006): Zwischen Leistungsforderung und Fürsorge. Perspektiven der Hauptschule im Dilemma von Fachunterricht und Unterstützung. In: Die Deutsche Schule. Zeitschrift für Erziehungswissenschaft, Bildungspolitik und pädagogische Praxis. 98 (4) 2006, S. 436-455

Herrmann, Steffen/Krämer, Sybille/Kuch, Hannes (Hg.) (2007): Verletzende Worte. Die Grammatik sprachlicher Missachtung. Bielefeld: Transcript

Herrmann, Ulrich (2003): „das Exempel wirkt" Christian Gotthilf Sanzmanns psychologisch-pädagogische Lehre vom entwickelnden, erziehenden und bildenden Umgang mit dem Kind. Vortrag anlässlich der Bestellung des Vf. zum Honorar-Professor an der Universität Potsdam. Reckahn am 15.10.2003. URL: http://www.medienfakten.de/uherrmann2/salzmann.pdf (28.7.2013)

Herrmann, Ulrich (2018): Pädagogische Beziehungen. Weinheim: Beltz

Herzog, Walter (2001): In Beziehung zu sich selbst. Relationales Denken in der Pädagogik. In: Schweizerische Zeitschrift für Bildungswissenschaften 23 (3) 2001, S. 529-545. URL: http://www.pedocs.de/volltexte/2011/3779/pdf/SZBW_2001_H3_S529_Herzog_D_A.pdf (25.6.2013)

Hinrichs, Dörte/Rubinich, Hans (2007): Erziehung zur Mündigkeit. Der Pädagoge Wolfgang Klafki. Manuskript-Nr. 07-076. Frankfurt am Main: Hessischer Rundfunk hr2. http://www.hr-online.de/website/radio/hr2/index.jsp?rubrik=53495&key=standard_document_32686552 (8.3.2013)

Höffe, Ottfried (2010): Gerechtigkeit. Eine philosophische Einführung. München: Beck

Höhn, Elfriede (1967): Der schlechte Schüler. Sozialpsychologische Untersuchungen über das Bild des Schulversagers. München: Piper

Holtappels, Heinz Günter (Hg.) (2009): Forschung über Gewalt an Schulen. Erscheinungsformen und Ursachen, Konzepte und Prävention. Weinheim/München: Juventa

Hondrich, Karl Otto (1975): Menschliche Bedürfnisse und soziale Steuerung. Hamburg: Rowohlt Taschenbuch

Honig, Michael Sebastian (1996): Wem gehört das Kind? Kindheit als generationale Ordnung. In: Liebau, Eckardt/Baader, Meike Sophia (Hg.): Generation. Versuche über eine pädagogisch-anthropologische Grundbedingung. Weinheim: Deutscher Studien-Verlag, S. 201-217

Honneth, Axel (1990): Integrität und Missachtung. Grundmotiv einer Moral der Anerkennung. In: Merkur. 501/1990, S. 1043-1054

Honneth, Axel (1992): Kampf um Anerkennung. Zur moralischen Grammatik sozialer Konflikte. Frankfurt am Main: Suhrkamp

Honneth, Axel (2000): Anerkennungsbeziehungen und Moral. Eine Diskussionsbemerkung zur anthropologischen Erweiterung der Diskursethik. In: Brunner, Reinhard/Kelbel, Peter (Hg.): Anthropologie, Ethik und Gesellschaft. Frankfurt am Main [u.a.]: Campus, S. 101–111

Honneth, Axel (2002): Einleitung. In: Honneth, Axel (Hg.): Befreiung aus der Mündigkeit. Paradoxien des gegenwärtigen Kapitalismus. Frankfurt am Main: Campus, S. 7-12

Honneth, Axel (2003): Unsichtbarkeit. Stationen einer Theorie der Intersubjektivität. Frankfurt am Main: Suhrkamp

Honneth, Axel (2011): Das Recht der Freiheit. Grundriss einer demokratischen Sittlichkeit. Berlin: Suhrkamp

Honneth, Axel (2013a): Erziehung und demokratische Öffentlichkeit. In: Müller, Hans-Rüdiger/Bohne, Sabine/Thole, Werner (Hg.): Erziehungswissenschaftliche Grenzgänge. Markierungen und Vermessungen. Beiträge zum 23. Kongress der Deutschen Gesellschaft für Erziehungswissenschaft. Opladen, Berlin, Toronto: Barbara Budrich, S. 41-57

Honneth, Axel (2013b): Verwilderung des sozialen Konflikts. Anerkennungskämpfe zu Beginn des 21. Jahrhunderts. In: Honneth, Axel/Lindemann, Ophelia/Voswinkel, Stephan (Hg.): Strukturwandel der Anerkennung. Paradoxien sozialer Integration in der Gegenwart. Frankfurt am Main/New York: Campus, S. 17-39

Honneth, Axel (2018): Anerkennung. Eine europäische Ideengeschichte. Frankfurt am Main: Suhrkamp

Honneth, Axel/Lindemann, Ophelia/Voswinkel, Stephan (Hg.) (2013): Strukturwandel der Anerkennung. Paradoxien sozialer Integration in der Gegenwart. Frankfurt am Main/New York: Campus

Honneth, Axel/Rössler, Beate (Hg.) (2008): Von Person zu Person. Zur Moralität persönlicher Beziehungen. Frankfurt am Main: Suhrkamp

Honneth, Axel/Stahl, Titus (2013): Wandel der Anerkennung. Überlegungen aus gerechtigkeitstheoretischer Perspektive. In: Honneth, Axel/Lindemann, Ophelia/Voswinkel, Stephan (Hg.): Strukturwandel der Anerkennung. Paradoxien sozialer Integration in der Gegenwart. Frankfurt am Main/New York: Campus, S. 275-300

Hörster, Reinhard (2012): Veranlassungen von Strafe in der Pädagogik zu reden – sozialpädagogische Lektüren. In: Sünker, Heinz/Berner, Knut (Hg.): Vergeltung ohne Ende? Über Strafe und ihre Alternativen im 21. Jahrhundert. Lahnstein: Neue Praxis, S. 155-188

Hugener, Isabelle (2008): Inszenierungsmuster im Unterricht und Lernqualität. Münster [u.a.]: Waxmann

Hülst, Dirk (1999): Symbol und soziologische Symboltheorie. Untersuchungen zum Symbolbegriff in Geschichte, Sprachphilosophie, Psychologie und Soziologie. Opladen: Leske & Budrich

Hüther, Gerald (2012): Die Evolution der Liebe. Was Darwin bereits ahnte und die Darwinisten nicht wahrhaben wollten. Göttingen: Vandenhoeck

Hyman, Irwin A./Perone, Donna C. (1998): The other side of school violence: Educator policies and practices that may contribute to student misbehavior. In: Journal of School Psychology, Vol. 36, No. 1, 1998, pp. 7-27

Imbrogno, Andre R. (2000): Corporal punishment in American public schools and the UN convention of the rights of the child: a case for non-ratification. In: Journal of Law and Education, Vol. 29, No. 2, 2000, pp. 125-147

Ittel, Angela/Raufelder, Diana (2008): Lehrer und Schüler als Bildungspartner. Theoretische Ansätze zwischen Tradition und Moderne. Göttingen: Vandenhoeck & Ruprecht

Ittner, Helmut (2014): Ein anderer Blick auf die Qualität pädagogischer Beziehungen: Lohnend auch für berufliche Schulen. In: Prengel, Annedore/Winklhofer, Ursula (Hg.): Kinderrechte in pädagogischen Beziehungen. Band 1: Praxiszugänge. Opladen u.a.: Barbara Budrich, S. 217-227

Jaeggi, Rahel (2017): „Entfremdung ist eine Störung". Die Philosophin Rahel Jaeggi über die Grenzen des modernen Versprechens auf Selbstbestimmung. In: Der Tagesspiegel, Berlin 10.8.2017 file:///Users/Erziehungswissenschaft/Documents/1_Daten%20Nicht%20Dropbox/Buch%20Pa%CC%88dBez/A%20AAA%202.%20Auflage/Jaeggi%20Weltaneignung_%20%E2%80%9EEntfremdung%20ist%20eine%20Sto%CC%88rung%E2%80%9C%20-%20Wissen%20-%20Tagesspiegel.html (1.8.2018)

Jaeggi, Rahel (2013): Kritik von Lebensformen. Berlin: Suhrkamp

Julius, Henri (2009): Bindungsgeleitete Interventionen in der schulischen Erziehungshilfe. In: Julius, Henri/Gasteiger-Klicpera, Barbara/Kißgen, Rüdiger (Hg.): Bindung im Kindesalter. Diagnostik und Interventionen. Göttingen [u.a.]: Hogrefe, S. 293-315

Jürgens, Eiko (2013): Lehrerbewusstsein im selektiven Schulwesen. Der falsche Umgang mit dem Fehler im Unterricht gefährdet den Heranwachsenden in seiner Rolle als Lernender. In: Jürgens, Eiko/Miller, Susanne (Hg.): Ungleichheit in der Gesellschaft und Ungleichheit in der Schule. Eine interdisziplinäre Sicht auf Inklusions- und Exklusionsprozesse. Weinheim/Basel: Beltz Juventa, S. 213-234

Kahlert, Joachim [u.a.] (2002a): Achtsamkeit und Anerkennung – Grundschule. Köln: Bundeszentrale für gesundheitliche Aufklärung. URL: http://www.bzga.de/?uid=03e6be8f3a533cc0ec5f204822503af6&id=medien&sid=6&idx= 844 (14.3.2013)

Kahlert, Joachim [u.a.] (2002b): Achtsamkeit und Anerkennung – Klassen 5-9. Köln: Bundeszentrale für gesundheitliche Aufklärung. URL: http://www.bzga.de/?uid=03e6be8f3a533cc0ec5f204822503af6&id=medien&sid=6&idx=1388 (14.3.2013)

Kalicki, Bernhard (2014): Kindliche Entwicklung und die Bedeutung pädagogischer Beziehungen. In: Prengel, Annedore/Winklhofer, Ursula (Hg.): Kinderrechte in pädagogischen Beziehungen. Band 1: Praxiszugänge. Opladen u.a.: Barbara Budrich, S. 47-56

Kammermeyer, Gisela (2011): Lernen im Spiel. In: Einsiedler, Wolfgang/Götz, Margarete/Hartinger, Andreas/Heinzel, Friederike/Kahlert, Joachim/Sandfuchs, Uwe (Hg.): Handbuch Grundschulpädagogik und -didaktik. Bad Heilbrunn: Klinkhardt, S. 387-391

Kassis, Wassilis (2003): Wie kommt die Gewalt in die Jungen? Bern: Haupt

Kavemann, Barbara/Kreyssig, Ulrike (Hg.) (2006): Handbuch Kinder und häusliche Gewalt. Wiesbaden: VS

Keim, Wolfgang [u.a.] (Hg.) (1996): Team-Kleingruppen-Modell Köln-Holweide – Theorie und Praxis. Frankfurt am Main: Lang

Kellermann, Ingrid (2008): Vom Kind zum Schulkind. Die rituelle Gestaltung der Schulanfangsphase. Eine ethnografische Studie. Opladen/Farmington Hills: Budrich

Kerber-Ganse, Waltraud (2009): Die Menschenrechte des Kindes. Die UN-Kinderrechtskonvention und die Pädagogik von Janusz Korczak. Versuch einer Perspektivenverschränkung. Opladen/Famington Hills: Budrich

Kirchschläger, Peter G./Kirchschläger, Thomas (2013): Zur Universalität der Kinderrechte. In: Krappmann, Lothar/Kerber-Ganse, Waltraut/Prengel,

Annedore/Schmitt, Hanno (Hg.): Die Sehnsucht nach Anerkennung. Kinderrechte in Geschichte und Gegenwart. Reckahn: Rochow-Akademie, S. 12-19

Klafki, Wolfgang (1970): Das pädagogische Verhältnis. In: Klafki, Wolfgang u.a. (Hg.): Funk-Kolleg Erziehungswissenschaft 1. Frankfurt und Hamburg: Fischer Bücherei, S. 53-91

Klafki, Wolfgang (1991): Neue Studien zur Bildungstheorie und Didaktik. Zeitgemäße Allgemeinbildung und kritisch-konstruktive Didaktik. Weinheim/Basel: Beltz

Kleeberger, Fabian/Frankenstein, Yvonne/Leu, Hans Rudolf (2009): Bildungs- und Lerngeschichten am Übergang vom Kindergarten in die Grundschule. Weimar [u.a.]: Das Netz

Klein, Regina (2010): Tiefenhermeneutische Analyse. In: Friebertshäuser, Barbara/ Langer, Antje/Prengel, Annedore (Hg.): Handbuch Qualitative Forschungsmethoden in der Erziehungswissenschaft. Weinheim/München: Juventa, S. 263-280

Klieme, Eckhard/Rakoczy, Katrin (2008): Empirische Unterrichtsforschung und Fachdiaktik. In: Zeitschrift für Pädagogik, 54 (2) 2008, S. 222-237

Klieme, Eckhard/Warwas, Jasmin (2011): Konzepte individueller Förde- rung. In: Zeitschrift für Pädagogik, 57 (6) 2011, S. 805-818

Klika, Dorle (2000): Herman Nohl. Sein „Pädagogischer Bezug" in Theorie, Biographie und Handlungspraxis. Köln [u.a.]: Böhlau

Kluge, Norbert (1978) (Hg.): Das Lehrer-Schüler-Verhältnis. Forschungsansätze und Forschungsbefunde zu einem pädagogischen Interaktionssystem. Darmstadt: Wissenschaftliche Buchgesellschaft Körner, Jürgen/Ludwig-Körner, Christiane (1997): Psychoanalytische Sozialpädagogik. Eine Einführung in vier Fallgeschichten. Freiburg: Lampertus

Knauf, Tassilo (2001): Einführung in die Grundschuldidaktik. Lernen, Entwicklungsförderung und Erfahrungswelten in der Primarstufe. Stuttgart: Kohlhammer

Kokemoor, Klaus (2018): Das Kind, das aus dem Rahmen fällt. Wie Inklusion mit Kindern mit besonderen Verhaltensweisen gelingt. Munderfing: Fischer & Gann

König, Anke (2009): Interaktionsprozesse zwischen Erzieherinnen und Kindern. Eine Videostudie aus dem Alltag des Kindergartens. Wiesbaden: VS

König, Anke (2010): Interaktion als didaktisches Prinzip. Bildungsprozesse bewusst begleiten und gestalten. Troisdorf: Bildungsverlag Eins

König, Anke (2014): Bildungsteilhabe im Sinne der Kinderrechte aus interaktionistischer Perspektive. Empirische Einblicke in die Bildungsorte Familie und Kindergarten. In: Prengel, Annedore/Winklhofer, Ursula (Hg.): Kinderrechte in pädagogischen Beziehungen. Band 2: Forschungszugänge. Opladen u.a.: Barbara Budrich, S. 173-182

Korczak, Janusz (1928/1999): Wie liebt man ein Kind. Das Recht des Kindes auf Achtung. In: Beiner, Friedhelm (Hg.): Janusz Korczak. Sämtliche Werke, Bd.4. Gütersloh: Gütersloher Verlags-Haus

Krämer, Felicitas/Bagattini, Alexander (2015): Pädagogikethik – Ein blinder Fleck der angewandten Ethik. In: Prengel, Annedore/Schmitt, Hanno (Hrsg.): Netzpublikationen der Rochow-Akademie. http://www.rochow-museum.uni-potsdam.de/arbeitskreis-menschenrechtsbildung/netzpublikationen-des-ak-mrb.html (1.8.2018)

Krappmann, Lothar (1994): Mißlingende Aushandlungen – Gewalt und andere Rücksichtslosigkeiten unter Kindern im Grundschulalter. In: Zeitschrift für Sozialisationsforschung und Erziehungssoziologie, 14 (2) 1994, S. 102-117

Krappmann, Lothar/Kerber-Ganse, Waltraut/Prengel, Annedore/Schmitt, Hanno (Hg.) (2013): Die Sehnsucht nach Anerkennung. Kinderrechte in Geschichte und Gegenwart. Reckahn: Rochow-Akademie

Krappmann, Lothar/Oswald, Hans (1995): Alltag der Schulkinder. Beobachtungen und Analysen von Interaktionen und Sozialbeziehungen. Weinheim/München: Juventa

Krappmann, Lothar/Petry, Christian (Hg.) (2016): Worauf Kinder und Jugendliche ein Recht haben. Kinderrechte, Demokratie und Schule: Ein Manifest. Schwalbach: Debus Pädagogik

Kreuzer, Max/Ytterhus, Borgunn (Hg.) (2008): „Dabeisein ist nicht alles." Inklusion und Zusammenleben im Kindergarten. München/Basel: Reinhardt

Kristeva, Julia (2005): Liberté, égalité, fraternité et … Vulnérabilité. In: dies.: La haine et le Pardon. Paris: Fayard, S. 95-118

Kristeva, Julia/Gardou, Charles (2012) : Behinderung und Vulnerabilität. In: Braun, Otto/Lüdtke, Ulrike (Hg.): Sprache und Kommunikation. Enzyklopädisches Handbuch der Behindertenpädagogik „Behinderung, Bildung und Partizipation". Kohlhammer: Stuttgart, S. 39-48

Kron, Maria (2008): Integration als Einigung – Integrative Prozesse und ihre Gefährdungen auf Gruppenebene. In: Kreuzer, Max/Ytterhus, Borgunn (Hg.): Dabeisein ist nicht alles. Inklusion und Zusammenleben im Kindergarten. München/Basel: Reinhardt, S. 189–199

Kropotkin, Peter (1975): Gegenseitige Hilfe in der Tier- und Menschenwelt. Frankfurt am Main [u.a.]: Ullstein

Krugman, Richard D./Krugman, Mary K. (1984): Emotional abuse in the classroom: The pediatrian's role in diagnosis and treatment. In: American Journal of Diseases of Children, Vol. 138, No. 3, 1984, S. 284-286

Krumm, Volker/Eckstein, Kirstin (2002): Geht es Ihnen gut oder haben Sie noch Kinder in der Schule? URL: https://www.sbg.ac.at/erz/salzburger_beitraege/herbst%202002/krumm_202.pdf (21.01.2012)

Kuch, Hannes/Herrmann, Steffen K. (Hg.) (2010): Philosophie sprachlicher Gewalt. Göttingen: Velbrück Wissenschaft

Kuck, Elisabeth (Hg.) (2007): Pädagogische Arbeit als Beziehungsarbeit. Entwicklungsförderung von benachteiligten Grundschulkindern in einem Essener Partnerschaftsprojekt. Lengerich [u.a.]: Pabst Science Publisher

Kuhl, Julius/Müller-Using, Susanne/Solzbacher, Claudia/Warnecke, Wiebke (Hg.) (2011): Bildung braucht Beziehung. Selbstkompetenz stärken – Begabung entfalten. Freiburg [u.a.]: Herder

Kuhlemann, Frank-Michael (1992): Modernisierung und Disziplinierung. Göttingen: Vandenhoeck & Ruprecht

Künkler, Tobias (2011): Lernen in Beziehung. Zum Verhältnis von Subjektivität und Relationalität in Lernprozessen. Bielefeld: Transcript

Künkler, Tobias (2014): Relationalität und relationale Subjektivität. Ein grundlagentheoretischer Beitrag zur Beziehungsforschung. In: Prengel, Annedore/Winklhofer, Ursula (Hg.): Kinderrechte in pädagogischen Beziehungen. Band 2: Forschungszugänge. Opladen u.a.: Barbara Budrich, S. 25-43

Lambrich, Hans-Jürgen (1987): Schulleistung, Selbstkonzeption und Unterrichtsverhalten. Eine qualitative Untersuchung zur Situation „schlechter" Schüler. Weinheim: Deutscher Studien-Verlag

Langer, Antje/Richter, Sophia/Friebertshäuser, Barbara (Hg.) (2010): (An)Passung. Körperlichkeit und Beziehungen in der Schule – Ethnografische Studien. Baltmannsweiler: Schneider

Leber, Aloys/Reiser, Helmut (Hg.) (1972): Sozialpädagogik, Psychoanalyse und Sozialkritik. Perspektiven Sozialer Berufe. Neuwied/Berlin: Luchterhand

Leddin, Anne/Ostermann, Britta/Prengel, Annedore/Tellisch, Christin/Wysujack, Vivien (2018): Kindliche Resonanzen auf pädagogisches Handeln – Beobachtungsstudien zu relationalen Verflechtungen in Kita und Schule. In: Hartnack (Hg.): Qualitative Forschung mit Kindern. Wiesbaden: Springer VS. (Im Druck)

Leisegang, Dieter/Niebel, Wilhelm Friedrich (Hg.) (1974): Philosophie als Beziehungswissenschaft. Festschrift für Julius Schaaf. Frankfurt am Main: Heiderhoff

Lenz, Karl/Nestmann, Frank (Hg.) (2009): Handbuch Persönliche Beziehungen. Weinheim/München: Juventa

Leonhard, Tobias (2013): Wie Lehrer_innen und Schüler_innen miteinander umgehen. Rekonstruktion des pädagogischen Beziehung bei Preisträgern des Deutschen Lehrerpreises. Uv. Ms. Mainz

Leu, Hans-Rudolf (1999): Die „biographische Situation“ als Bezugspunkt eines sozialisations-theoretischen Subjektverständnisses. In: Leu, Hans-Rudolf/Krappmann, Lothar (Hg.): Zwischen Autonomie und Verbundenheit. Bedingungen und Formen der Behauptung von Subjektivität. Frankfurt am Main: Suhrkamp, S. 77–107

Leu, Hans Rudolf/Krappmann, Lothar (Hg.) (1999): Zwischen Autonomie und Verbundenheit. Bedingungen und Formen der Behauptung von Subjektivität. Frankfurt am Main: Suhrkamp

Leuzinger-Bohleber, Marianne/Brandl, Yvonne/Hüther, Gerald (Hg.) (2006): ADHS – Frühprävention statt Medikalisierung. Göttingen: Vandenhoeck & Ruprecht

Lévinas, Emmanuel (1999): Die Spur des Anderen. Untersuchungen zur Phänomenologie und Sozialphilosophie. Freiburg [u.a.]: Alber

Lewin, Kurt (1948): Resolving social conflicts. New York: Harperer

Liegle, Ludwig (2017): Beziehungspädagogik. Erziehung, Lehren und Lernen als Beziehungspraxis. Stuttgart: Kohlhammer.

LIS Bremen (Hg.) (2009): Beschwerdemanagement. Zum konstruktiven und transparenten Umgang mit Beschwerden über Lehrkräfte. Bremen: Landesinstitut für Schule

Lohrenscheit, Claudia (2004): Das Recht auf Menschenrechtsbildung. Frankfurt am Main/London: IKO

Looser, Dölf (2011): Soziale Beziehungen und Leistungsmotivation. Die Bedeutung von Bezugspersonen für längerfristige Aufrechterhaltung der Lern- und Leistungsmotivation. Beiträge der Schweizer Bildungsforschung. Bd. 2. Opladen/Famington Hills: Budrich

Looser, Dölf (2014): Die Bedeutung der Lehrer-Schüler-Beziehung für die Lern- und Leistungsmotivation von Schülern. Erziehungskompetente Lehrer aus der Perspektive der Selbstbestimmungs- und Erziehungsstiltheorie. In: Prengel, Annedore/Winklhofer, Ursula (Hg.): Kinderrechte in pädagogischen Beziehungen. Band 2: Forschungszugänge. Opladen u.a.: Barbara Budrich, S. 113-126

Lorenzer, Alfred (1970): Sprachzerstörung und Rekonstruktion. Frankfurt am Main: Suhrkamp

Lotz, Miriam/Gabriel, Katrin/Lipowsky, Frank (2013): Niedrig und hoch inferente Verfahren der Unterrichtsbeobachtung. Analysen zu deren gegenseitiger Validierung. In: Zeitschrift für Pädagogik, 59 (3) 2013, S. 357-380

Lüders, Manfred (2014). Forschung zur Lehrer-Schüler-Interaktion/Unterrichtskommunikation. In: Terhart, Ewald/Bennewitz, Hedda/Rothland Martin (Hg.): Handbuch der Forschung zum Lehrerberuf. 2. Auflage. Münster: Waxmann, S. 822-845

Lüdicke, Jörg/Diewald, Martin (2007): Soziale Netzwerke und soziale Ungleichheit. Zur Rolle von Sozialkapital in modernen Gesellschaften. Wiesbaden: VS

Ludwig, Joachim (2010): Die Welt im Kurs. Zum Verhältnis von Exklusion und Lernprozessen in der Alphabetisierung. In: Hessische Blätter für Volksbildung, 3/2010, S. 255-236

Ludwig, Joachim (2011): Transformationskompetenz für Professionalität in der Erwachsenenbildung. In: Gieseke, Wiltrud/Ludwig, Joachim (Hg.): Hans Tietgens. Ein Leben für die Erwachsenenbildung. Theoretiker und Gestalter in der zweiten Hälfte des 20. Jahrhunderts. Dokumentation des Kolloquiums am 23.10.2009 an der Humboldt-Universität zu Berlin. Berlin (Erwachsenenpädagogischer Report, 16), S. 365–372. URL: http://nbn-resolving.de/urn:nbn:de:kobv:517-opus-62006 (29.7.2013)

Ludwig, Joachim (2012) (Hg.): Lernen und Lernberatung. Alphabetisierung als Herausforderung für die Erwachsenendidaktik. Bielefeld: Bertelsmann

Ludwig-Körner, Christiane (2007): Säuglinge und Kleinkinder: Selbstbestimmung von Anfang an. In: Overwien, Bernd/Prengel, Annedore (Hg.): Recht auf Bildung. Zum Besuch des Sonderberichterstatters der Vereinten Nationen in Deutschland. Opladen: Budrich, S. 104-113

Lundgreen, Peter (1980): Sozialgeschichte der deutschen Schule im Überblick. Teil I: 1770 – 1918. Göttingen: Vandenhoeck & Ruprecht

Luthe, Heinz Otto/Wiedemann, Rainer E. (Hg.) (1997): Ambivalenz. Studien zum kulturtheoretischen und empirischen Gehalt einer Kategorie der Erschließung des Unbestimmten. Opladen: Leske & Budrich

Maas, Michael (2003): Alternativschule und Jugendkultur – Entwicklungsprobleme von Adoleszenten. Weinheim: Beltz

Mahler, Claudia/Mihr, Anja (Hg.) (2004): Menschenrechtsbildung – Bilanz und Perspektiven. Wiesbaden: VS

Maloni, Mbu (2011): Niemand wird mich töten. Wuppertal: Hammer

Malti, Tina/Häcker, Thomas/Nakamura, Yuka (2009): Kluge Gefühle. Sozial-emotionales Lernen in der Schule. Zürich: Pestalozzianum

Markell, Patchen (2003): Bound by Recognition. Princeton, N.J.: Princeton University Press

Marks, Stephan (2007): Warum folgten sie Hitler? Die Psychologie des Nationalsozialismus. Düsseldorf: Patmos

Marks, Stephan (2010): Die Würde des Menschen oder Der blinde Fleck in unserer Gesellschaft. Gütersloh: Gütersloher Verlagshaus

Maroda, Karen J. (2004): The Power of Countertransference. Innovations in Analytic Technique. Hillsdale, N.J.: Aronson

Marx-Engels Werke (1969), Band 3., Institut für Marxismus-Leninismus beim ZK der SED (Hg.), Berlin: Dietz Verlag

Marx, Rita/Saliger, Susanne (Hg.) (2004): „PAGS“. Unterrichtsmaterialien zur Prävention von Aggression und Gewalt an Schulen. Potsdam: Fachhochschule

Maslow, Abraham H. (1954): Motivation und Persönlichkeit. Reinbek bei Hamburg: Rowohlt

Maslow, Abraham H. (1977): Die Psychologie der Wissenschaft. Neue Wege der Wahrnehmung und des Denkens. München: Goldmann

Mayring, Philipp (2007): Qualitative Inhaltsanalyse. Grundlagen und Techniken. Weinheim/Basel: Beltz

Maywald, Jörg (2012): Kinder haben Rechte! Für Kindergarten, Schule und Jugendhilfe (0-18 Jahre). Weinheim/Basel: Beltz

Mead, George Herbert (1934/1973): Geist, Identität, Gesellschaft. Aus der Sicht des Sozialbehaviourismus. Morris, Charles W. (Hg.). Frankfurt am Main: Suhrkamp

Melzer, Wolfgang/Schubarth, Wilfried/Ehninger, Frank (2011): Gewaltprävention und Schulentwicklung. Analyse und Handlungskonzepte. Bad Heilbrunn: Klinkhardt

Meyer-Drawe, Käte (2002): Leiblichkeit und Sozialität. Phänomenologische Beiträge zu einer pädagogischen Theorie der Intersubjektivität. München: Fink

Miller, Reinhold (2011): Beziehungsdidaktik. Weinheim/Basel: Beltz

Moebius, Stephan (2001): Postmoderne Ethik und Sozialität. Beitrag zu einer soziologischen Theorie der Moral. Stuttgart: Ibidem

Mollenhauer, Klaus (1978): Erziehung als Interaktion (Auszug) (1972/1976). In: Kluge, Norbert (Hg.): Das Lehrer-Schüler-Verhältnis. Forschungsansätze und Forschungsbefunde zu einem pädagogischen Interaktionssystem. Darmstadt: Wissenschaftliche Buchgesellschaft, S. 260-287

Motakef, Mona (2006): Das Menschenrecht auf Bildung und der Schutz vor Diskriminierung. Eine Studie über Exklusionsrisiken und Inklusionschancen im deutschen Bildungssystem. Berlin: Deutsches Institut für Menschenrechte

Müller, Burkhard (2001): Pädagogische Generationenverhältnisse aus psychoanalytischer Sicht. In: Kramer, Rolf T./Helsper, Werner/Busse, Susann (Hg.): Jugend zwischen Familie und Schule: eine Studie zu pädagogischen Generationenbeziehungen. Wiesbaden: VS, S. 63–77

Müller, Burkhard [u.a.] (2005): Gefühle denken. Macht und Emotion in der pädagogischen Praxis. Frankfurt am Main/New York: Campus

Müller, Burkhard/Schwabe, Mathias (2009): Pädagogik mit schwierigen Jugendlichen. Ethnografische Erkundungen zur Einführung in die Hilfen zur Erziehung. Weinheim/München: Juventa

Müller, Frank J. (2013): Integrative Grundschule aus der Sicht der Eltern. Eine qualitativ/quantitative Erhebung. Bad Heilbrunn: Klinkhardt

Müller, Ulrike Beate (2013): Kinder im verzahnten Übergang vom Elementar- zum Primarbereich. Dissertationsschrift. Universität Potsdam

Mützel, Sophie/Fuhse, Jan (2010): Relationale Soziologie. Wiesbaden: VS

Nagel, Alexander-Kenneth (2012): Substantiierst du noch oder relationierst du schon? Selbstfindung der deutschen Netzwerkforschung. In: Soziologische Revue, 35/2012, S. 133-145

National Coalition für die Umsetzung der UN-Kinderrechtskonvention in Deutschland (2008): Beschwerdefahrplan zur UN-Kinderrechtskonvention. Berlin. URL: http://www.national-coalition.de/pdf/Beschwerdefahrplan.pdf (28.7.2013)

Naujok, Natascha/Brandt, Birgit/Krummheuer, Götz (2008): Interaktion im Unterricht. In: Helsper, Werner/Böhme, Jeanette (Hg.): Handbuch der Schulforschung. Wiesbaden: VS, S. 779–799

Neckel, Sighard (1993): Status und Scham. Zur symbolischen Reproduktion sozialer Ungleichheit. Frankfurt am Main: Campus

Neckel, Sighard (2000): Die Macht der Unterscheidung. Frankfurt am Main [u.a.]: Campus

Neckel, Sighard (2006): Kultursoziologie der Gefühle. In: Schützeichel, Rainer (Hg.): Emotionen und Sozialtheorie. Disziplinäre Ansätze. Frankfurt am Main [u.a.]: Campus, S. 124–139

Neckel, Sighard (2013): „Leistung" und „Erfolg". Eine Zeitdiagnose zum Wandel sozialer Ungleichheit. In: Jürgens, Eiko/Miller, Susanne (Hg.): Ungleichheit in der Gesellschaft und Ungleichheit in der Schule. Eine interdisziplinäre Sicht auf Inklusions- und Exklusionsprozesse. Weinheim/Basel: Beltz Juventa, S. 47-58

Neckel, Sighard/Sutterlüty, Ferdinand (2005): Negative Klassifikation – Konflikte um die symbolische Ordnung sozialer Ungleichheit. In: Heitmeyer, Wilhelm/Imbusch, Peter (Hg.): Integrationspotenziale einer modernen Gesellschaft. Wiesbaden: VS, S. 409-428

Nesbit, Wayne C./Philpott, David F. (2002): Confronting subtle emotional abuse in classrooms. In: Guidance & Counselling, Vol. 17, No. 2, 2002, S. 32-38

Neuner, Frank (2012): Traumatisierung durch Gewalterfahrungen in Institutionen des Aufwachsens. In: Andresen, Sabine/Heitmeyer, Wilhelm (Hg): Zerstörerische Vorgänge. Missachtung und sexuelle Gewalt gegen Kinder und Jugendliche in Institutionen. Weinheim/Basel: Beltz Juventa, S. 36-48

Nickel, Horst (1976): Die Lehrer-Schüler-Beziehung aus der Sicht neuerer Forschungsergebnisse – ein transaktionales Modell. In: Psychologie und Unterricht, 23/1976, S. 153-172

Nietzsche, Friedrich (1877/1988): Zur Genealogie der Moral. Stuttgart: Reclam

Noddings, Nel (2005): The Challenge to care in Schools. New York: Teachers College Press

Nordt, Stefanie/Kugler, Thomas (2018): Murat spielt Prinzessin, Alex hat zwei Mütter und Sophie heißt jetzt Ben. Sexuelle und geschlechtliche Vielfalt als Themen frühkindlicher Inklusionspädagogik. Berlin: Bildungsinitiative Queerformat und Sozialpädagogisches Fortbildungsinstitut Berlin-Brandenburg. https://www.queerformat.de/wp content/uploads/QF-Kita-Handreichung-2018-Druckfassung.pdf (1.8.2018)

Nowak, Martin A./Highfield, Roger (2011): SuperCooperators. Altruism, Evolution, and Why we need each other to succeed. New York [u.a.]: Free Press

Nussbaum, Martha C. (1993): The Quality of Life. A study for the World Institute for Development Economics Research (WIDER) of the United Nations UniversityOxford [u.a.]: Clarendon Press

Nussbaum, Martha C. (2001): Upheavals of Thought. The Intelligence of Emotions. Cambridge: Cambridge University Press

Nussbaum, Martha C. (2002): Konstruktionen der Liebe, des Begehrens und der Fürsorge. Stuttgart: Reclam

Nussbaum, Martha C. (2010): Die Grenzen der Gerechtigkeit. Behinderung, Nationalität und Spezieszugehörigkeit. Berlin: Suhrkamp

Opp, Günther/Fingerle, Michael/Bender Doris (Hg.) (2007): Was Kinder stärkt. Erziehung zwischen Risiko und Resilienz. München/Basel: Reinhardt

Oser, Fritz (1994): Zu-Mutung. Eine basale pädagogische Handlungsstruktur. In: Seibert, Norbert/Serve, Helmut J. (Hg.): Bildung und Erziehung an der Schwelle zum dritten Jahrtausend. Multidisziplinäre Aspekte, Analysen, Positionen, Perspektiven. München: PimS, S. 773-800

Oser, Fritz/Spychiger, Maria (2005): Lernen ist schmerzhaft. Zur Theorie des Negativen Wissens und zur Praxis der Fehlerkultur. Weinheim/Basel: Beltz

Oswald, Hans (2008): Helfen, Streiten, Spielen, Toben. Die Welt der Kinder einer Grundschulklasse. [s.I.]: Budrich

Oswald, Hans (2009): Persönliche Beziehung in der Kindheit. In: Lenz, Karl/Nestmann, Frank (Hg.): Handbuch Persönliche Beziehungen. Weinheim/München: Juventa, S. 491-512

Oswald, Hans/Krappmann, Lothar (2006): Soziale Herkunft, Ungleichheit in der Schulklasse und Schulerfolg – unter besonderer Berücksichtigung von Kindern ausländischer Eltern. In: Rehberg, Karl-Siegbert (Hg.): Soziale Ungleichheit, kulturelle Unterschiede. 2 Bde. Frankfurt am Main/New York: Campus, S. 752–764

Otto, Hans-Uwe/Schrödter, Mark (2010): „Kompetenzen" oder „Capabilities" als Grundbegriff einer kritischen Bildungsforschung und Bildungspolitik? In: Krüger, Heinz-Hermann (Hg.): Bildungsungleichheit revisited. Bildung und soziale Ungleichheit vom Kindergarten bis zur Hochschule. Wiesbaden: VS, S. 163-184

Pauer-Studer, Herlinde (2000): Autonom Leben. Reflexionen über Freiheit und Gleichheit. Frankfurt am Main: Suhrkamp

Pfahl, Lisa (2014): Befähigende Bildungsverhältnisse. Wissenssoziologische Grundlagen einer Theorie pädagogischer Beziehungen. In: Prengel, Annedore/Winklhofer, Ursula (Hg.): Kinderrechte in pädagogischen Beziehungen. Band 2: Forschungszugänge. Opladen u.a.: Barbara Budrich, S. 45-60

Petillon, Hanns (1993): Das Sozialleben des Schulanfängers. Die Schule aus der Sicht des Kindes. Weinheim: Psychologie-Verlag Union

Petillon, Hanns (2011a): Grundschulkinder und ihre sozialen Beziehungen. In: Einsiedler, Wolfgang/Götz, Margarete/Hartinger, Andreas/Heinzel, Friederike/Kahlert, Joachim/Sandfuchs, Uwe (Hg.): Handbuch Grundschulpädagogik und -didaktik. Bad Heilbrunn: Klinkhardt, S. 168-176

Petillon, Hanns (2011b): 127 Spiele zum sozialen Lernen in der Grundschule. Weinheim/Basel: Beltz

Petillon, Hanns (2013): 130 Bewegungsspiele für die Grundschule. Weinheim/Basel: Beltz

Pianta, Robert C. (Hg.) (1992): Beyond the Parent: The Role of Other Adults in Children's Lives. San Francisco: Jossey-Bass Publishers

Pianta, Robert C. (2000): Enhancing Relationships between Children and Teachers. Washington DC [u.a.]: American Psychological Association

Pianta, Robert C. (2014): "Children cannot be successful in the classroom unless they are successful in relationships" – Analysen und Interventionen zur Verbesserung von Lehrer-Schüler-Beziehungen. In: Prengel, Annedore/Winklhofer Ursula (Hg.): Kinderrechte in Pädagogischen Beziehungen. Band 2: Forschungszugänge. Opladen/Berlin/Toronto: Budrich, S. 127-141.

Pianta, Robert C./La Paro, Karen M./Hamre Bridget K. (2008): Classroom Assessment Scoring System. Manual K-3; Manual PRE-K, Baltimore: Paul H. Brookers Publishing Co.

Pianta, Robert C./Walsh, Daniel J. (1996): High-Risk Children in Schools. Contructing sustaining Relationships. New York/London: Routledg

Pickett, Kate/Wilkinson, Richard (2010): Gleichheit ist Glück. Warum gerechte Gesellschaften für alle besser sind. Berlin: Tolkemitt bei Zwei-tausendeins

Pinker, Steven (2011): Gewalt. Eine neue Geschichte der Menschheit. Frankfurt am Main: Fischer

Powell, Justin (2013): Von Exklusion und Inklusion sonderpädagogischer Fördersysteme im internationalen Vergleich. In: Dorrance, Carmen/Dannenbeck, Clemens (Hg.): DoingInclusion. Inklusion in einer nicht inklusiven Gesellschaft. Bad Heilbrunn: Klinkhardt, S. 13-26

Prengel, Annedore (1999) (unter Mitarbeit von Heinzel, Friederike/Geiling, Ute/ Hemme-Kreutter, Marion): Vielfalt durch gute Ordnung im Anfangsunterricht. Opladen: Leske + Budrich

Prengel, Annedore (2002a): „Ohne Angst verschieden sein“? – Mehrperspektivische Anerkennung von Schulleistungen in einer Pädagogik der Vielfalt. In: Hafeneger, Benno [u.a.] (Hg.): Pädagogik der Anerkennung Grundlagen, Konzepte, Praxisfelder. Schwalbach/Ts: Wochenschau, S. 203-221

Prengel, Annedore (2002b): Strafe und gewaltfreie Erziehung – ein neues Gesetz im Dialog der Generationen. In: Warzecha, Birgit (Hg.): Die Relevanz des Dialogs in Erziehungswissenschaft, Behindertenpädagogik, Beratung und Therapie. Hamburg [u.a.]: Lit, S. 233-246

Prengel, Annedore (2005): Anerkennung von Anfang an – Egalität, Heterogenität und Hierarchie im Anfangsunterricht und darüber hinaus. In: Hinz, Andreas/Geiling, Ute (Hg.): Integrationspädagogik im Diskurs – Auf dem Weg zur inklusiven Pädagogik. Bad Heilbrunn/Obb.: Klinkhardt, S. 15-35

Prengel, Annedore (2006): ILeA. Individuelle Lernstandsanalysen in der Grundschule. Ein Beobachtungsheft zur psychosozialen Gesamtsituation. Landesinstitut für Schule und Medien Brandenburg. Potsdam & Ludwigsfelde. URL: http://www bildungsserver.berlin-brandenburg.de/ilea1.html (19.3.2013)

Prengel, Annedore (2011a): »Zwischen Heterogenität und Hierarchie in der Bildung – Studien zur Unvollendbarkeit der Demokratie.« In: Ludwig, Luise/Luckas, Helga/Hamburger, Franz/Aufenanger, Stefan (Hg.): Bildung in der Demokratie II. Tendenzen – Diskurse – Praktiken. Schriftenreihe der Deutschen Gesellschaft für Erziehungswissenschaft. Opladen/Farmington Hills: Budrich, S. 83-94

Prengel, Annedore (2011b): Lern- und Förderplanung in der inklusiven Schule – Grundlagen, praktikable Instrumente, Ausblick. In: LIS Landesinstitut Bremen. URL: http://www.lis.bremen.de/sixcms/media.php/13/Vortragsskript%20Prengel.pdf (19.3.2013)

Prengel, Annedore (2012a): Projektnetz „INTAKT“ (Soziale Interaktionen in pädagogischen Arbeitsfeldern). In: Prengel, Annedore/Schmitt, Hanno (Hg.): Netzpublikationen des Arbeitskreises Menschenrechtsbildung in der Rochow-Akademie für historische und zeitdiagnostische Forschung an der Universität Potsdam. URL: http://www.rochow-museum.uni-potsdam.de/arbeitskreis-menschenrechtsbildung/netzpublikationen-des-ak-mrb.html (11.4.2012)

Prengel, Annedore (2012b): Respekt und Missachtung. Interaktionen zwischen LehrerInnen und SchülerInnen. In: Andresen, Sabine/Heitmeyer, Wilhelm (Hg): Zerstörerische Vorgänge. Missachtung und sexuelle Gewalt gegen Kinder und Jugendliche in Institutionen. Weinheim/Basel: Beltz Juventa, S. 178-194

Prengel, Annedore (2013a): Inklusive Bildung in der Primarstufe. Frankfurt am Main: Grundschulverband

Prengel, Annedore (2013b): Introspektion und Empathie in pädagogischer Ausbildung, Fortbildung und Forschung – Zur Arbeit mit szenischen Narrationen und Feldvignetten. Erscheint in: Gerspach, Manfred/Eggert-Schmid Noerr, Annelinde/Naumann, Thilo/Niederreiter, Lisa (Hg.): Psychoanalyse lehren und lernen an der Hochschule. Theorie, Selbstreflexion, Praxis. Stuttgart: Kohlhammer, S. 219-246

Prengel, Annedore (2013c): Die Sehnsucht der Kinder nach Anerkennung. Darstellungen zu verschiedenen Zeiten. In: Krappmann, Lothar/Kerber-Ganse, Waltraut/Prengel, Annedore/Schmitt, Hanno (Hg.) (2013): Die Sehnsucht nach Anerkennung. Kinderrechte in Geschichte und Gegenwart. Reckahn: Rochow-Akademie, S. 20-28

Prengel, Annedore (2014): Heterogenität oder Lesarten von Gleichheit und Freiheit in der Bildung. In: Koller, Hans-Christoph/Casale, Rita/Ricken, Nobert (Hg.): Heterogenität – Zur Konjunktur eines pädagogischen Konzepts. Paderborn: Schöningh, S. 45-68

Prengel, Annedore (2015a): Pädagogik der Vielfalt: Inklusive Strömungen in der Sphäre spätmoderner Bildung (Hauptartikel). In: Benseler, Frank/Blanck, Bettina/Keil, Reinhard/Loh, Werner (Hg.): Erwägen Wissen Ethik. Forum für Erwägungskultur. (26/2015, Heft 2), S. 157-168. URL: https://www.uni-potsdam.de/fileadmin01/projects/grundschulpaedanfangsunterricht/Literatur_zum_Herunterladen/Prengel_EWE_Hauptartikel.pdf (1.7.2018). Kritiken von ca. 50 Autoren am Hauptartikel ebd., S. 168-273. Replik von Annedore Prengel: Segregierende und Inklusive Pädagogik als normative Ordnungen im Bildungswesen, ebd. S., 274-286. URL: https://www.uni-potsdam.de/fileadmin01/projects/grundschulpaedan fangsunterricht/Literatur_zum_Herunterladen/Prengel_EWE_Replik.pdf (1.7. 2018)

Prengel, Annedore (2015b): Inklusive Bildung: Grundlagen, Praxis, offene Fragen. In: Häcker, Thomas/Walm, Maik (Hg.): Inklusion als Entwicklung. Konsequenzen für Schule und Lehrerbildung. Klinkhardt: Bad Heilbrunn, S. 27-46

Prengel, Annedore (2016a): Pädagogische Beziehungen im Lichte der Kinderrechte. In: Krappmann, Lothar/Petry, Christian (Hg.): Worauf Kinder und Jugendliche ein Recht haben. Kinderrechte, Demokratie und Schule: Ein Manifest. Schwalbach: Debus Pädagogik 2016, S. 149-161

Prengel, Annedore (2016b): Bildungsteilhabe und Partizipation in Kindertageseinrichtungen. WiFF Expertise Nr. 47 DJI: München. URL: http://www.weiterbildungsinitiative.de/publikationen/details/data/bildungsteilhabe-und-partizipation-in-kindertageseinrichtungen/?L=0. (1.8.2018)

Prengel, Annedore (2017a): Individualisierung in der Caring Community – Zur inklusiven Verbesserung von Lernleistungen. In: Textor, Annette/Grüter, Sandra/Schiermeyer-Reichl, Ines/Streese, Bettina (Hg.): Leistung inklusive? Inklusion in der Leistungsgesellschaft. Bd. II: Unterricht, Leistungsbewertung und Schulentwicklung. Klinkhardt: Bad Heilbrunn 2017, S. 13-27

Prengel, Annedore (2017b): „Reckahner Reflexionen zur ethik pädagogischer Beziehungen“ – eine aktuelle Initiative. In: frühe Kindheit, 06/2017, S. 22-27

Prengel, Annedore (2019): Pädagogik der Vielfalt. Verschiedenheit und Gleichberechtigung in Interkultureller, Feministischer und Integrativer Pädagogik. Wiesbaden: VS (zuerst 1993)

Prengel, Annedore/Riegler, Susanne/Wannack, Evelin (2009): ›Formative Assessment‹ als Re-Impuls für pädagogisch-didaktisches Handeln. In: Röhner,

Charlotte/Henrichwark, Claudia/Hopf, Michaela (Hg.): Europäisierung der Bildung – Konsequenzen und Herausforderungen für die Grundschulpädagogik. Wiesbaden: VS, S. 253-257

Prengel, Annedore/Schmitt, Hanno (2011): Bildung als Medium persönlicher Beziehungen um 1800. In: Keiner, Edwin [u.a.] (Hg.): Metamorphosen der Bildung. Historie – Empirie – Theorie. Bad Heilbrunn: Klinkhardt, S. 153-170

Prengel, Annedore/Tellisch, Christin/Wohne, Anne/Zapf, Antje (2016a): Lehr-Forschungsprojekte zur Qualität pädagogischer Beziehungen. In: Beiträge zur Lehrerinnen- und Lehrerbildung, 34 (2), S. 150-157

Prengel, Annedore/Tellisch, Christin/Wohne, Anne (2016b): Anerkennung im Fachunterricht. Wie lassen sich typische Herausforderungen beschreiben und wie können sie bewältigt werden? In: Pädagogik Heft 5/2016, S. 10-13

Prengel, Annedore/Tellisch, Christin/Wohne, Anne/Wysujack, Vivien (2017): Anerkennung und Verletzung von Mädchen und Jungen durch pädagogisches Handeln. In: Kampshoff, Marita/Scholand, Barbara (Hg.): Schule als Feld – Unterricht als Bühne – Geschlecht als Praxis, Weinheim Basel: Beltz Juventa, S. 120-138

Prengel, Annedore/Winklhofer Ursula (Hg.) (2014): Kinderrechte in Pädagogischen Beziehungen. Band 1 Praxiszugänge. Band 2: Forschungszugänge. Opladen/Berlin/Toronto: Budrich

Prengel, Annedore/Zapf, Antje [u.a.] (2012): Methodenmanual für Erhebungen und Auswertungen im Projektnetz „INTAKT" – Soziale Interaktionen in pädagogischen Arbeitsfeldern, unv. Ms., Potsdam

Prenzel, Manfred (2004): PISA 2003 – eine Einführung. In: PISA–Konsortium Deutschland (Hg.): PISA 2003. Der Bildungsstand der Jugendlichen in Deutschland Ergebnisse des zweiten internationalen Vergleichs. Münster [u.a]: Waxmann

Rackwitz, Rüdiger-Philipp (2005): Gewalt von Lehrern gegenüber Schülern – Ein Überblick. [s.I.]: GRIN

Reckahner Reflexionen (2017): Reckahner Reflexionen zur Ethik pädagogischer Beziehungen Rochow-Edition: Reckahn. http://www.paedagogische-beziehungen.eu/(1.8.2018)

Reh, Sabine/Rabenstein, Kerstin (2013): Die soziale Konstruktion des Unterrichts in pädagogischen Praktiken und die Potentiale qualitativer Unterrichtsforschung, Rekonstruktion des Zeigens und Adressierens. In: Zeitschrift für Pädagogik, 59 (3) 2013, S. 291-307

Reiser, Helmut (1993): Entwicklung und Störung – Vom Sinn kindlichen Verhaltens. In: Behindertenpädagogik, 32 (3) 1993, S. 254-263

Reiser, Helmut (2006): Psychoanalytisch-systemische Pädagogik: Erziehung auf der Grundlage der Themenzentrierten Interaktion. Stuttgart: Kohlhammer

Reisinger, Peter (2000): Sozialsystem und Anerkennung. In: Schild, Wolfgang (Hg.): Anerkennung. Interdisziplinäre Dimensionen eines Begriffs. Würzburg: Königshauses & Neumann, S. 9-24

Retkowski, Alexandra/Treibel, Angelika/Tuider, Elisabeth (2018): Handbuch sexualisierte Gewalt und pädagogische Kontexte. Beltz/Juventa: Weinheim und Basel

Rheinberg, Falko (2001): Bezugsnormen und schulische Leistungsbeurteilung. In: Weinert, Franz E. (Hg.): Leistungsmessungen in Schulen. Weinheim/Basel: Beltz, S. 59-71

Richert, Peggy (2005): Typische Sprachmuster der Lehrer-Schüler-Interaktion. Eine empirische Untersuchung zur Feedbackkomponente in der unterrichtlichen Interaktion. Bad Heilbrunn: Klinkhardt

Richter, Sophia (2018): Pädagogische Strafen. Verhandlungen und Transformationen. Weinheim und Basel: Beltz Juventa

Ricken, Norbert (2009): Über Anerkennung. Spuren einer anderen Subjektivität. In: Ricken, Norbert/Röhr, Henning/Ruhloff, Jörg/Schaller, Klaus (Hg.): Umlernen. Festschrift für Käte Meyer-Drawe. München: Fink, S. 75-92

Rieske, Thomas (2013): Pädagogische Handlungsmuster in der Jungenarbeit. Eine Untersuchung der Praxis von Jungenarbeit in kurzzeitpädagogischen Settings. Ms. Potsdam/Berlin

Rifkin, Jeremy (2010): Die empathische Zivilisation. Wege zu einem globalen Bewusstsein. Frankfurt/New York: Campus

Rogers, Carl R. (2009): Eine Theorie der Psychotherapie. München/Basel: Reinhardt

Rosa, Hartmut (2011): Is there anybody out there? Stumme und resonante Weltbeziehungen – Charles Taylors monomanischer Analysefokus. In: Kühnlein, Michael/Lutz-Bachmann, Matthias (Hg.): Unerfüllte Moderne? Neue Perspektiven auf das Werk Charles Taylors. Berlin: Suhrkamp, S. 15-43

Rosa, Hartmut (2016): Resonanz. Eine Soziologie der Weltbeziehung. Berlin: Suhrkamp

Rosenthal, Robert/Jacobson, Leonore (1968): Pygmalion in the Classroom: Teacher Expectation and pupil’s intellectual development. New York: Holt, Rinehart & Winston

Rudolf, Beate (2014): Kinderrechte als Maßstab pädagogischer Beziehungen. In: Prengel, Annedore/Winklhofer, Ursula (Hg.): Kinderrechte in pädagogischen Beziehungen. Band 1: Praxiszugänge. Opladen u.a.: Barbara Budrich, S. 21-31.

Said, Edward W. (1983): The World, the Text, and the Critic. Cambridge, Mass.: Harvard University Press

Salzmann, Christian Gotthilf (1805/1886): Ameisenbüchlein. In: Richard Bosse/Johannes Meyer (Hg.): Salzmann’s Leben und Pädagogik. – Noch etwas über die Erziehung. – Krebsbüchlein. – Conrad Kiefer. – Ameisenbüchlein. Wien [u.a.]: Pichler

Schaaf, Julius J. (1966): Beziehung und Beziehungsloses (Absolutes). In: Henrich, Dieter/Wagner, Hans (Hg.): Subjektivität und Metaphysik. Festschrift für Wolfgang Cramer. Frankfurt am Main: Klostermann, cop., S. 277-289

Schaarschmidt, Uwe (Hg.) (2005): Halbtagsjobber? Psychische Gesundheit im Lehrerberuf – Analyse eines veränderungsbedürftigen Zustandes. Weinheim/Basel: Beltz

Schäfer, Mechthild/Herpell, Gabriela (2010): Du Opfer! Wenn Kinder Kinder fertigmachen. Hamburg: Rowohlt

Schäffter, Ortfried (2012): Relationale Weiterbildungsforschung. In: Baldauf-Bergmann, Kristine (Hg.): Veränderungen von Lernen und Weiterbildung in der Transformationsgesellschaft. Tätigkeitstheorie. Journal für tätigkeitstheoretische Forschung in Deutschland. Hg. von Giest, H./Rückriem, G. (Online-Journal). URL: http://www.ich-sciences.de/index.php?id=141&L=0 (7/2012)

Schäffter, Ortfried (2013a): Die Kategorie der Relationalität. Der paradigmatische Kern und Felder einzelwissenschaftlicher Forschung. Berlin. URL: http://ebwb.hu-berlin.de/team/schaeffter/katrel (14.7.2013)

Schäffter, Ortfried (2013b): Soziale Beziehungen aus relationslogischer Sicht. Vorschlag zu einer relationaltheoretischen Heuristik. Ms. Berlin. URL: http://ebwb.hu-berlin.de/team/schaeffter/downloads (30.7.213)

Schaller, Franz (2012): Eine rationale Perspektive auf Lernen. Ontologische Hintergrundsannahmen in lerntheoretischen Konzeptualisierungen den Menschen und von Solidarität. Opladen/Farmington Hills: Budrich University Press

Schiffler, Horst/Winkeler, Rolf (1994): Tausend Jahre Schule. Eine Kulturgeschichte des Lernens in Bildern. Stuttgart: Belser

Schmidt, Christiane (2010): Auswertungstechniken für Leitfadeninterviews. In: Friebertshäuser, Barbara/Langer, Antje/Prengel, Annedore (Hg.): Handbuch Qualitative Forschungsmethoden in der Erziehungswissenschaft. Weinheim/München: Juventa, S.473-486

Schmitt, Hanno (2007): „Vernunft fürs Volk. Die kinderfreundliche Rochowsche Musterschule in Reckahn." In: Damals – Das Magazin für Geschichte und Kultur. 39 (7) 2007, S. 43f

Schnabl, Christa (2005): Gerecht sorgen. Grundlagen einer sozialethischen Theorie der Fürsorge. Freiburg/Wien: Herder

Schnoor, Heike (2013): Psychodynamische Beratung in pädagogischen Handlungsfeldern. Gießen: Psychosozial

Schöler, Jutta (2009): „Geistig Behinderte" am Gymnasium – Integration an der Schule für „Geistig Behinderte". In: BIDOK Digitale Volltextbibliothek: Innsbruck. URL: http://bidok.uibk.ac.at/library/schoeler-gymnasium.html (10.3.2013)

Schöler, Jutta (2010): Grenzenlos gemeinsam. Auch – gerade! Warum nicht? Am Gymnasium. In: BIDOK Digitale Volltextbibliothek: Innsbruck. URL: http://bidok.uibk.ac.at/library/schoeler-grenzenlos.html (10.3.2013)

Schöpf, Alfred [u.a] (1980): Liebe. In: Ritter, Joachim/Gründer, Karlfried (Hg.): Historisches Wörterbuch der Philosophie, Bd. 5. Darmstadt: Wissenschaftliche Buchgesellschaft, Sp. 290-329

Schöpf, Alfred (Hg.) (1987): Bedürfnis, Wunsch, Begehren. Probleme einer philosophischen Sozialanthropologie. Würzburg: Königshausen & Neumann

Schröder, Achim (2002): Beziehungen in der Jugendarbeit – Wie sie gestaltet und reflektiert werden. In: Deutsche Jugend. Zeitschrift für Jugendarbeit, 50 (2) 2002, S. 59-69

Schubarth, Wilfried (2010): Gewalt und Mobbing an Schulen – Möglichkeiten der Prävention und Intervention. Stuttgart: Kohlhammer

Schubarth, Wilfried (2014): Lehrerhandeln und Gewalt. Zum Zusammenhang von „Lehrer"- und „Schülergewalt". In: Prengel, Annedore/Winklhofer, Ursula (Hg.): Kinderrechte in pädagogischen Beziehungen. Band 2: Forschungszugänge. Opladen u.a.: Barbara Budrich, S. 103-112

Schubarth, Wilfried/Ulbricht, Juliane (2012): Sexualisierte Gewalt an Schulen – Befunde und Desiderata der schulbezogenen Gewaltforschung. In: Thole, Werner [u.a.] (Hg.): Sexualisierte Gewalt, Macht und Pädagogik. Opladen/Farmington Hills: Budrich, S. 238-248

Schubarth, Wilfried/Winter, Frank (2012): Problematisches Lehrerverhalten als „Lehrergewalt"? Annäherung an ein Tabuthema. In: Prengel, Annedore/Schmitt, Hanno (Hg.): Netzpublikationen des Arbeitskreises Menschenrechtsbildung in der Rochow-Akademie für historische und zeitdiagnostische Forschung an der Universität Potsdam, 2012. URL: http://www.rochow-museum.uni-potsdam.de/ar

beitskreis-menschenrechtsbildung/netzpublikationen-des-ak-mrb.html (11.4. 2012)

Schümer, Gundel (2004): Zur doppelten Benachteiligung von Schülern aus unterprivilegierten Gesellschaftsschichten im deutschen Schulwesen. In: Schümer, Gundel [u.a.] (Hg.): Die Institution Schule und die Lebenswelt der Schüler. Vertiefende Analysen der PISA-2000-Daten zum Kontext von Schülerleistungen. Wiesbaden: VS, S. 73-103

Schulz, Marc (2010): Gefrorene Momente des Geschehens. Feldvignetten aus der Kinder- und Jugendarbeit. In: Heinzel, Friedericke/Thole, Werner/Cloos, Peter/Köntger, Stefan (Hg.): Auf unsicherem Terrain. Ethnographische Forschung im Kontext des Bildungs- und Sozialwesens. Wiesbaden: VS, S. 171-180

Schutz, Aaron (1998): Caring in schools is not enough: Community, narrative and the limits of alterity. In: Edicational Theory, Vol. 48, No. 3, 1998, pp. 373-393

Schützeichel, Rainer (Hg.) (2006): Emotionen und Sozialtheorie. Disziplinäre Ansätze. Frankfurt am Main [u.a.]: Campus

Schweer, Martin K. W. (2008): Vertrauen im Klassenzimmer. In: Schweer, Martin K. W. (Hg.): Lehrer-Schüler-Interaktion. Inhaltsfelder, Forschungsperspektiven und methodische Zugänge. Wiesbaden: VS, S. 547-564

Seifert, Anne/Friebertshäuser, Barbara (2014): Kinderrechte in (Süd)-Afrika. Ein Nachruf auf den südafrikanischen Wissenschaftler AlmonShumba. In: Prengel, Annedore/Winklhofer, Ursula (Hg.): Kinderrechte in pädagogischen Beziehungen. Band 2: Forschungszugänge. Opladen u.a.: Barbara Budrich, S. 143-153

Sennett, Richard (2012): Together: The Rituals, Pleasures and Politics of Cooperation. New Haven, CT: Yale University Press

Shumba, Almon (2002): The nature, extent and effect of emotional abuse on primary school pupils in Zimbabwe. In: Child Abuse&Neglect, 26/2002, pp. 783-791

Siegert, Hubertus (2005): Klassenleben. Dokumentarfilm, Berlin

Singer, Kurt (1998): Die Würde des Schülers ist antastbar. Vom Alltag in unseren Schulen und wie wir ihn verändern können. Reinbek bei Hamburg: Rowohlt

Sitzer, Peter (2009): Jugendliche Gewalttäter. Eine empirische Studie zum Zusammenhang von Anerkennung, Missachtung und Gewalt. Weinheim/München: Juventa

Sitzer, Peter (2014): Kumulative Gewalt- und Missachtungserfahrungen als Ursachen für Jugendgewalt. In: Prengel, Annedore/Winklhofer, Ursula (Hg.): Kinderrechte in pädagogischen Beziehungen. Band 1: Praxiszugänge. Opladen u.a.: Barbara Budrich, S. 71-79

Solga, Heike (2005): Ohne Abschluss in die Bildungsgesellschaft. Die Erwerbschancen gering qualifizierter Personen aus soziologischer und ökonomischer Perspektive. Opladen: Budrich

Spiewak, Martin/Becker, Ulrike (2014): Du störst! Was tun mit einem Neuntklässler, der um sich schlägt? Ein Gespräch mit der Sonderpädagogin Ulrike Becker über verhaltensauffällige Schüler. In: Die ZEIT, Nr. 24 vom 5.6.2014, 71.

Stahl, Titus (2013): Immanente Kritik: Elemente einer Theorie sozialer Praktiken. Frankfurt: Campus

Stähling, Reinhard (2005): Der aufhaltsame Abstieg des „schwachen“ Schülers in Deutschland. Bildungsbenachteiligung im Schnittpunkt von Schule und Jugendhilfe. In: Die Deutsche Schule, 1/2005, S. 67-77

Stähling, Reinhard (2006): „Du gehörst zu uns“. Inklusive Grundschule. Ein Praxisbuch für den Umbau der Grundschule. Baltmannsweiler: Schneider

Stähling, Reinhard (2013): Differenzieren lässt sich lernen. Wie die Grundschule Berg Fidel gelernt hat, mit Heterogenität umzugehen und Aussonderung zu unterlassen. In: Jürgens, Eiko/Miller, Susanne (Hg.): Ungleichheit in der Gesellschaft und Ungleichheit in der Schule. Eine interdisziplinäre Sicht auf Inklusions- und Exklusionsprozesse. Weinheim/Basel: Beltz Juventa, S. 252-264

Stähling, Reinhard/Wenders, Barbara (2012): »Das können wir hier nicht leisten.« Wie Grundschulen doch die Inklusion schaffen können. Ein Praxisbuch zum Umbau des Unterrichts. Baltmannsweiler: Schneider

Standop, Jutta (2013): Menschenbild und Humanität. Erziehungstheoretische Implikationen im Kontext des schulischen Ungleichheitsdiskurses. In: Jürgens, Eiko/Miller, Susanne (Hg.): Ungleichheit in der Gesellschaft und Ungleichheit in der Schule. Eine interdisziplinäre Sicht auf Inklusions- und Exklusionsprozesse. Weinheim/Basel: Beltz Juventa, S. 188-212

Staub-Bernasconi, Silvia (2008): Menschenrechte in ihrer Relevanz für die Theorie und Praxis Sozialer Arbeit. In: Widersprüche, 107/2008, S. 9-32. Bielefeld. URL: http://www.zpsa.de/pdf/artikel_vortraege/StaubBMenschenrechteWidersprueche.pdf (14.7.2013)

Stecher, Ludwig (2001): Die Wirkung sozialer Beziehungen. Empirische Ergebnisse zur Bedeutung sozialen Kapitals für die Entwicklung von Kindern und Jugendlichen. Weinheim/München: Juventa

Steele, Claude M./Aronson, Joshua (1995): Stereotype threat and the intellectual test performance of African-Americans. Journal of Personality and SocialPsychology, 69/1995, 797-811

Stiegemann, Christoph (2013): Die 'Unterweisung Mariens' im Paderborner Diözesanmuseum – Zur Ikonographie geglückter Bildungs- und Glaubenskommunikation. In: Krappmann, Lothar/Kerber-Ganse, Waltraut/Prengel, Annedore/Schmitt, Hanno (Hg.) (2013): Die Sehnsucht nach Anerkennung. Kinderrechte in Geschichte und Gegenwart. Reckahn: Rochow-Akademie, S. 42-45

Stojanov, Krassimir (2006): Bildung und Anerkennung. Soziale Voraussetzungen von Selbst-Entwicklung und Welt-Erschließung. Wiesbaden: VS

Student, Sonja/Gebhard, Jasmine/Krappmann, Lothar (2014): Die Beziehung von Schülern und Lehrern in Kinderrechte-Schulen – Ein Blick in das Modellschulnetzwerk für Kinderrechte in Hessen. In: Prengel, Annedore/Winklhofer, Ursula (Hg.): Kinderrechte in pädagogischen Beziehungen. Band 1: Praxiszugänge. Opladen u.a.: Barbara Budrich, S. 175-186

Sutterlüty, Ferdinand (2003): Gewaltkarrieren. Jugendliche im Kreislauf von Gewalt und Missachtung. Frankfurt am Main: Campus

Tausch, Reinhard (2008): Personzentriertes Verhalten von Lehrern in Unterricht und Erziehung. In: Schweer, Martin K. W. (Hg.) (2008): Lehrer-Schüler-Interaktion. Inhaltsfelder, Forschungsperspektiven und methodische Zugänge. 2. vollständig überarbeitete Auflage. Wiesbaden: VS, S. 155-176

Tausch, Reinhard/Tausch, Annemarie (1965): Erziehungspsychologie. Begegnung von Person zu Person. Göttingen [u.a.]: Hogrefe

Tellisch, Christin (2015): Lehrer-Schüler-Interaktionen im Musikunterricht als Beitrag zur Menschenrechtsbildung. Opladen/Berlin/Toronto: Budrich.

Tellisch, Christin (2018): Anerkennende und verletzende Interaktionen in frühpädagogischen Kontexten – Ergebnisse aus Beobachtungsstudien und kinderrechtliche Deutung. Unv. Ms.

Tellisch, Christin/Prengel, Annedore (2019): Pädagogische Beziehungen im Kindergarten: wie inklusive Prozesse gestärkt und geschwächt werden. In: Herrmann, Karsten (Hg.): Inklusive Haltung und Beziehungsgestaltung. Freiburg: Herder, S. 35-52

Tenorth, Heinz-Elmar (2011): »Rochow redivivus.« Rede zur Feier des zehnjährigen Jubiläums des Rochow Museums am 20.8.2011. In: Prengel, Annedore/Schmitt, Hanno (Hg.): Netzpublikationen des Arbeitskreises Menschenrechtsbildung in der Rochow-Akademie für historische und zeitdiagnostische Forschung an der Universität Potsdam. Reckahn. URL: http://www.rochow-museum.uni-potsdam.de/fileadmin/projects/rochow-museum/assets/Tenorth_Rede_10_Jahre_Rochow2_01.pdf (20.3.2013)

Thiel, Felicitas (2016): Interaktion im Unterricht. Opladen & Toronto: Barbara Budrich

Tillack, Carina/Fischer, Natalie/Raufelder, Diana/Fetzer, Janina (Hg.) (2014): Beziehungen in Schule und Unterricht. Band 1–3. Immenhausen: Prolog-Verlag

Tillmann, Klaus-Jürgen (1999): Schülergewalt als Schulproblem. Weinheim/München: Juventa

Tillmann, Klaus-Jürgen (2006): Viel Selektion – wenig Leistung: Ein empirischer Blick auf Erfolg und Scheitern in deutschen Schulen. In: Fischer, Dietlind/Elsenbast, Volker (Hg.): Zur Gerechtigkeit im Bildungssystem. Münster: Waxmann, S. 25-37

Tippelt, Rudolf/Nittel, Dieter (2014): Die Professionalisierung von Erziehung und Bildung im Spannungsverhältnis zwischen einem pädagogisch organisierten oder einem pädagogisch verfassten System des lebenslangen Lernens. In: Nittel, Dieter/Schütz, Julia/Tippelt, Rudolf (Hg.): Pädagogische Arbeit im System lebenslangen Lernens – Ergebnisse komparativer Berufsgruppenforschung. Weinheim: Beltz, S. 255-268

Todorov, Tzvetan (1996): Abenteuer des Zusammenlebens. Versuch einer allgemeinen Anthropologie. Berlin: Wagenbach

Tomasello, Michael (2011): Die Ursprünge der menschlichen Kommunikation. Frankfurt am Main: Suhrkamp

Tonkens, Evelien H./Swierstra, Tsjalling (2011): Meritocracy and the Erosion of Self-Respect. Vortragsankündigung Einsteinforum Potsdam 8.2.2011

Tosch, Frank (2013): Kinderrechte in reformpädagogischer Perspektive: Zur Jenaplanpädagogik an der weltlichen Volksschule in Finsterwalde (1930-1933). In: Krappmann, Lothar/Kerber-Ganse, Waltraut/Prengel, Annedore/Schmitt, Hanno (Hg.): Die Sehnsucht nach Anerkennung. Kinderrechte in Geschichte und Gegenwart. Reckahn: Rochow-Akademie, S. 55-63

Treut, Monika (2001): Kriegerin des Lichts. Yvonne Bezerra de Mello und ihre Arbeit mit den Straßenkindern von Rio. Film.

Tronto, Joan (2013): Caring Democracy. Markets, Equality, and Justice.University Press: New York

Urban-Stahl, Ulrike/Jann, Nina [u.a.] (2013): Beschweren erlaubt! 10 Empfehlungen zur Implementierung von Beschwerdeverfahren in Einrichtungen der Kinder- und Jugendhilfe. Handreichung aus dem Forschungsprojekt „Bedingungen der Implementierung von Beschwerdeverfahren in Einrichtungen der Kinder- und Jugendhilfe“ (BIBEK). Berlin: Freie Universität

Urieta, Kirstin (2011): Kinder in schwierigen Übergangssituationen vom Elementar- zum Primarbereich. Eine biografieanalytische Studie. Dissertation. Berlin: Curach Bhan

Vereinte Nationen (1948). *Allgemeine Erklärung der Menschenrechte*. Resolution 217 A (III) der Generalversammlung vom 10. Dezember 1948. URL: http://www.ohchr.org/EN/UDHR/Pages/Language.aspx?LangID=ger(14.3.2013)

Vereinte Nationen (1979). Übereinkommen zur Beseitigung jeder Form von Diskriminierung der Frau vom 18. Dezember 1979. URL: http://www.institut-fuer-men schenrechte.de/fileadmin/user_upload/PDF-Dateien/Pakte_Konventionen/CEDAW/cedaw_de.pdf (14.3.2013)

Vereinte Nationen (1989). Übereinkommen über die Rechte des Kindes vom 20. November 1989. URL: http://www.institut-fuer-menschenrechte.de/fileadmin/user_upload/PDF-Dateien/Pakte_Konventionen/CRC/crc_de.pdf (14.3.2013)

Vereinte Nationen (2006). Übereinkommen über die Rechte von Menschen mit Behinderung vom 13.12.2006. URL: http://www.institut-fuer-menschenrechte.de/fileadmin/user_upload/PDF-Dateien/Pakte_Konventionen/CRPD_behindertenrechtskonvention/crpd_de.pdf(14.3.2013)

Waal, Frans de (2011): Das Prinzip Empathie: Was wir von der Natur für eine bessere Gesellschaft lernen können. Berlin: Hanser

Wachtel, Ted (2016): Defining restorative. Bethlehem/USA: International Institute for Restorative Practices (2018), URL: https://www.iirp.edu/images/pdf/Defining-Restorative_Nov-2016.pdf (1.8.2018)

Wagner, Petra (2008) (Hg.): Handbuch Kinderwelten. Vielfalt als Chance – Grundlagen einer vorurteilsbewussten Bildung und Erziehung. Freiburg i.B.: Herder

Walker, Jamie (1995): Gewaltfreier Umgang mit Konflikten in der Sekundarstufe I. Spiele und Übungen. Frankfurt am Main: Cornelsen

Walm, Maik (2014): Umgang mit verletzendem Verhalten – Ansätze im finnischen und schwedischen Schulwesen. In: Prengel, Annedore/Winklhofer, Ursula (Hg.): Kinderrechte in pädagogischen Beziehungen. Band 1: Praxiszugänge. Opladen u.a.: Barbara Budrich, S. 255-262

Walt, Sibylle, van der/Menke, Christoph (Hg.) (2007): Die Unversehrtheit des Körpers. Geschichte und Theorie eines elementaren Menschenrechts. Frankfurt am Main: Campus

Walzer, Michael (1992): Sphären der Gerechtigkeit. Ein Plädoyer für Pluralität und Gleichheit. Frankfurt am Main: Campus

Weinberger, Sabine (2013): Klientenzentrierte Gesprächsführung. Lern- und Praxisanleitung für psychosoziale Berufe. Weinheim [u.a]: Beltz Juventa

Weltzien, Dörte/Schmidt, Hartmut W. (2016): Interaktions- und Beziehungsgestaltung mit Kindern. Herder: Freiburg

Wertenbruch, Martin/Röttger-Rössler, Birgitt (2011): Emotionsethnologische Untersuchung zu Scham und Beschämung in der Schule. In: Zeitschrift für Erziehungswissenschaft, 14 (2) 2011, S. 241-257

Westermann-Angerhausen, Hiltrud (1977): Paderborner Sandsteinskulpturen aus der ersten Hälfte des 15. Jahrhunderts, in: Westfalen, 55/1977, S. 69-80

West-Leuer, Beate (2002): Interaktive Beratung und Schulentwicklung: Eine Untersuchung zum Ist-Zustand. Saarbrücken: Vdm Verlag Dr. Müller

Wettstein, Alexander/Scherzinger, Marion (2018): Unterrichtsstörungen verstehen und wirksam vorbeugen. Stuttgart: Kohlhammer

WHO: Verfassung der Weltgesundheitsorganisation. New York 1946/2009. URL: http://www.admin.ch/opc/de/classified-compilation/19460131/200906250000/0.810.1.pdf (20.6.2013)

Wildgruber, Andreas (2010): Kompetenzen von Erzieherinnen im Prozess der Beobachtung kindlicher Bildung und Entwicklung. München: Utz

Wildgruber, Andreas/Wirts, Claudia/Wertfein, Monika (2014): Interaktionsqualität in Kindertageseinrichtungen in Deutschland – Forschung mit dem „Classroom Assessment Scoring System“. In: Prengel, Annedore/Winklhofer, Ursula (Hg.): Kinderrechte in pädagogischen Beziehungen. Band 2: Forschungszugänge. Opladen u.a.: Barbara Budrich, S. 183- 194

Wildt, Andreas (1995): Solidarität. In: Ritter, Joachim/Gründer, Karlfried (Hg.): Historisches Wörterbuch der Philosophie, Bd. 9. Darmstadt: Wissenschaftliche Buchgesellschaft, Sp. 1004-1015

Winklhofer, Ursula (2011): „Kinderrechte, Kinderarmut, Kinderbeteiligung“. Interview. In: DJI Perspektiven für ein kindergerechtes Deutschland (NAP Nationaler Aktionsplan). München. URL: http://www.dji.de/cgi-bin/projekte/output.php?projekt=1061&Jump1=RECHTS&Jump2=30 (26.7.2013)

Winklhofer, Ursula (2014): Partizipation und die Qualität pädagogischer Beziehungen. In: Prengel, Annedore/Winklhofer, Ursula (Hg.): Kinderrechte in pädagogischen Beziehungen. Band 1: Praxiszugänge. Opladen u.a.: Barbara Budrich, S. 57-70

Winklhofer, Ursula/Prengel, Annedore (2018): Ethische Leitlinien für pädagogische Beziehungen. In: Diskurs Kindheits- und Jugendforschung/Discourse. Journal of Childhood and Adolescence Research Heft 1-2018, S. 103-108

Winnicott, Donald W. (1983/1958): Von der Kinderheilkunde zur Psychoanalyse. Frankfurt am Main: Fischer

Winterhager-Schmid, Luise (Hg.) (2000): Erfahrung mit Generationendifferenz. Weinheim: Deutscher Studien-Verlag

Wolff, Mechthild/Hartig, Sabine (2013): Gelingende Beteiligung in der Heimerziehung. Ein Werkbuch für Jugendliche und ihre BetreuerInnen. Weinheim/Basel: Beltz Juventa

Wustmann Seiler, Corina (2004): Beiträge zur Bildungsqualität: Resilienz: Widerstandsfähigkeit von Kindern in Tageseinrichtungen. Berlin: Cornelsen

Wysujack, Vivien (2018): Interaktive Handlungsmuster von Lehrpersonen. Unv. Projektskizze. Potsdam.

Zapf, Antje/Tellisch, Christin/Klauder, Denny/Zschipke Katja (2012): Befunde aus empirischen Studien zur Qualität pädagogischer Beziehungen. Vortrag gehalten während der Konferenz „Die Qualität pädagogischer Beziehungen und ihre schul- und kinderrechtliche Relevanz“. RochowAkademieReckahn 13.10.2012

Zimbardo, Philip G. (2007): The Lucifer Effect. How good People turn evil. London [u.a.]: Rider

Zirfas, Jörg (2011): Zur Pädagogik der Glücksgefühle. Ein Beitrag zum Pursuit of Happiness. In: Zeitschrift für Erziehungswissenschaft, 14 (2) 2011, S. 223-240

# 7. Tabellenverzeichnis